全国高等院校旅游服务与管理专业规划系列教材
国家示范院校专业建设项目成果

旅游经济学

主 编 黄和平 刘 颖

现代旅游经济学，是随着现代旅游经济的形成及发展而产生的一门新兴交叉学科。它和农业经济学、工业经济学、商业经济学、物资经济学一样，是研究国民经济中某一部门的经济学科。

中国商业出版社

图书在版编目(CIP)数据

旅游经济学/黄和平,刘颖主编. —北京:中国商业出版社,2012.6 （2020.9重印）
ISBN 978-7-5044-7800-9

Ⅰ. ①旅… Ⅱ. ①黄… ②刘… Ⅲ. ①旅游经济学-高等学校-教材 Ⅳ. ①F590

中国版本图书馆 CIP 数据核字(2012)第 155567 号

责任编辑:于印辉

中国商业出版社出版发行
010-63180647 www.c-chook.com
(100053 北京广安门内报国寺 1 号)
北京京丰印刷厂印刷
* * * *
787 毫米×1092 毫米 16 开 16 印张 260 千字
2012 年 9 月第 1 版 2020 年 9 月第 2 次印刷

定价:39.80 元
* * * *
(如有印装质量问题可更换)

总　序

　　随着中国经济日新月异的发展,人们的生活方式和生活观念也在悄然发生变化,在工作之余,越来越多的人们也把休闲旅游度假作为一种时尚生活。同时,人们也认识到,通过休闲旅游不仅可以让人身心放松,还可以增加见识,增长知识。正可谓:"读万卷书,行万里路。"因此,未来我国更加需要大量旅游服务管理专业人才来为人们进行专业引导和服务,旅游市场大有可为。

　　放眼世界,各国旅游业经历了持续快速的发展,旅游业已成了世界上最大规模的产业,越来越多的旅游目的地对旅游者开放,使旅游业成为世界经济发展的重要推动力。即使在国际金融危机爆发的大背景下,旅游业虽然受到一定重创,但该产业仍然占全球GDP的9.4个百分点,为世界提供了2.35亿个工作岗位。世界每11.8个工作中,就有1个是旅游业提供的。就全世界范围而言,旅游业已成为世界上最重要的绿色产业之一。长远看,旅游在推动世界经济发展中保持领先的角色。同时在保障就业和消除贫困方面,旅游业必定有更大贡献。

　　再就我国旅游业来看,虽然起步较晚,但发展迅猛。为此国家旅游局又修订并出台新的旅游法律法规。2009年底,国家又出台《国务院关于加快发展旅游业的意见》(国发〔2009〕41号),将旅游业定为全国战略支柱产业。2010年上海世博会上,每天接待游客达45万人次。足以证明旅游业成就。再者,旅游业是关联性很强的产业,直接或间接带动相关联的产业和部门达100多个,其产业关联效应明显。目前全国已有20多个省区市都把旅游定为支柱产业来优先重点发展。相信,有政府的重视将使旅游业在国民经济增长和社会和谐发展方面扮演更加重要的角色。因此,我们特邀请全国部分旅游院校的领导和专家,齐聚北京,针对当前旅游业的发展和人才培养方面,进行了研讨,从而组织编写了本套教材。

　　本套教材主要突出以下几个特点:

1. 针对性

本套教材为旅游院校教材,针对当前的旅游从业人员的特点,安排教材内容和体系。采取课堂教学和实际操作、校外指导相结合的教学方式。从而使授者易教,学者易学。

2. 实用性

本套教材在编写之初就本着以"必需""实用"为宗旨,既参考以前出版的教材内容,进行"取舍",又参考教育部教学大纲以及国家旅游局导游资格考试的新标准设置各科内容。使学生通过系统学习之后,能在掌握基础知识的同时又能在工作中发挥实际作用。

3. 创新性

本套教材在内容编排上,努力在总结专家学者经验的基础上,又吸收和借鉴如德国的双元制教学模式、澳大利亚的TAEF模式、加拿大的CBE教学模式、瑞士旅游酒店管理教学模式等国外先进的教学模式进行编写。打破传统教材从概念到概念的写法。同时本套教材都配备PPT课件,以方便课堂教学。

诚然,本系列教材是示范院校教育教材改革与创新的阶段性成果,难免有不足之处,恳请广大专家、读者提出宝贵意见,以便日后修订时,使之不断完善。

旅游服务管理专业教材编委会

2020年9月

前 言

自改革开放以来,旅游业作为新兴产业已经从国民经济的增长点转变为国民经济的支柱产业,据WTO(世界旅游组织)预测,到2020年全世界的入境旅游者将达16亿人次,我国将占有近1/4的市场份额,成为世界第一大旅游接待国。旅游企业为安排好旅游者的旅游活动,需要同有关其他企业或部门发生经济联系。这些经济联系便构成了旅游经济的内容,它是国民经济运行的一部分。

旅游经济是以旅游活动为前提,以商品经济为基础,依托现代科学技术,反映在旅游活动过程中,游者和旅游经营者之间,按照各种利益而发生经济交往所表现出来的各种经济活动和经济关系的总和。旅游所产生的"人流"在给中国带来巨大的"物流""财流""技术流""交通流""情报流"的同时,形成了新的经济领域——旅游经济领域。作为第三产业的主力军,旅游业伴随着产业结构的优化升级而显得日趋重要,在提供就业机会,扩大就业需求;加快货币回笼,增加有效供给;扩大交流,增加外汇收入;拉动区域经济,促进脱贫致富等方面发挥了重要作用。

《旅游经济学》作为经济学的一个分支,从经济产业的角度,综合旅游学、经济学、管理学等多学科知识,全面、系统地阐述了旅游经济的基本理论和运行规律。多年以来,为了旅游经济教育的发展,众多学者、专家进行了不懈的努力和奋斗,为旅游产业输送了大批的产业人才,对我国旅游业的发展功不可没。在校领导的关心、支持下,我们承担了本教材的主编任务。本着"励精图治、奋发图强、科学严谨"的治学原则,承担此次编写任务的各位老师广泛收集了国内外旅游经济研究的最新成果,调查研究了国内旅游经济的发展实际,力求能够科学、系统地阐述旅游经济学科的基本理论、基础知识和研究方法,主要目的在于培养学生的独立思维能力。本书的编写试图达到以下标准:

1. 系统性。由浅入深，程度适中，结构合理，全面系统地介绍旅游经济学的基本概念、理论和方法。包括旅游经济的产生、发展，相关学科对旅游经济的贡献。

2. 科学性。运用定性与定量相结合的方法，准确地阐述旅游经济学的原理，充分体现旅游经济学科的科学性。尤其是在旅游经济的含义，旅游市场的发展及其对国民经济的贡献等问题上，尽量运用数量方法加以分析说明。

3. 前瞻性。阐述旅游经济学的最新理论及其发展，充分考虑到21世纪旅游经济环境的新发展，超前估计到信息化社会给旅游业带来的新机遇、新挑战。

4. 实践性。从我国社会主义市场经济建设的实际出发，在借鉴国内外最新成果的基础上，面对中外旅游经济发展的现实，借助中国企业家、官员和学者的观点、见解，论述旅游经济学的基本概念、原理和方法，使学生容易掌握、消化、吸收和运用。

本书的主要内容包括：现代旅游经济的形成与发展、旅游经济的性质特征、旅游产品及开发、旅游需求与供给、旅游市场及开拓、旅游产品价格及策略、旅游消费及发展趋势、旅游收入和分配、旅游经济效益、旅游经济结构、旅游经济管理体制及发展模式等。全书把理论与实践紧密结合，既注重定性分析，又重视定量研究，从而具有较强的理论性、科学性、系统性和实用性。本书不仅是旅游专业师生必备的教科书和参考书，也对从事旅游经济研究与管理的人员具有重要的参考价值。

《旅游经济学》由安徽工商职业学院旅游系黄和平（第一、二、三、六、七、八章）和安徽交通职业技术学院刘颖（第四、五、九、十章）担任主编，并得到了安徽大学章沧授教授的指导和帮助，他提出了宝贵的修改意见，在此表示感谢。由于作者水平所限，书中尚有疏漏和不足之处，恳请读者批评指正，以便再版时修正完善。

希望本教材能够对中国旅游人才的培养，以及旅游业的发展贡献微薄力量！

编　者
2020年9月

目 录

第一章 绪 论 ·· (1)
第一节 旅游经济学发展过程及主要研究内容 ······························· (1)
第二节 旅游经济学的特点及任务 ·· (6)

第二章 旅游经济概述 ·· (11)
第一节 旅游经济的概念 ·· (11)
第二节 旅游经济的特点 ·· (19)
第三节 旅游经济产业及其影响因素 ·· (21)
第四节 旅游经济的地位及作用 ·· (23)

第三章 旅游产品开发 ·· (33)
第一节 旅游产品的概念 ·· (33)
第二节 旅游产品的生命周期 ·· (36)
第三节 旅游产品开发 ··· (44)

第四章 旅游需求与供给 ·· (54)
第一节 旅游需求分析 ··· (54)
第二节 旅游供给分析 ··· (66)
第三节 旅游供求弹性 ··· (74)
第四节 旅游供求平衡 ··· (82)

第五章 旅游市场结构与竞争策略 ·· (93)
第一节 旅游市场概述 ··· (93)
第二节 旅游市场的分类 ·· (105)
第三节 旅游市场的竞争 ·· (110)

第四节　旅游市场的开拓 …………………………………………（126）
　　第五节　旅游市场体系 ……………………………………………（140）

第六章　旅游收入与分配
　　第一节　财产制度 …………………………………………………（151）
　　第二节　旅游收入概述 ……………………………………………（160）
　　第三节　旅游收入的分配 …………………………………………（169）

第七章　旅游消费者行为理论
　　第一节　旅游消费者行为理论概述 ………………………………（184）
　　第二节　旅游消费者均衡 …………………………………………（186）

第八章　旅游企业生产决策
　　第一节　旅游企业的生产理论 ……………………………………（190）
　　第二节　旅游企业生产成本分析 …………………………………（193）

第九章　旅游投资及决策分析
　　第一节　旅游投资及其分析方法 …………………………………（203）
　　第二节　旅游投资分析 ……………………………………………（212）
　　第三节　旅游投资的风险评估 ……………………………………（216）

第十章　旅游产业发展战略与规划
　　第一节　旅游产业概述 ……………………………………………（222）
　　第二节　旅游经济的增长与波动规律 ……………………………（233）
　　第三节　旅游经济发展战略及模式 ………………………………（235）
　　第四节　中国的旅游开发战略 ……………………………………（240）
　　第五节　旅游产业发展规划 ………………………………………（242）

参考文献 ………………………………………………………………（247）

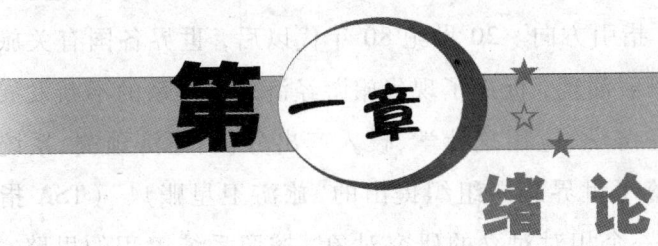

第一章 绪论

◇ **学习目标：**

一、知道旅游经济学是研究旅游经济活动内在规律的学科；
二、了解旅游经济学的形成与发展过程；
三、掌握旅游经济学的特点和研究方法；
四、熟悉旅游经济的地位和作用。

第一节 旅游经济学发展过程及主要研究内容

一、旅游经济学的产生及发展

随着人类文明的发展，人们在追求物质生活满足的基础上，越来越注重精神层面的需求。在经济发达地区，旅游已经成为人们生活的必需品。根据市场经济理论，有旅游需求必然有旅游供给——从而形成了旅游市场经济。旅游经济是社会生产力发展到一定历史阶段的产物，是国民经济的有机组成部分。应从社会经济发展的角度把握旅游经济在国民经济中的重要地位，以及其对社会、文化和生态环境的作用和影响。

现代旅游经济学，是随着现代旅游经济的形成及发展而产生的一门新兴交叉学科。它和农业经济学、工业经济学、商业经济学、物资经济学一样，是研究国民经济中某一部门的经济学科。早期的著作有1889年意大利学者博迪奥发表的《关于意大利外国旅游者的流动及其花费》及20世纪初意大利学者马里奥蒂出版的《旅游学讲义》，德国博尔

第一章 绪 论

曼的《旅游学概论》,英国奥格尔维的《旅游者流动论》,联邦德国的克拉普特的《旅游消费》,南斯拉夫乌恩科维奇的《旅游经济学》等。第二次世界大战以后,随着西方国家经济的迅速发展,旅游业逐渐成为各国经济新的增长点,继而发展成为国民经济中的支柱产业之一,成为影响一国经济的重要力量。为适应旅游经济发展的需要,西方发达国家的一些学者在总结世界旅游经济发展规律及本国旅游业发展实际的基础上,对旅游经济的理论和方法进行了全面深入的研究,形成了内容丰富,形式多样的各类著述及作品,为旅游业的健康发展保驾护航,指引方向。20世纪80年代以后,世界各国有关旅游经济研究的论文和专著如雨后春笋般涌现,促进了现代旅游经济理论体系的不断发展和完善。现代旅游经济理论运用了经济学、应用统计学、投入产出分析、经济预测、系统科学等研究方法和技术,吸收和借鉴了世界旅游组织提出的"旅游卫星账户"(TSA 指标体系)及其标准,将旅游产业视为一个相对对立的研究对象,按照系统工程的思路,形成了一整套适合旅游产业分析的理论体系。从深层次上揭示了旅游产业的发展规律,及其对经济发展的贡献。包括旅游对 GDP、政府财政、社会就业、居民收入等方面的直接和间接影响。见表 1-1。

表 1-1　世界旅游人次及消费增长

年份	人次(万)	消费额(亿美元)
1960	6929.60	68.00
1970	15969.00	179.00
1980	28484.10	1023.00
1990	45480.00	2550.00
2000	69745.20	4758.00
2008	95625.60	5862.00

资料来源:根据 WTO 有关数据整理。

中国旅游经济的研究开始于 20 世纪 70 年代末,随着中国实行对内搞活、对外开放,旅游经济理论的研究也获得了一定的发展。近些年来,西方旅游经济学领域的大量著作不断被引进,为建设中国旅游经济学的学科基础提供了广泛的知识支撑。当前,结合中国旅游经济发展实践,创立具有中国特色的本土旅游经济学理论是旅游经济研究领域的重要任务之一。中国旅游经济学研究者可以运用国外比较成熟的概念体系、范式和方法,总结中国旅游经济发展的经验,进行理论抽象和创新的基础性工作,为中国旅游企业的投资及政府部门决策提供有力的理论支持,使旅游业为我国经济建设贡献力量。见

表1-2。

表1-2　　　　　　　　　旅游业发展概况

统计指标＼年份	2004	2005	2006	2007	2008
旅行社数(家)	14927.00	16245.00	17957.00	18943.00	—
国际旅行社(家)	1460.00	1556.00	1654.00	1797.00	
国内旅行社(家)	13467.00	14689.00	16303.00	17146.00	
旅行社从业人员(人)	246219.00	248919.00	285917.00	307977.00	
国际旅行社(家)	89342.00	89250.00	98727.00	122229.00	
国内旅行社(家)	156877.00	159669.00	187190.00	185748.00	
星级饭店数(家)	10888.00	11828.00	12751.00	13583.00	
入境旅游人数(万人次)	10903.82	12029.23	12494.21	13187.33	13002.74
外国人(万人次)	1693.25	2025.51	2221.03	2610.97	2432.53
港澳同胞(万人次)	8842.05	9592.79	9831.84	10113.57	10131.65
台湾同胞(万人次)	368.53	410.92	441.35	462.79	438.56
过夜旅游者人数(万人次)	4176.14	4680.90	4991.34	5471.98	5304.92
居民出境人数(万人次)	2885.00	3102.63	3452.36	4095.40	4584.44
因私出境人数(万人次)	2298.00	2514.00	2879.91	3492.40	4013.12
国内旅游人数(亿人次)	11.02	12.12	13.94	16.10	17.12
国际旅游(外汇)收入(亿元)	257.39	292.96	339.49	419.19	408.43
国内旅游收入(亿元)	4710.71	5285.86	6229.74	7770.62	8749.30

资料来源:《中国统计年鉴(2009)》。

二、旅游经济学的主要研究内容

(一)旅游产业的收入分配

和国民经济其他产业一样,当前,我们国家旅游业的基本分配制度是以按劳分配为主,多种分配方式(按劳动成果分配,按劳动要素分配)并存。毋庸置疑,此种分配制度是目前最适合我国经济发展现状的,但是我们应该清醒地意识到,在现行的分配制度下,拥有技术、职权、资本、土地的劳动者可以获得更多的收入,这就势必造成贫富差距问题,影响社会协调发展。古人云"不患寡而患不均",我们在经济高速的发展过程中,一直强调效率优先,兼顾公平。但实际上是忽视了公平这一重要分配原则,而过多地强调了效率,如何在公平与效率之间求得平衡点,是今后一段时间旅游学界及行业发展必须面对的重要课题之一。

（二）旅游产品的开发及供求关系

旅游产品的需求和供给构成了旅游经济的两块基石，但由于旅游产品具有区别于其他商品的属性和特点，因而必须准确把握旅游产品的含义，理解旅游产品的供求规律及其影响因素，从而指导现实的旅游产品开发，实现旅游产品的供求平衡，实现旅游经济的健康、快速、可持续发展。

（三）旅游产品的市场开发及销售渠道建设

旅游产品的市场建设和销售渠道是实现旅游交易活动的基本前提。因此，必须加强对旅游市场及渠道的建设，结合旅游产品的特点，掌握不同旅游市场类型的运行规律，采取合适的旅游市场开发策略，促进旅游经济健康、平稳、快速增长。

（四）旅游产品的调整及优化

旅游产品的开发、生产、销售最终是为满足消费者的需求而服务的。所以消费是旅游经济活动的最重要环节。因此，必须研究旅游者的消费倾向及其变化，不断根据消费需求的变化改变旅游产品的特点，从而最大限度地满足消费者的需要。

（五）旅游企业的成本分析

旅游业有着和其他经济部门同样的最终目标——利润最大化。这也是旅游目的地国家发展旅游业的基本目标之一。因此，如何控制旅游生产的成本，提高旅游生产的投入产出率，是旅游经济学研究的主要内容之一。

（六）旅游经济结构及发展

国民经济是一个有机的整体，其各领域之间有着千丝万缕的联系。旅游经济不仅研究旅游经济本身现象及其运行机制，还要关注旅游经济活动中各种经济关系以及它们之间的相互作用和影响。研究旅游经济的发展格局和发展模式，以探寻促进中国旅游经济发展的最佳模式。同时考虑在发展旅游业的同时，优化我国经济的产业结构。

☆补充阅读：

近代旅游业与旅行社的鼻祖——托马斯·库克

托马斯·库克（Thomas Cook，1808—1892），英国旅行商，出生于英格兰墨尔本。近代旅游业的先驱者，也是第一个组织团队旅游的人。1828年库克成为一名传教士，后来是一位积极的禁酒工作者。库克组织了欧洲范围内的自助游，向自助旅行的游客提供旅游帮助和酒店住宿服务。19世纪中期，托马斯·库克创办了世界上第一家旅行社——托马斯·库克旅行社（即通济隆旅行社），标志着近代旅游业的诞生。19世纪下半叶，在托马斯·库克本人的倡导和其成功的旅游业务的鼓舞下，首先在欧洲成立了一些类似旅行社的组织，使旅游业成为世界上一项较为广泛的经济活动。

1841年7月5日，托马斯·库克包租了一列火车，运送了570人从莱斯特前往拉夫巴勒参加禁酒大会，往返行程22英里，团体收费每人一先令，免费提供带火腿肉的午餐及小吃,还有一个唱赞美诗的乐队跟随,这次短途旅游活动标志着近代旅游及旅游业的开端。此后,他率先在英国正式创办了通济隆旅行社,专门经营服务业务。托马斯·库克与他的旅游社的名字蜚声于英伦三岛。为此,托马斯·库克被世界公认为商业性旅游的鼻祖。

1845年夏,托马斯·库克自任领队,组织了350人的消遣观光团去利物浦旅游,并编发了导游手册。

1851年,库克组织了有16.5万多人参加的"伦敦水晶宫"世界博览会。

1855年,库克组织了从英国莱斯特前往法国巴黎的旅游,在巴黎停留游览4天,全程用一次性包价,其中包括在巴黎的住宿和往返旅费,总计36先令。事实上,这也是世界上组织出国包价旅游的开端。

到1864年,经托马斯·库克组织的旅游人数已累计100多万。

1872年库克组织了9位不同国籍的旅行者进行为期222天的第一次环球旅行。

1878年,托马斯·库克退休,业务由其子约翰·梅森·库克(Johrl Masoll Cook)主持。1939年,通济隆旅行社在世界各地设立了350余处分社。

1872年,他创办了最早的旅行支票,可在世界各大城市通行,通济隆旅行社还编印了世界最早的旅行杂志,曾被译成7国文字,再版达17次之多。

旅行游览活动在历史上一直是以个人为单位的个体消费活动。而世界上第一次以一个组织的形式出现,并与运输业直接挂钩而开旅游业先河的人是英国的托马斯·库克。他利用包租火车的方式于1841年7月5日组织570人去参加一次禁酒大会。虽然这次的团体旅行是非商业性的"业余活动",但却面向公众,增加了库克对组织旅游活动的兴趣和信心,为他在以后创办旅行社奠定了基础并提供了经验。经过多年的准备,他于1845年正式创办了世界上第一个旅行社——托马斯·库克旅行社(即现今的通济隆旅行社),成为旅行代理业务的开端。旅行社成立之后,于1845年8月4日第一次组织消遣性的观光旅游团,即莱斯特至利物浦之行,参加人数350人。库克本人对这次的团体旅行进行了周密的计划,并事先亲自考察旅游线路,确定沿途的游览点,与各地客栈老板商定旅客的吃住等事宜,回来后,整理出版《利物浦之行手册》发给旅游者,成为早期的旅游指南。1846年,他又组织350人,到苏格兰集体旅游,并配有向导。旅游团所到之处受到热烈欢迎,从此,托马斯·库克旅行社的名字开始蜚声于英伦三岛。1851年他组织16.5万多人参观在伦敦水晶宫举行的第一次世界博览会。4年后,博览会在法国巴黎举行,他又组织50余万人前往参观,使旅游业第一次打破了国家界限,走向世界。至1864年,他成立了托马斯·库克父子公司,全面开展旅游行业,为走向世界做了一系列的准备工作。1872年库克组织了9位不同国籍的旅行者进行为期222天的第一次环球旅行。这次环球旅行的成功受到世人的称颂。接着,他又在欧洲、美洲、澳大利亚与中东建立起自己的系统。1880年他又打开印度大门,拓展了埃及市场,成立了世界上第一个旅游代理商,被誉为世界旅游业的创始人。

托马斯·库克近代旅游业之父,为旅游业的发展做出了重大贡献。1841年7月5日,托马斯库克以包租火车的形式,组织了一次规模很大的团体旅游活动,被看作现代旅游业开端。1845年,开办旅行社业务,1872年其创了组织环球旅游的先例。

托马斯·库克把他的一生献给了旅游事业,为旅游事业的发展奠定了基础。有人认为托马斯·库克旅游活动的实际意义在于他发明了把游览或度假作为单一的一揽子业务或产品经营,而不仅仅是建立起旅游的代理业务机构。他的思想弥补了铁路客运和海上客运的成长,他的活动标志着旅游活动和旅行服务行业的出现。

资料来源:新华网。

第二节 旅游经济学的特点及任务

一、旅游经济学的特点

旅游经济学以经济学理论为基础,是现代经济学的一个分支。经济学是研究人类社会在各个发展阶段上各种经济活动、经济关系和经济规律的学科总称。是一门如何用有限的资源去满足人类无限需求的一门学科。而旅游经济学则是以经济学的一般理论为指导,研究旅游经济活动中各种经济现象、经济关系和经济规律的科学。因此,旅游经济学同其他学科相比较,具有不同于其他学科的特点。

(一)旅游经济学是一门应用性学科

旅游经济学同经济学之间既有区别,又有联系。经济学是一门研究资源配置及其实现方式的学科。而旅游经济学则是以经济学的一般理论为基础,将经济学的规律应用到旅游经济活动中,揭示旅游经济发展的规律及其表现形式,从而指导旅游经济持续健康地发展,为国民经济增长提供一个新的增长源泉。

(二)旅游经济学是一门旅游专业基础科学

旅游经济学是旅游专业的基础学科,它不以国界、种族、语言为界限,将全球旅游业作为研究对象,揭示旅游活动在经济领域中所发生的矛盾运动,以及经济关系的发展规律等。它提供的是一种观察旅游经济活动的视角、思维方式,进而改变人们的行为,提高旅游资源的配置效率。为国民经济的增长贡献其应有的力量。

(三)旅游经济学是一门新兴的交叉学科

旅游经济学虽然已逐渐发展成一门独立的学科,但是它是建立在诸多学科基础之上的一门学科,具有明显的交叉学科的特点。一方面,实践活动中,由于旅游经济活动包含食、住、行、游、购、娱六大要素,使旅游经济学的研究内容必须综合考虑诸多产业的共同特点和不同之处,具有产业交叉特性。另一方面,在理论研究上,旅游经济不仅要以经济学、旅游学的理论为基础,还必须借助各种学科的理论及研究成果来丰富旅游经济学的研究内容(例如,心理学、地理学、社会学、统计学等),才能加深对旅游经济内在规律及其运行机制的认识,更好地掌握旅游经济的理论和方法。

(四)旅游经济学是一门产业经济学

澳大利亚经济学家费歇尔将经济分为第一产业、第二产业和第三产业,这是现代产业结构理论中著名的三次产业分类。旅游业按照三次产业的划分属于第三产业,虽然理论界对于旅游业能否成为"产业"还有争议,但为了便于讨论,本书将在承认旅游产业的前提下研究旅游产业是怎样在产业结构的演变过程中发展起来的,并讨论旅游产业与其他产业之间的关系以及旅游产业内部各行业之间的关系,即产业关联关系。

二、旅游经济学研究对象和任务

如上所述,旅游经济学是为了研究如何用有限的旅游资源去最大限度地满足旅游消费大众的需求而产生的,因而它研究的核心内容就是如何提高旅游资源的有效配置。具体来讲,旅游经济学的研究对象和任务主要有以下几方面。

(一)旅游经济学试图解决的问题

由于旅游资源具有稀缺性,这使得人们不得不对各种资源进行优化配置,进行各种选择,也即是根据现有资源和人类需要,决定生产的种类、数量,并寻找合适的分配机制。

通过选择,人们在经济学中希望得到解决的问题有:

第一,生产什么和生产多少旅游产品和服务,亦即如何进行旅游资源的配置。

第二,如何生产,即社会经济决定采用什么样的技术手段来生产这些产品和服务。

第三,为谁生产,即社会决定所生产的旅游产品和服务如何在社会成员之间进行分配。旅游资源的有限性决定了产出的有限,产品生产出来,应该先满足谁?后满足谁?谁分配得多,谁分配得少?在旅游市场价格一定的情况下,旅游消费者如何运用他们手中的货币选票在不同的商品和服务之间选择?同时旅游消费者的收入又是由什么决定的?等等。旅游产品分配也反映了社会成员在参与社会资源分配中的地位。

另外,旅游经济学在回答上述三个问题的同时,还要考虑旅游产业如何为国民经济的增长做出应有的贡献,也即是我们常说的 GDP 增长问题以及如何保证资源的充分利用和可持续发展问题。

(二)旅游资源的配置方式

当前,世界各国配置社会资源的方式大致有三种:计划经济,市场经济和混合经济。计划经济就是政府首先根据国际、国内的实际情况预先制定出国民经济的发展目标。运用各种手段(如行政命令、财政、货币政策等)保证经济按照既定的原则和目标发展。我国在改革开放之前实行的主要是计划经济，旅游业的主要任务则被限定在外事接待和民间互访的范围内，大大阻碍了旅游经济的健康快速发展。

市场经济的资源配置模式是通过价值规律、供求规律、价格机制等来作为配置资源的主要方式。市场主体根据价格信号，依据利润最大化原则作出生产什么、如何生产、为谁生产等一系列生产决策。

混合经济则是计划和市场的综合，即国民经济既受到预先经济目标的约束，也遵循市场配置资源的规律，二者结合来指导经济的运行。

自改革开放以来，我国逐步实行了有中国特色的社会主义市场经济体制，肯定了市场在解决经济问题中的作用。旅游产业在这样的大背景下也焕发了勃勃生机。但市场调节有滞后性的特点，所以，目前，我国旅游资源的配置主要是市场主导，政府调控，收到了良好的效果。

三、旅游经济学的研究方法

旅游经济学既是一门应用型的学科，也是一门综合性的学科，其研究的内容十分广泛，涉及多种学科的内容。因此，要使旅游经济学的研究成果具有科学的实践指导意义，就必须选用科学的研究方法。具体来讲，在研究旅游经济学的过程中，必须坚持以下方法。

（一）唯物主义历史观

旅游经济学是研究旅游资源配置及其影响因素的学科。但这种配置是根源于人类发展过程中的，故其必然遵循历史发展的规律与原则，马克思的唯物主义历史观正是研究旅游经济学的基本指导思想：在某一特定时间和特定地点的资源配置将是由物质条件来决定的。

（二）抽象方法

抽象方法，是指在纷繁复杂的现象中，抽去某些非本质的、次要的因素，找出其固有的本质特征或规律，加以概括，得出概念、范畴，形成理论，然后用本质规律去解释现象，预测事物发展的趋势。在旅游经济科学的研究中，人们利用抽象方法，在思维过程中，略去非本质的现象，抽取旅游经济现象中本质的属性，经过思考、总结、概括，形成概念、范畴和理论的理性认识系统。

（三）数量分析与非数量分析相结合的方法

数量分析可以分为三类：一是总量分析，即客观经济分析；二是个量分析，即微观经济分析；三是数量结构分析，即对总量进行分解，如产业结构分析、部门结构分析、地区结构分析等，由于这种方法介于宏观和微观之间，又称为中观经济分析。这三类数量分析，主要是处理经济变量之间的函数关系，这种函数关系包括等量关系、不等量关系和变量变化方向之间的关系。这些关系的描述和分析的过程，也就是模型的建立、推演和分析的过程。也就是说，经济学研究中要运用书写，以从量的方面分析经济的运行和发展。非数量分析可以分为两类：一是制度因素分析，即制度对经济问题的影响，它包括产权问题、利益集团问题以及制度创新等；二是理论分析，即研究在经济活动中"应不应该这么做""值不值得这样做""是对还是错"等价值判断等问题。

（四）实证分析和规范分析相结合的方法

旅游经济学中的实证分析方法，是通过对客观经济现实的描述和分析，说明旅游经济现象"是什么"的问题，而不对其作出评价。规范分析方法是从某种价值判断标准出发，研究社会经济活动"应该是什么"和"如何做"的问题。经济学是实用之学，是一门社会启蒙和社会设计的科学，它不仅要客观地反映经济现实，揭示经济活动中客观存在的规律性，更要按照一定的价值标准来规划现实，使社会经济运动沿着一定的轨道前进，达到预期的目的。在运用规范分析时常常要运用实证分析的方法来论证研究对象与给定准则之间的符合程度；在运用实证分析方法研究某些问题时，常常需要运用某些既定准则来验证分析结果。某些规范分析的准则也是在实际探索的基础上，运用实证分析方法概括和总结出来的。旅游经济学研究必须把实证分析和规范分析结合起来。

☆补充阅读：

规范分析与实证分析的区别

规范分析与实证分析的区别主要有以下几个方面：1.对价值判断的态度不同。实证方法为使具有客观性而强烈排斥价值判断；规范方法要评价或规范经济行为则以一定的价值判断为基础。2.要解决的问题不同。实证分析要解决"是什么"的问题，即确认事实本身，研究经济现象的客观规律和内在逻辑。规范分析要解决"应该是什么"的问题，即经济现象的社会意义。3.实证分析得出的结论是客观的，可以用事实进行检验；规范分析得出的结论是主观的，无法进行检验。例如，比如说天下雨了，这是事实，属实证分析。但不同的人对下雨有不同的价值判断，农民从对农作物有利考的方面虑认为下雨是好事，行人因挨浇怕感冒而认为下雨是坏事，这些就属于规范分析了。

本章小结

☆旅游经济学的产生及发展

随着人类文明的发展，人们在追求物质生活满足的基础上，越来越注重精神层面的需求。在经济发达地区，旅游已经成为人们生活的必需品。根据市场经济理论，有旅游需求必然有旅游供给——从而形成了旅游经济。旅游经济是社会生产力发展到一定历史

第一章 绪论

阶段的产物,是国民经济的有机组成部分。应从社会经济发展的角度把握旅游经济在国民经济中的重要地位,以及其对社会、文化和生态环境的作用和影响。

☆旅游经济学的主要研究内容

(一)旅游产业的收入分配

(二)旅游产品的开发及供求关系

(三)旅游产品的市场开发及销售渠道建设

(四)旅游产品的调整及优化

(五)旅游企业的成本分析

(六)旅游经济结构及发展

☆旅游经济学的特点

(一)旅游经济学是一门应用性学科

(二)旅游经济学是一门旅游专业基础科学

(三)旅游经济学是一门新兴的交叉学科

(四)旅游经济学是一门产业经济学

☆旅游经济学试图解决的问题有

第一,生产什么和生产多少旅游产品和服务,亦即如何进行旅游资源的配置。

第二,如何生产,即社会经济决定采用什么样的技术手段来生产这些产品和服务。

第三,为谁生产,即社会决定所生产的旅游产品和服务如何在社会成员之间进行分配。

☆主要概念与知识点

旅游资源配置　产业经济学　收入分配　结构优化　供求关系

☆复习题

1. 阐述旅游经济学的特点。
2. 旅游经济学的研究任务是什么?
3. 旅游经济学的研究内容有哪些?
4. 研究旅游经济学的方法有哪些?
5. 你是否同意"旅游经济学是应用经济学"的说法?试举例说明。
6. 试解释国民经济三分法的含义。
7. 旅游经济学试图解决的问题有哪些?
8. 社会资源的配置方式有哪几种?
9. 试阐述旅游经济学的产生背景。

第二章 旅游经济概述

◇ **学习目标：**

一、了解旅游经济要素的含义和特征；
二、熟悉旅游资源、旅游设施和旅游服务向旅游产品的转换过程；
三、掌握旅游产品的概念、性质和特征；
四、了解旅游产品的组合与开发以及开发原则和开发策略。

第一节 旅游经济的概念

一、旅游经济与商品经济的关系

旅行是指人们离开常住地而去异地活动的行为，是一种为了生存或某种特定目的而进行的被动性的活动；而游览则是以消闲和放松身心为主要目的的活动，是一种追求享乐、调节生活的活动。旅行和游览是两种完全不同的概念，旅行主要成为人民群众为了某种目的而去往异地的活动，强调"行"的活动；而游览则是消闲、寻乐的行为，强调"游"的行为。

现代旅游活动是在一定的社会经济条件下所产生的，并随着社会经济发展而发展的一种综合性社会活动。一直以来，旅游活动和商品经济发展就有着不可分割的密切关系。一方面，旅游活动本身就是商品经济的一个组成部分，属于第三产业的范畴；另一方面，旅游活动所产生的经济关联效应也是经济发展的重要推动力量之一。很多国家将

第二章　旅游经济概述

旅游经济作为国民经济的支柱产业,同样取得了令人瞩目的成绩。

在现代社会中,由于社会经济的发展和人们生活水平及条件的不断改善,旅游活动已经进入大众旅游的阶段,普通民众的旅游意识越来越强,参与旅游活动的人占总人口的比重越来越大。现代旅游是指人们暂时离开居住地而到异地进行各种包含游览、度假在内的、有目的的全部活动的总称。包括如公务出差、参加会议、宗教朝拜、探亲访友、科学考察、康复疗养、体育竞赛、商务活动等。因此,现代旅游与商品经济的发展密不可分,商品经济为旅游经济的发展提供了生存环境和空间,为现代旅游商品经济的快速发展提供了强有力的推动力。

二、旅游经济的构成要素

一方面,我们认为旅游经济包含食、住、行、游、购、娱六大要素,这是从旅游经济所涉及产业种类这一横向角度理解的。旅游活动带动了这些产业的高速发展,为这些相关产业提供了发展机遇。另一方面,从旅游经济本身的角度考虑,我们一般认为旅游经济包含旅游资源、旅游设施和旅游服务三大支柱产业,旅游经济的规模大小,层次高低都是由这三个方面决定的,它们是旅游经济存在和发展的基本物质条件。

(一)旅游资源

所谓旅游资源(travel resources)是指自然界和人类社会中凡能对旅游者有吸引力、能激发旅游者的旅游动机,具备一定旅游功能和价值,可以被旅游业开发利用,并能产生经济效益、社会效益和环境效益的事物和因素的总和。一般来说,旅游资源具有如下特点:

1. 多样性

对旅游者构成吸引的各种因素都是旅游资源。一方面,旅游消费者的需求千差万别,另一方面,由于各地的自然风光、风俗习惯、文化差异等多种原因,导致了旅游资源各不相同,形成了其多样性的特点。

2. 垄断性——不可移动性

旅游资源的垄断性是指旅游资源的实物本体不能移动。正是旅游资源的不可移动性,才决定了旅游活动的位移特征,消费者买走的只是映象和感受。

3. 定向性

一是资源分布的区域性。地理环境的区域差异性——人们渴望了解居住地以外的世界,才形成了旅游者向某个方向的旅游流;旅游流的指向是旅游资源的吸引力。二是同一旅游资源只能对特定需求的旅游者产生较大的吸引力,也即是我们常说的目标消费群体,如宗教旅游、求学等。

4. 时间性

旅游活动的时间性,体现在三个方面。

一是季节性:是指同一旅游吸引物随季节的变化出现某些特殊景观或特别的体验感。二是时间特定性或周期性：旅游景观和事物在某一特定时间周期性地出现或发生。如传统的节庆，第二次世界大战以后每四年一届奥运会；珠海每两年一次的航展，欧美国家一年一度的狂欢节来临等。三是时代的变异性：如历史遗迹、名人故居、废弃的矿井、监狱等；登月旅行等。

5. 组合性

一个孤立的构景要素或一个独立的景点是较难形成对旅游者的长期有效吸引力的。能够使旅游消费者离开其居住地专程前往旅游目的地的，总是复杂多样、相互联系相互依存的各个要素组合构成的旅游资源综合体。

(二)旅游资源的分类(见表2-1)

1. 自然旅游资源

主要是天然赋予的具有游览观光、休息疗养、娱乐体育等吸引力的地理要素，这些要素或以单体和单体组合，或以某种要素为主辅以其他要素组合构成旅游资源。具体包括：

地文景观类——山岳形胜、岩溶景观、风沙地貌、海滨沙滩、特殊的地质现象和地貌类型等。

水域风光——河流、湖泊、瀑布、泉水、溪涧、冰川、滨海等。

生物景观——森林、草原、珍稀树种、奇花异草、珍禽异兽等。

气候与天象景观——适宜于避暑避寒疗养治病的气候及特殊的天象景观，如泰山日出、庐山云瀑、黄山云海以及虽可遇不可求但出现频率较多的峨眉佛光、沙漠海市蜃楼、极地极光等。

2. 人文旅游资源

是指能够吸引人们进行旅游活动的古今人类所创造的物质实体或以其为载体的神话传说、名人逸事等。

历史文物古迹——历史遗迹、建筑遗址、石窟石刻等。

民族文化及其载体——主要包括可视、可感、可参与的特殊民俗礼仪、习俗风情、节日庆典、民族艺术和工艺等。

3. 宗教文化资源

主要包括两类：一类是参观游览型的宗教建筑艺术，如坛、庙、寺、观、带有人格神色彩的大型塑像，以及赋予其中的装饰、雕塑、壁画、楹联、碑刻等；另一类是这些宗教建筑和艺术本身营造的宗教活动场所。如各种宗教的神职人员布道求法，现代旅游者中也有大量专为求神拜佛而光顾宗教寺庙道观的。

另外，特色的城乡风貌：如具有视觉形象的历史文化名城、独具特色的现代都市风光，具有清新质朴的田园风光、古镇村落等。

4. 现代人造设施

富有特色、具有规模、某种特殊意义和影响力的大型工程及文化设施。如有影响的国际性体育和文化事件等。

第二章 旅游经济概述

5. 饮食购物

包括各种富有特色的地方风味美食、特产名品、特色市场与著名店铺等。

表 2-1　　　　　　　　　　　　　　　旅游资源分类

主类	亚类	基本类型
A 地文景观	AA 综合自然旅游地	AAA 山丘型旅游地 AAB 谷地型旅游地 AAC 沙砾石地型旅游地 AAD 滩地型旅游地 AAE 奇异自然现象 AAF 自然标志地 AAG 垂直自然地带
	AB 沉积与构造	ABA 断层景观 ABB 褶曲景观 ABC 节理景观 ABD 地层剖面 ABE 钙华与泉华 ABF 矿点矿脉与矿石积聚地 ABG 生物化石点
	AC 地质地貌过程形迹	ACA 凸峰 ACB 独峰 ACC 峰丛 ACD 石(土)林 ACE 奇特与象形山石 ACF 岩壁与岩缝 ACG 峡谷段落 ACH 沟壑地 ACI 丹霞 ACJ 雅丹 ACK 堆石洞 ACL 岩石洞与岩穴 ACM 沙丘地 ACN 岸滩
	AD 自然变动遗迹	ADA 重力堆积体 ADB 泥石流堆积 ADC 地震遗迹 ADD 陷落地 ADE 火山与熔岩 ADF 冰川堆积体 ADG 冰川侵蚀遗迹
	AE 岛礁	AEA 岛区 AEB 岩礁
B 水域风光	BA 河段	BAA 观光游憩河段 BAB 暗河河段 BAC 古河道段落
	BB 天然湖泊与池沼	BBA 观光游憩湖区 BBB 沼泽与湿地 BBC 潭池
	BC 瀑布	BCA 悬瀑 BCB 跌水
	BD 泉	BDA 冷泉 BDB 地热与温泉
	BE 河口与海面	BEA 观光游憩海域 BEB 涌潮现象 BEC 击浪现象
	BF 冰雪地	BFA 冰川观光地 BFB 长年积雪地
C 生物景观	CA 树木	CAA 林地 CAB 丛树 CAC 独树
	CB 草原与草地	CBA 草地 CBB 疏林草地
	CC 花卉地	CCA 草场花卉地 CCB 林间花卉地
	CD 野生动物栖息地	CDA 水生动物栖息地 CDB 陆地动物栖息地 CDC 鸟类栖息地 CDE 蝶类栖息地
D 天象与气候景观	DA 光现象	DAA 日月星辰观察地 DAB 光环现象观察地 DAC 海市蜃楼现象多发地
	DB 天气与气候现象	DBA 云雾多发区 DBB 避暑气候地 DBC 避寒气候地 DBD 极端与特殊气候显示地 DBE 物候景观
E 遗址遗迹	EA 史前人类活动场所	EAA 人类活动遗址 EAB 文化层 EAC 文物散落地 EAD 原始聚落
	EB 社会经济文化活动遗址遗迹	EBA 历史事件发生地 EBB 军事遗址与古战场 EBC 废弃寺庙 EBD 废弃生产地 EBE 交通遗迹 EBF 废城与聚落遗迹 EBG 长城遗迹 EBH 烽燧

续表

主类	亚类	基本类型
F 建筑与设施	FA 综合人文旅游地	FAA 教学科研实验场所 FAB 康体游乐休闲度假地 FAC 宗教与祭祀活动场所 FAD 园林游憩区域 FAE 文化活动场所 FAF 建设工程与生产地 FAG 社会与商贸活动场所 FAH 动物与植物展示地 FAI 军事观光地 FAJ 边境口岸 FAK 景物观赏点
	FB 单体活动场馆	FBA 聚会接待厅堂(室) FBB 祭拜场馆 FBC 展示演示场馆 FBD 体育健身场馆 FBE 歌舞游乐场馆
	FC 景观建筑与附属型建筑	FCA 佛塔 FCB 塔形建筑物 FCC 楼阁 FCD 石窟 FCE 长城段落 FCF 城(堡) FCG 摩崖字画 FCH 碑碣(林) FCI 广场 FCJ 人工洞穴 FCK 建筑小品
	FD 居住地与社区	FDA 传统与乡土建筑 FDB 特色街巷 FDC 特色社区 FDD 名人故居与历史纪念建筑 FDE 书院 FDF 会馆 FDG 特色店铺 FDH 特色市场
	FE 归葬地	FEA 陵区陵园 FEB 墓(群) FEC 悬棺
	FF 交通建筑	FFA 桥 FFB 车站 FFC 港口渡口与码头 FFD 航空港 FFE 栈道
	FG 水工建筑	FGA 水库观光游憩区段 FGB 水井 FGC 运河与渠道段落 FGD 堤坝段落 FGE 灌区 FGF 提水设施
G 旅游商品	GA 地方旅游商品	GAA 菜品饮食 GAB 农林畜产品与制品 GAC 水产品与制品 GAD 中草药材及制品 GAE 传统手工产品与工艺品 GAF 日用工业品 GAG 其他物品
H 人文活动	HA 人事记录	HAA 人物 HAB 事件
	HB 艺术	HBA 文艺团体 HBB 文学艺术作品
	HC 民间习俗	HCA 地方风俗与民间礼仪 HCB 民间节庆 HCC 民间演艺 HCD 民间健身活动与赛事 HCE 宗教活动 HCF 庙会与民间集会 HCG 饮食习俗 HGH 特色服饰
	HD 现代节庆	HDA 旅游节 HDB 文化节 HDC 商贸农事节 HDD 体育节
数量统计		
8 主类	31 亚类	155 基本类型

[注] 如果发现本分类没有包括的基本类型时,使用者可自行增加。增加的基本类型可归入相应亚类,置于最后,最多可增加 2 个。编号方式为:增加第 1 个基本类型时,该亚类 2 位汉语拼音字母+Z、增加第 2 个基本类型时,该亚类 2 位汉语拼音字母+Y。

资料来源:《旅游资源分类、调查与评价》(GB/T18972-2003)。

(三)旅游设施

旅游设施(travel facility)是指旅游目的地旅游行业的人员向游客提供服务时依托的各项物质设施和设备。它包括交通运输设施、食宿接待设施,游览娱乐设施和旅游购物设施等。一般来说,我们将其分为基础设施和接待设施。基础设施主要包括:

1. 交通设施建设

交通设施是发展旅游经济的最基本条件之一,主要包括航空建设、铁路建设、公路建设及水路建设等多个方面。

2. 通信设施建设

通信设施建设是旅游目的地发展水平的重要标志。完善程控电话、移动电话、图文传真等现代通信设施，消除旅游景区的通信信号盲区；旅游景区游客集散地安装 IC 卡电话；建立旅游电子信息网络，及时发布最新旅游信息，为中外游客提供咨询、预订服务等都可以大大增加游客的便利，提高其旅游满意度。

3. 市政设施建设

完善的街道市容、商业贸易、环境保护、社会治安、医疗卫生、公共交通、广播电视和供水、供电、供气、照明、绿化等基础设施和市政工程都为旅游经济的快速发展提供了保证。

另外，旅游接待能力建设如旅行社建设、旅游住宿设施建设、旅游餐饮设施建设、旅游娱乐设施建设也都是旅游经济发展必须具备的前提条件。

(四) 旅游服务

旅游服务(travel service)是指旅游目的地旅游行业的人员以一定的物质为资料凭借，为满足游客在旅游活动过程中各种需求而提供的服务。

旅游服务是一个综合概念，包括饭店服务、交通服务、餐饮服务、导游服务等。各种服务共同组成了旅游服务综合体。每一种服务之间既是独立的又是相辅相成的，因此只有协调好各项服务之间的关系，才能从整体上为旅游者提供良好的服务，保证旅游服务的质量。

三、旅游商品的效用

如前所述，旅游经济各要素共同形成了旅游商品，进而为旅游消费者提供一定的效用水平。所谓效用，也即是旅游商品的使用价值，是能够满足人们某种需要的有用性。旅游商品的效用可以分为客观效用和主观效用，客观效用是指其满足游客需要的性能。这是由旅游商品本身的客观物理性质和形式决定的，是人们劳动价值的体现。而旅游商品的主观效用则是指不同的人们消费同样的旅游商品后所产生的不同感受和满足，是一种主观的使用价值。虽然主观效用只是游客自身的感受，很难加以准确测量和比较。但是并不代表无章可循，比如，南方人喜欢吃米饭，饮黄酒；而北方人喜欢吃面食，饮白酒。四川人喜欢吃辣，上海人喜欢吃甜等。如果我们能找出其中的规律性，必然能为旅游业的发展提供一定的指导作用。

四、旅游商品的价值与使用价值

旅游商品是用来交换的旅游产品，这些产品虽然形态各异，但都包含了人类无差别的体力和脑力劳动。这种凝结在旅游商品中的无差异的人类劳动就是旅游商品的价值所在。根据价值理论,旅游商品的功能与效用各不相同,但它们具有的价值却具有同质性——无差别的人类劳动。那么,旅游商品的价值量的大小是由什么决定的呢?旅游商品价值量的大小是由旅游商品生产中所耗费的社会必要劳动时间,就是在现有的社会一般的生产条件下,在社会的平均劳动熟练程度和劳动强度下生产旅游商品使用价值所需要的劳动时间,并且,社会必要劳动时间会随着社会生产力的发展而不断地变化。劳动生产率越高,同样的时间生产的产品就越多,从而凝结在每件商品中的社会必要劳动时间就越少,旅游商品的个别价值量就越小。换句话说,旅游商品的价值与体现在旅游商品中的劳动量成正比,而与劳动生产率成反比。

(一)商品的使用价值

使用价值是指其能满足人们在物质方面或者精神方面的某种需要。旅游产品同样也具备这种属性,但由于旅游产品本身的特点,旅游产品具有其自身的特殊性质,例如,旅游产品的使用价值具有复合性。一般产品只能满足人们在消费上的某种单一需要,而旅游产品可以提供旅游消费者多重需要。一般商品通常具有单一的使用价值,而旅游产品所提供基本的生活需要,如从食、住、行等开始,继而提供更高层次的满足人们发展的需要,如观光、游览、疗养、娱乐等。

(二)旅游产品的价值

价值是人类抽象劳动的结晶这一质的规定性,决定商品的价值量要用它所包含的劳动量来计量。劳动量用劳动持续的时间来计算,用时、日等单位做尺度。每一种商品通常都有许多劳动者进行生产,他们的生产条件也有好有坏,劳动力有强有弱的区别,劳动的熟练程度和紧张程度也有差别,因此,生产一件商品所耗费的个别劳动时间并不一样。但是,决定一件商品价值量的,不是个别劳动时间而是社会必要劳动时间。"社会必要劳动时间是在现有的社会正常的生产条件下,在社会平均的劳动熟练程度和劳动强度下制造某种使用价值所需要的劳动时间。"(资本论第23卷,第52页)

商品的价值量由两部分构成:一部分是商品生产者的劳动力耗费即活劳动所创造的新价值;另一部分是生产者的具体劳动把劳动对象和劳动资料上原有的旧价值转移到产品中去。但无论是前者还是后者,加到一个商品中去的都只限于社会必要劳动时间。决定商品价值量的社会必要劳动时间随着劳动生产力的变动而变动。劳动生产力提高,同量劳动会生产更大量的商品,或生产同量商品所耗费的社会必要劳动时间减少,从而单位商品的价值量就会降低。反之亦然。所以商品的价值量与体现在商品中的劳动的量成正比,与这一劳动的生产力成反比。

旅游产品的价值实体和其他任何商品的价值实体一样,都是人类无差别的、一般的、抽象的劳动。旅游产品的价值与一般商品相同,也基本由两个部分组成:一是转移价值,即旅游服务所凭借的建筑物、服务设施的折旧,向游客提供饮食和日用品的原材料消耗等;二是新增价值,包括支付旅游从业人员用以维持劳动力再生产所需消耗物质资料的

价值和旅游从业人员创造的剩余价值。但是由于旅游产品在生产过程和价值、价格形成方面,具有其特殊性,主要表现在以下几方面:

1. 旅游服务价值量的确定

服务是旅游产品的核心,服务质量的好坏直接影响旅游产品的质量和形象。在服务设施条件相同的情况下,服务方式、服务效率和服务态度的差别会产生迥然不同的服务效果。但是,这些差别在旅游交易过程中,其价值和价值量的确定比较困难,很难对其进行定量衡量和质量控制。服务质量的优劣主要与从业人员的文化素质、职业修养、道德水平等密切相关,它们主要反映人类社会交往关系的标准,而与劳动量投入的多少无直接关系。因此,只有提供高质量的服务,才能保证旅游产品的价值及其实现。

2. 旅游吸引物价值量的确定

旅游吸引物是指旅游地吸引旅游者的旅游对象资源和旅游设施等因素。其中通过开发利用的旅游对象资源是对旅游者首要的、核心的旅游吸引物是刺激、产生旅游需求与旅游行为的"客体"根源。

对于旅游吸引物,大多具有无法替代的地域、文化、历史价值。这种价值是不能以消耗多少劳动量去衡量的。如南浔的绣花锦菜,只能在南浔方圆十里的地上出产,如果移植另地,其味道、口感全部变样。这种不可重复性就形成了价值的特殊性,反映在价格上即呈现为垄断性。特色旅游吸引物在开发过程中,地方风土人情、传统生活方式等社会现象即融入其中,并具有了别人无法模仿的独特性,也具有不可替代的文化历史价值。

3. 旅游设施附加值的价值量确定

旅游设施是指旅游目的地旅游行业的人员向游客提供服务时依托的各项物质设施和设备。它包括交通运输设施、食宿接待设施、游览娱乐设施和旅游购物设施等。旅游设施同市场上的其他商品一样,其价值是由凝结于其中的社会必要劳动量来决定的。但是,由于旅游经济活动的特殊性,其价值量的决定有一些特别的地方。一般来说,同样一种设施设备,进入旅游活动中的价值和价格,要比进入其他经济活动中的价值和价格高一些。这是因为旅游者在旅游活动过程中享受这些设施的环境条件和服务内容要比其他活动的要求高得多,而这些环境条件和服务内容必须通过旅游从业人员用劳动创造出来,因而其价值和价格自然也就要高些。因此,旅游设施在旅游产品的组合过程中其价值量也会发生变化而产生更高的附加值。

五、货币与旅游经济

在社会发展的初期,商品交易主要表现为物物交换,买卖行为同时同地发生。但这种交换受到时间、地点、价值估计等多方面因素的制约。随着商品经济的发展,货币的出现使交易变得容易、方便。货币是从商品交换中分离出来充当媒介的一般等价物,其自身就是一种商品,具有价值和使用价值。

在旅游经济的发展过程中,货币同样起到了重要的经济润滑剂的作用,并且演化出了一系列的更高级别的旅游货币,如旅游消费券、代金券、信用货币等。

☆补充阅读:

价值和实用价值是商品(商品是用来交换的能满足人们某种需要的劳动产品,具有使用价值和价值两个因素,是使用价值和价值的矛盾统一体)的两个基本属性:价值是凝结在商品中无差别的一般人类劳动,即人类脑力和体力的耗费;使用价值是指商品能满足人们某种需要的属性,是商品的自然属性。价值是商品特有的社会属性;交换价值是指在物物交换过程中两种使用价值进行交换的关系或者比例。

商品是价值和交换价值是对立统一体:统一性表现在,使用价值是价值的物质承担者,一个物品如果没有使用价值就没有价值,也不会成为商品,价值寓于使用价值之中,若一个物品仅有使用价值而没有价值也不能成为商品;对立表现为,一个人不能同时拥有商品的价值和使用价值,即拥有使用价值必须让渡价值,拥有价值必须让渡价值。这就是它们的矛盾,这说明了商品生产的目的不是为了拥有使用价值,而是为了获得价值,这个矛盾解决的关键是商品顺利通过交换。货币产生后,这种一般等价物使商品的这对内在的矛盾外化为商品和货币的对立,但是货币产生后,并没有消除和解决商品的这对矛盾,而是进一步激化和发展了这对矛盾:商品和货币可以在时间和空间上独立存在,更重要的是买卖脱节,加剧了矛盾的两者的分离。

价值和交换价值的关系:价值是交换价值的基础,即两种商品能进行交换的根据是这两种商品都含有无差别的人类劳动,在本质上是相同的,只是量的大小不同,这种不同决定了它们在交换过程中的比例——交换价值是价值的表现形式,价值不仅表现在交换的过程中也表现在交换的结果上,因为价值规律也是以商品的价值为基础进行等价交换的。

使用价值和交换价值的关系:由交换价值的概念我们可以看出交换价值和实用价值的关系——即交换价值在形式上是两种不同的使用价值的商品的交换,也可以说,它也是商品内部矛盾外在表现统一体:内容是价值量的交换,形式是使用价值的交换。

第二节 旅游经济的特点

旅游活动发展成为现代旅游经济,并从国民经济新的增长点发展成为重要的支柱产业,是现代科学技术进步、社会生产力提高和商品生产与交换长期发展的结果。因此,

第二章 旅游经济概述

现代旅游经济是在商品经济发展的基础上,依托现代科学技术,反映旅游活动过程中旅游者和旅游经营者之间,按照各自利益而发生经济交往所表现出来的各种经济活动和经济关系的总和。现代旅游经济作为国民经济的重要组成部分,具有以下特征。

一、旅游经济是一种商品化的旅游活动

自然经济和商品经济是迄今为止人类社会出现的两种基本的经济形式。现代旅游经济是建立在商品经济基础之上的,是以旅游产品的生产和交换为主要特征的旅游活动,因而必然要产生经济活动中的供需双方和交换的对象。一方面,只有当市场上存在着旅游经济活动的需求主体——旅游者,才可能产生大量的旅游需求。而旅游需求的规模、消费水平、需求类型等,不仅决定着旅游经济活动能否有效地进行,而且对旅游经济发展的规模和水平具有决定性的影响和作用。另一方面,只有当市场上存在着旅游经济活动的供给主体——旅游经营者,才有可能满足各种类型的旅游消费需求。旅游经济活动总是表现为旅游需求方(旅游者)和旅游供应方(旅游经营者和政府)之间的关系。各利益主体追求各自利益的最大化,具体为:

第一,旅游者利益的最大化。它以个人利益为主,是指旅游者在支付一定的成本(时间、精力、货币)的前提下,所获得的物质和精神上的最大满足。取决于两方面:期望值、付出的成本二者的一致性,还受旅游者自身的阅历、知识背景等影响。

第二,旅游经营者利益的最大化。它以企业利益为主。在满足旅游需求的同时,取得尽可能大的利益。

另外,商品生产和交换发展到一定程度,必然产生货币。货币的产生为旅游活动的商品化提供了相应的媒介和手段。这样,旅游活动便完全建立在以旅游产品为对象、以旅游者和旅游经营者为主体、以货币为交换为媒介的基础上,真正成为一种商品化的社会经济活动。

二、旅游经济是一种综合性的服务活动

旅游活动包括食、住、行、游、购、娱六要素,内容复杂,经济活动涉及国民经济众多行业和部门,经济联系广泛。从供给角度看,旅游经济是一种以服务为主,并涉及众多企业和行业的经济活动。这种服务性经济活动,既可以借助物的形式提供,也可以通过活劳动本身发挥作用来提供。正如马克思所强调的:"服务无非是某种使用价值发挥效用,而不管这种使用价值是商品还是劳动。"

三、旅游经济的国际性

由于旅游活动的跨地区、跨国界性,其已成为国际性的经济活动。现代科技的发展,使交通运输和通信条件大为改观,空间距离缩短,旅游突破了地域和疆域的界限,全球

性的旅游经济活动蓬勃开展。冷战的结束，国际政治形势趋于缓和，更加促进了跨国、跨洲旅游活动的开展。全世界每年数以亿计出境的游客足迹遍布了地球七大洲四大洋的山山水水。全球性旅游活动的发展又促使了国际投资中相当比例的投入到旅游服务业。以我国为例，据世界旅游组织统计，截至2008年，已有68个著名的跨国饭店集团涉足我国198家旅游饭店（Hotel）。自改革开放以来，外资投资到我国旅游业的资金已超过1 600亿美元，其中旅游饭店1 000亿美元，度假区400亿美元，旅游景观100亿美元，度假别墅和公寓100亿美元。旅游经济活动已成为全球经济一体化的重要组成部分，旅游资源正在成为全世界人民的共同财富，为全人类服务。

四、旅游经济的普及性

它亦称大众性。旅游活动的初始阶段只是王公贵族、达官富贾消闲寻乐的行为，后来又有一些文人骚客出于某种目的也加入外出旅游的行列，但这些都表现为极少数人的个人行为。现代旅游经济最明显的特点是参加旅游的人数越来越多，越来越普及，全世界每年出境旅游的人数2008年已近10.8亿人次。旅游已不再是少数富人权贵们的专利，而是成为普通大众人人都可享有的权利。在我国，2008年国内旅游的人数高达11.278亿人次，参加者多是普通劳动群众。现在，旅游已成为一种时尚，一种较高层次的消费需求，在人们生活水平日益提高的今天，它是人们追求现代文明生活方式的内容之一。

第三节 旅游经济产业及其影响因素

一、国民经济产业部门分类

所谓产业部门是对按社会分工而确定的，根据现代经济产业标准分类规定，所谓产业部门是指国民经济内部按照一定的社会分工，专门从事同类经济活动的企业和事业单位的总称，如农业部门、工业部门、交通运输部门、商业部门和建筑部门等。一般来说，我们对国民经济的产业分类有以下几种方式：

（一）三次产业分类法

当产品直接取自自然界的产业部门成为第一产业（primary industry），对初级产品进行再加工的部门称为第二产业（secondary industry），为生产和消费提供各种服务的部门称为第三产业（tertiary industry）。三次产业分类法由新西兰奥塔哥大学教授阿伦·格·费歇尔（A. G. B. Fisher）于1935年提出，在产业结构理论领域得到了广泛使用。

（二）资源集约度分类法

资源是指投入生产活动的生产要素总和，如自然资源、人力资源、资本技术等。根据各种资源在商品生产过程中相对比例的差异,将国民经济划分为劳动密集型产业、资本密集型产业和技术密集型产业。这种分类方法有助于准确了解经济发展对资源的耗费情况,以便根据资源状况调节经济发展的方向和节奏。

● 劳动密集型产业

顾名思义,劳动密集型产业就是在商品的生产过程中人力资源的投入比重要高于其他生产要素的投入比率,是个相对的概念。旅游业由于不存在高精尖的技术门槛和资本门槛,具有劳动密集型的特点。

● 资本密集型产业

资本密集型产业就是在商品生产过程中,资本生产要素的配比要远远高于其他如劳动和技术等要素的比率。一般来说,重工业如汽车、钢铁、石油化工等都属于此种产业。

● 技术密集型产业

也称知识密集型产业,指在生产过程中技术门槛较高的相关产业。如 IT 行业、计算机行业、航空制造等。

此外,产业分类还有生产结构分类法、联合国标准产业分类法等都在经济研究领域有所应用,为指导经济发展起到了重要作用。

二、旅游产业结构的影响因素

旅游产业结构是指旅游经济内各产业部门、各地区以及各种经济成分和经济活动的各环节的构成和比例关系。包括旅游行业结构、地区结构和所有制结构等。旅游产业属于第三产业的重要组成部分,为我国经济的快速健康发展做出了重要贡献。总的来说,旅游产业结构的影响因素主要包括以下几个方面:

(一)社会劳动生产率(productivity of labour)

一般来说,在市场经济运行过程中,资源在自由流动的前提下,总是流向使用效率最大的行业和部门。市场化程度越高的国家和地区,资源配置就越合理,因资源配置扭曲而导致的效率损失就越少。

(二)旅游需求(tourism demand)

根据凯恩斯需求决定供给的观点,在当前产能普遍过剩的经济背景下,旅游需求的特点和改变将对旅游产业(即旅游供给)的发展带来重要影响。

(三)经济体制(economic system)

新中国成立以来,我国旅游业的发展经历了政府主导型和市场调节型两个阶段。前者具有计划经济的特征,而后者则是市场机制占据资源配置主导力量的产业结构。实践表明,按市场机制配置资源更加符合我国的国情,能以更高的效率配置生产要素。

(四)政策引导

虽然市场经济是以市场机制作为资源配置的基础力量,但由于市场机制反应的滞后性,任何一个政府都不会对经济完全放任自流，都会按照事先确定的发展和就业等目标对产业进行引导和监控，所有政策的制定和实施都会对旅游产业的发展产生影响。

此外，旅游产业的发展除了上述因素外，还包括经济发展水平、收入水平、人们的旅游意识等，要想使一国的旅游产业得到健康、快速、稳定的发展，必须准确估计各因素对产业的影响程度，进而合理协调各因素之间的关系，利用对这些因素的调整，为旅游产业创造一个良好的环境。

☆补充阅读：

投入产出分析法

1936年由美籍俄裔经济学家列昂节夫（W. Leontief）首先提出。投入产出分析法是一套实用的科学的计划方法，目前已有100多个国家采用，我国从1973年起正式引用投入产出法编制各种计划。它的基本原理是，任何系统的经济活动都有投入和产出两大部分。投入是指人力、物力在生产过程中的消耗；产出指生产活动的结果，即生产出一定数量和种类的产品。在生产活动中投入和产出之间具有一定数量的关系。投入产出法就是利用这种数量关系进行分析的计划方法。它首先要根据某一年份的实际统计资料求出各部门之间的一定比例，编制投入产出表；然后计算各部门之间的直接消耗系数和间接消耗系数（合计便是完全消耗系数）；再根据某些部门最终产品的要求（供个人消费、社会消费、储备和出口的最终消耗），算出各部门应达到的状况，用来进行综合计划。

第四节　旅游经济的地位及作用

一、旅游经济在国民经济中的地位及作用

一般情况下，一个从事旅游的人，可以带动相关产业5个人就业。如果说旅游消费是1元，则可以拉动相关产业5元的消费，也是1∶5的比例。旅游业已是我国经济不可或缺的支柱产业。而国民经济作为一个有机整体，要求各部门之间保持一定的比例关系，而每一个经济部门在整个国民经济中的地位，则取决于其本身的性质、规模和运行状况。因此，旅游经济在国民经济中的地位如何，主要取决于旅游业的性质、发展规模及运行状况。

当前，旅游业已经成为国家战略。从短期看，旅游业是新的消费热点、拉动内需、应对金融危机的重要举措。从中长期看，旅游业是我国国民消费结构升级的重要方向、促进就业的重要领域、经济结构调整的重要途径。旅游业已经深度融入了国家的经济战略和区域发展方略，并且成为循环经济、低碳经济的重要组成部分。旅游业通过为人们提供食、住、行、游、购、娱等各种服务，不仅为物质资料生产部门的简单再生产和扩大再生产提供了实现的途径和方

式,即满足人们对基本生活和精神生活的需求;而且也是社会总产品供给实现的重要环节,促使社会产品在社会各劳动者间进行合理分配,并不断创造着新的需求。同时,从可持续发展的角度看,旅游业不仅是一种"无烟工业",符合当今世界经济发展的总潮流,与发展"绿色产业"相适应。而且旅游业还是一个"朝阳产业",正展现着良好的发展势头。从现代旅游经济发展的实证分析,当今世界上经济发达的国家,同时也是旅游经济发达的国家,即经济越发达,旅游业在国民经济中的地位就越高。如瑞士、法国、美国、日本、新加坡等国家和地区,并且许多国家旅游收入在国民经济中都占有相当比重。随着人们收入水平的提高,用于精神需求、陶冶情操方面的消费就相对增加,从而促进以满足人们精神、享乐需求为主的旅游业的迅速发展,规模也不断扩大,进而在国民经济中占据重要地位。见表2-2。

表2-2 2005年中国旅游业发展情况

	数量	2005年	2004年	同比增长(%)
旅游入境人数(万人次)	10000	12929.23	10903.82	10.32
外国人(万人次)	10000	2025.51	1693.25	19.62
香港同胞(万人次)	10000	7019.38	6653.89	5.49
澳门同胞(万人次)	10000	2573.41	2188.16	17.61
台湾同胞(万人次)	10000	410.92	368.53	11.50
过夜旅游者人数(万人次)	10000	4680.90	4176.14	12.09
国际旅游(外汇)收入(亿美元)	100	292.96	257.39	13.82
国内旅游人数(亿人次)	100	12.12	11.02	9.98
国内旅游收入(亿元人民币)	100	5286.00	4711.00	12.21
旅游业总收入(亿元人民币)	100	7686.00	6840.00	12.37

数据来源:世界旅游组织。

具体来说,旅游经济对一个国家或经济体的影响主要有以下几个方面:

(一)增加外汇收入

旅游业的一个重要经济作用便是增加一个国家的外汇储备,提高其外汇储备和平衡国际收支。所谓国际收支(balance of payments),是指一个国家在一定时期内(通常为一年)同其他国家发生经济往来所产生的全部收入和支出。任何国家要扩大对外经济合作关系,就必须扩大外汇收入。而扩大外汇收入,一是通过对外贸易获得贸易外汇;二是通过非贸易途径而获得非贸易外汇。作为非贸易外汇收入的重要来源之一,旅游创汇具有传统国际贸易不具备的诸多优点:换汇成本低,换汇率高,结算时间短,免受进口国关税壁垒的影响等。所以,通过旅游业来赚取外汇,弥补贸易逆差,平衡国际收支是一种理想的方法。见表2-3。

表 2-3　　　　　　　　　　国际旅游（外汇）收入　　　　　　　　　单位：百万美元

年份 地区	2000	2001	2002	2003	2004	2005	2006	2007	2008
北京	2768	2946	3115	1904	3173	3619	4026	4580	4459
天津	232	280	342	329	413	509	626	779	1001
河北	142	157	167	85	190	209	243	309	274
山西	50	59	75	36	81	116	164	222	301
内蒙古	126	137	149	138	253	352	404	545	577
辽宁	383	463	550	454	613	738	934	1228	1526
吉林	58	76	86	66	96	120	137	179	211
黑龙江	189	250	297	244	302	340	492	643	870
上海	1613	1808	2275	2053	3041	3556	3904	4673	4972
江苏	724	822	1050	1132	1763	2260	2787	3469	3880
浙江	514	699	928	873	1300	1716	2133	2708	3024
安徽	86	106	124	83	141	186	227	344	454
福建	894	942	1100	915	1065	1305	1471	2169	2394
江西	62	70	72	47	80	104	140	196	252
山东	315	382	472	370	567	780	1014	1352	1391
河南	124	133	145	63	160	216	274	318	374
湖北	146	201	284	136	192	276	320	413	443
湖南	221	271	311	46	313	390	503	642	617
广东	4112	4484	5091	4267	5378	6457	7533	8706	9175
广西	307	301	321	164	288	359	423	577	602
海南	109	106	92	80	82	128	229	302	314
重庆	138	163	218	113	203	264	309	382	450
四川	122	166	200	150	289	316	395	512	154
贵州	61	69	80	29	80	101	115	129	117
云南	339	367	419	340	422	528	658	860	1008
西藏	52	46	52	19	37	44	61	135	31
陕西	280	309	351	198	361	446	511	612	660

数据来源：国家旅游局。

（二）加快货币回笼

货币回笼是货币投放的对称。货币回笼的数额、结构、速度和水平，反映一国的物质文化生活水平、市场商品劳务的供应状况、居民消费趋向的变化。货币回笼增加表明流通中现金数额减少。每个年度由银行投放出去的货币应该在当年回笼的比例,有一定的规律性。回笼不足或回笼过旺,则表明经济运行中存在某些失衡和失调的因素,它可以为宏观经济调控提供不间断的动态信息。

随着人们收入水平的提高,流通中的货币量便会增加,通货膨胀便会成为可能。所以,国家在投放货币后都要设法将其收回。一般来说,货币回笼的重要方法之一就是向市场投放相应数量的商品。由于物质商品的消费弹性较小,旅游产品便成为货币回笼的理想渠道。在保证货币流通量和商品供应量的比例的同时,也抑制了通货膨胀的发生。

(三)扩大就业机会

当前,失业已成为各国政府关注的民生问题之一,旅游业作为一个综合性服务行业,能为社会提供大量的就业机会。因为旅游业本身就是包含多种服务内容的产业,具有很强的产业辐射性,除了自身迅速发展外,还能带动相关产业的发展,从而增加相关产业的就业,能为社会提供较多的就业机会。

(四)带动相关产业

旅游经济虽然具有一定的独立性,但旅游活动的整个过程几乎涉及国民经济的各行各业,具有很强的产业关联性,不仅能带动物质生产部门的发展,而且能带动第三产业的迅速发展。一方面,旅游业的发展必须建立在物质资料生产部门的基础上,没有一定水平的物质生产条件,就不可能为旅游业的发展提供基础。另一方面,旅游业作为国民经济中的一个独立综合性的行业,其生存和发展与其他行业密切相关,能够直接或间接地带动交通运输、商业服务、建筑业、邮电、金融、房地产、外贸、轻纺工业等相关产业的发展,从而促进整个国民生产总值的发展。

(五)平衡地区经济发展,缩小地区差异

实际上,经过30多年的改革发展后,中国在经济取得快速发展的同时,地区间发展的不平衡问题也日益突出。中国东部和中西部地区人均GDP差距不断扩大。从2002年到2009年,中部人均GDP相对东部的比重从52.60%下降到46.60%,西部人均GDP相对东部的比重从40.59%下降到36.59%。中西部地区发展既缺乏外需带动,又存在内需不足。在中西部地区,消费与投资的不平衡关系与东部有所不同,投资严重依赖于国有经济,效率低,阻碍了经济潜力的发挥,同时投资需求也不足。消费增长受到收入增长不足的影响,而收入增长不足又主要是受到就业压力增大(非农就业机会的严重不足)的严重约束。海外有学者将这种现象比喻为"三种中国",虽然国内区域经济问题专家普遍认为此种说法有失科学,但不可否认的是,地区间发展不平衡问题的确越来越严重。

地区间发展不平衡已经是中国下一阶段保证经济持续发展过程中必须面对的一个问题。事实上,贫困地区多数是经济不发达地区,其同时也是旅游资源富集的地区。因此,通过开发贫困地区旅游资源,大力发展旅游,不仅有利于充分发挥贫困地区旅游资源富集的特点,开发特色鲜明、品质较高的旅游产品;而且能够通过旅游开发及旅游业发展,带动贫困地区及其周边地区人民群众的脱贫致富,加快贫困地区的开发和社会经济的发展。

随着国际旅游业的突飞猛进,我国经济的不断发展,人民生活水平日益提高,我国旅游业亦呈迅猛发展之势,它不仅丰富了人们的精神生活,而且在国民经济中的地位越来越显得重要。大力发展旅游经济,以旅游带动地区经济发展,进而促进整个社会经济发展已为许多国家和地区所认识,从而采取了许多政策及措施来加快旅游经济的发展。见表2-4。

表2-4　　　　　　　　　　2007年旅游经济发展情况

项目	数量	增长率
入境过夜旅游(万人次)	13000(外国人2420)	
旅游外汇收入(亿美元)	380	12%
国内旅游人数(亿人次)	15	8%
国内旅游收入(亿元)	7000	12%
旅游总收入(亿元)	10000	12%
出境旅游(万人次)	3800	10%
新增旅游直接就业(万人)	50	

数据来源:世界旅游组织。

二、旅游经济对社会的影响

通过国际旅游活动,一方面可以增进旅游者对旅游接待国的认识和了解,提高旅游接待国在国际上的地位、知名度及影响;另一方面,旅游接待国也借此机会增进对世界各国的了解,宣传自己的价值观等文化理念,从而加深了国家之间、人民之间的友谊。旅游经济发展对社会的影响,可以从以下几个方面考虑:

首先,从其对国际社会的影响看,大规模的旅游经济活动,使社会信息得到充分的交流,从而传播了现代文明,促进了各种社会关系的协调及进步。即使是一些非常落后的国家,也因旅游经济发展的影响而不得不打破陈腐的观念及限制,实行对外开放的政策,接受现代文明的洗礼,从而推动了整个人类社会的进步。其次,从其对国内社会的影响看,外国旅游者进入旅游接待国的影响表现在:一是通过旅游者的"示范效应",引起旅游接待国价值观念和道德准则的变化,如对生活方式的看法,对人生价值标准的转变等;二是引起旅游接待国社会结构的变化,特别是由于旅游业收入较高,女性就业率较高等特点,使旅游接待国的就业结构发生相应变化;三是引起旅游接待国生活方式的变化,特别是青年人受到国外旅游者的"示范",有些人可能从中受到鼓励,而努力向上,成为社会中富有朝气的人才,也有些人可能更注重外国人的衣着及日用品,从而在生活消费方式上发生改变;四是引起社会环境的改善,例如在交通条件、住宿设施、餐饮特色,乃至个人安全等方面都促使旅游接待国必须加以改善,才能满足国外旅游者的需求。但是,旅游经济的发展对旅游接待国也会产生一些消极的社会影响。例如,旅游业把过多的基础设施和良好的旅游条件提供给国外旅游者消费,使国内人民产生不平等的社会心理;而国外旅游者的挥霍消费,把富裕展现于贫穷之中,造成人们价值准则、心理压力的影响;国外一些不健康的思想、行为的渗入,造成一些令人不满的社会行为。总之,旅游经济发展对旅游接待国的社会影响是多方面的,有些是可见的、显在的,但有些也是潜移默化的;有些是积极的,但有些也是消极的。因此,要注意分析和研究,制定正确的对策措施,促使旅游业健康地发展。

三、旅游经济对文化的影响及作用

文化包括物质文化与精神文化两个部分。所有人类有意识地作用于自然界和社会的一切活动及其结果,都属于文化。文化作为一种社会现象,是以一定的物质基础为前提,其内容随社会物质生产的发展而发展。故而,旅游经济的发展与文化必然具有密切的关联性。自有旅游活动以来,旅游与文化就从未分离。文化是旅游的灵魂,旅游是文化的重要载体;没有文化的旅游就没有魅力,而没有旅游的文化则缺少活力。旅游的优势体现在市场,文化的优势体现在内涵。站在旅游的角度看,抓住文化就抓住了核心价值;站在文化的角度看,抓住旅游就抓住了一个巨大市场。旅游产业和文化产业相互融合,相得益彰,共同繁荣。具体来说,旅游经济发展对文化的影响有以下几个方面:

(一)旅游经济的发展促使各民族优秀的文化传统得到发展、振兴和光大

在旅游经济中旅游者向往的是各民族独特的文化,它是各国发展旅游业必须珍惜并充分利用的旅游资源,许多趋向于衰退和消失的优秀民族文化,只有在旅游的发展中才能重新复活并振兴和发展。

(二)旅游经济的发展促使民族文化的个性更加突出

现代文明的发展,促进了世界各民族文化的交流,在文化交流中必然有选择和淘汰。旅游经济活动是推动世界各民族文化交流的最广泛、最深刻的方式。在旅游中,通过各种物质文化、非物质文化及语言的广泛交流,使民族文化的精华得到锻炼、保留及发扬,而落后的东西则将被逐步淘汰,从而使各民族文化的个性更加突出,增强了民族文化特色对旅游者的吸引力。

(三)旅游经济的发展促进了整个人类精神的进步

通过旅游交往来了解其他国家和人民,是文化交流的重要途径。旅游经济活动促使各国人民具有了国际观念和开放意识,增强了人们对经济、改革与发展的紧迫感,加深了各国人民之间的相互了解及友谊,促进了国家直接科技、文化的交流等,从而促进了整个世界文明的进步。

但是,旅游经济发展对文化也有一定的消极影响。一方面,随着大量外国旅游者的到来和外来文化的冲击,可能使优秀珍贵的民族文化发生蜕变甚至消退,可能带来一些腐朽的生活方式等,从而使民族文化的健康发展受到冲击。另一方面,适应旅游经济发展的要求,会

使许多优秀的民族文化内容变成一种商业性的娱乐内容,从而失去其原有文化蕴含的特色,并促使一些优秀民族文化的特色及精华能随旅游经济的发展而发展。

四、旅游经济对环境的作用及影响

旅游业对环境的影响大致可分为两个方面:

(一)积极影响

随着旅游业的日益发展,不断地开发旅游资源,其中有不少旅游资源原来就存在一些生态问题,在旅游资源开发中,便可采取旅游生态建设和污染治理的措施,使开发出来的旅游资源比原来的生态环境质量更高,即旅游开发美化了生态环境。旅游业还能保持生态环境,旅游资源开发出来进入利用阶段,若能科学地管理,能使当地生态环境进入良性循环,实现可持续旅游发展。

(二)消极影响

大量事实表明,旅游已成为环境污染源之一,因此有必要对于旅游污染环境的主要途径及其特殊性做一总结,归纳出旅游影响环境的基本规律,从而为从旅游管理的角度加强环境保护提供依据。

具体来说,旅游对环境的负面影响包括:1.旅游产品生产过程所造成的不良影响,如自然景观的破坏、原始森林的砍伐、各种污染物的排放等;2.旅游活动过程中的破坏,如旅游者排放的各种垃圾,各种车辆、运输工具排放的废气、噪声等;游客的过多而造成的人为破坏,交通拥塞等,因此,发展旅游经济必须同保护环境协调起来。通过对环境的保护,为发展旅游业创造更好的条件;通过发展旅游业,改善环境,提高环境的美感,从而把发展旅游经济和保护旅游资源、旅游环境有机统一起来,达到既发展旅游经济,又保护环境的目的。

☆补充阅读:

张家界的旅游开发与环境保护

张家界武陵源风景名胜区由张家界公园、索溪峪、天子山三大景区组成,面积396平方公里,以世界罕见的石英砂岩峰林峡谷地貌为主体,是中国第一个国家森林公园所在地。

1992年12月,被联合国教科文组织列入《世界自然遗产》名录。遗产证书上写道:列入此名录说明此自然景区具有特别的和世界性的价值,因而为了全人类的利益应对其加以保护。后来,又被列为世界地质公园,被评为中国首批5A级旅游区。

1992年12月,张家界武陵源风景区被联合国教科文组织列入《世界自然遗产》名录。在遗产证书上写有这样一名话:列入此名录说明此自然景区具有特别的和世界性的价值,因而为了全人类的利益应对其加以保护。

得益于曾经的养在深闺人未识,得益于张家界人热爱自然、保护自然的淳朴天性,张家界宛如一块人间净土、世外桃源。全市森林覆盖率为67%,景区的森林覆盖率高达98%,是名副其实的天然氧吧。这里的大气中负离子含量比一般环境要高出100倍到400倍,其中景区已稳定达到国家一级标准。张家界是"野生动物的乐园"。有野生动物4 000多种,其中高等植物3 000多种,药用植物1 280种,属国家重点保护的珍稀动植物就有98种。云豹、猕猴、灵猫、黄腹角雉、穿山甲等穿行在茂密的林间,大鲵(俗称娃娃鱼)嬉戏于清澈的小溪山涧,有"植物活化石"之称的鸽子花(学名珙桐)在树上翩翩起舞,长蕊杜鹃、龙虾花、春兰等点缀于无垠的绿海。

张家界优势在资源,希望在旅游,张家界人深知保护生态、实现可持续发展的重要意义。

从1991年开始,张家界市委、市政府就提出了"保护第一,开发建设第二"的原则和"严格保护、统一管理、科学规划、永续利用"的方针。一方面健全环保机构,严格依法行政,另一方面严格控制景区内的开发建设。

2001年1月1日,《张家界武陵源世界自然遗产保护条例》正式颁布实施,这是我国第一部保护世界自然遗产的地方性法规。成立了武陵源、张家界、天子山遗产保护委员会等专业机构,组建了一支500多人的专业遗产保护队伍。

自2001年10月起,张家界将景区内凡属污染环境、影响观瞻、有碍交通的建筑全部纳入拆迁范围。景区大拆迁共拆除接待设施124家,搬迁常住居民547户1 791人,拆迁景区建筑19.1万平方米。"除了脚印,什么也不留下;除了照片,什么也不带走",这是张家界对处理环境保护和旅游开发关系的最通俗理解。如今,在景区修建一个小小的厕所都必须经过严格论证和省、市、区三级的层层审批,未达到环保标准的一律不许修建。

目前,张家界正朝着建设世界旅游精品的目标奋进。按照"山上保护世界自然遗产,山下建设未来的文化遗产"的思路,投资500万元,对拆建整治后的景区总体规划进行修编。全市先后否决了对环境有较大破坏或污染的投资建设项目50多个。开展了"蓝天、碧水、宁静"的三大工程建设,对全市所有生活设施的煤、柴锅炉和灶台进行技术改造,一律使用油、气、电锅炉。对影响天门山景区环保的张家界水泥厂实行整体搬迁。在农村,积极开展生态农业的建设,推广沼气,替换取暖能源,使用有机肥,限制化肥使用。全市的生态环境进一步优化,生态效益越发凸显。

同时,为保护生物的多样性和丰富的物种资源,全市建立了上百个自然保护区,总面积达到1 007平方公里,占国土面积的10.6%。在核心景区,投资1.1亿元建立了一支绿色环保车队,既为游客提供了方便,又保护了景区内的环境。为增强全民的环境保护意识,自1991年起连续举办了11届张家界国际森林保护节,"地球呼唤绿色,人类渴望森林"是森林保护节永恒的主题。如今,张家界国际森林保护节已成为我国目前唯一的以森林保护为主题的节庆活动和公益性盛会。

在合理利用资源发展旅游产业方面,张家界精心打造"保护世界遗产,体验人与自然和谐共进"的生态健康旅游线路。通过还原景区的原始生态环境,推出了鹞子寨环山游、索溪激流回旋游和金鞭溪健身游等健康生态的旅游项目,深受国内外游客的喜爱。

资料来源:中国民航新闻网。

本章小结

旅游经济包含旅游资源、旅游设施和旅游服务三大支柱产业，旅游经济的规模大小，层次高低都是由这三个方面决定的，它们是旅游经济存在和发展的基本物质条件。

☆旅游商品的效用

如前所述，旅游经济各要素共同形成了旅游商品，进而为旅游消费者提供一定的效用水平。所谓效用，也即是旅游商品的使用价值，是能够满足人们某种需要的有用性。旅游商品的效用可以分为客观效用和主观效用，客观效用是指其满足游客需要的性能。这是由旅游商品本身的客观物理性质和形式决定的，是人们劳动价值的体现。而旅游商品的主观效用则是指不同的人们消费同样的旅游商品后所产生的不同感受和满足，是一种主观的使用价值。主观效用只是游客自身的感受，很难加以准确测量和比较。

☆旅游商品的价值与使用价值

旅游商品是用来交换的旅游产品，这些产品虽然形态各异，但都包含了人类无差别的体力和脑力劳动。这种凝结在旅游商品中的无差异的人类劳动就是旅游商品的价值所在。根据价值理论，旅游商品的功能与效用各不相同，但它们具有的价值却具有同质性——无差别的人类劳动。那么，旅游商品的价值量的大小是由什么决定的呢？旅游商品价值量的大小是由旅游商品生产中所耗费的社会必要劳动时间，就是在现有的社会一般的生产条件下，在社会的平均劳动熟练程度和劳动强度下生产旅游商品使用价值所需要的劳动时间，并且，社会必要劳动时间会随着社会生产力的发展而不断地变化。劳动生产率越高，同样的时间生产的产品就越多，从而凝结在每件商品中的社会必要劳动时间就越少，旅游商品的个别价值量就越小。换句话说，旅游商品的价值与体现在旅游商品中的劳动量成正比，而与劳动生产率成反比。

☆旅游经济的特点

（一）旅游经济是一种商品化的旅游活动

（二）旅游经济是一种综合性的服务活动

（三）旅游经济的国际性

（四）旅游经济的普及性，亦称大众性

☆旅游经济在国民经济中的地位及作用

（一）增加外汇收入

（二）加快货币回笼

（三）扩大就业机会

（四）带动相关产业

（五）平衡地区经济发展，缩小地区差异

第二章 旅游经济概述

☆主要概念

旅游服务 旅游设施 旅游资源 旅游需求 社会劳动生产率 技术密集型产业 资本密集型产业 劳动密集型产业货币回笼 经济体制 旅游需求社会劳动生产率

☆复习题

1. 现代旅游与传统旅游相比有何差别?
2. 现代旅游经济有何基本特征及发展特点?
3. 阐述旅游经济形成的条件及过程。
4. 旅游经济产业化的标志有哪些?为什么?
5. 旅游经济在国民经济中有何重要地位和作用?
6. 旅游经济对社会、文化有何作用和影响?
7. 从可持续发展角度阐述旅游与环境的关系。
8. 旅游开发对环境的负面效应有哪些具体体现?
9. 社会劳动生产率的含义是什么?
10. 根据生产要素的相对比重,可以将经济部门分为哪几种类型?

第三章 旅游产品开发

◇ 学习目标：

一、了解旅游产品开发的概念；
二、掌握旅游产品的开发过程；
三、掌握旅游产品开发的原则；
四、理解旅游产品开发的重要性。

第一节 旅游产品的概念

一、旅游产品的含义

旅游产品是旅游业者通过开发、利用旅游资源提供给旅游者的旅游吸引物与服务的组合。即旅游目的地向游客提供一次旅游活动所需要的各种服务的总和。

旅游产品可以分为五种类型：

（一）观光旅游产品（自然风光、名胜古迹、城市风光等）

（二）度假旅游产品（海滨、山地、温泉、乡村、野营等）

（三）专项旅游产品（文化、商务、体育健身、业务等）

（四）生态旅游产品（生态旅游最初作为一种新的旅游形式出现，主旨是保护环境、回归自然，变革了以往的旅游发展模式）

（五）旅游安全产品（旅游保护用品，旅游意外保险产品，旅游防护用品，这些保障

旅游游客安全的工具产品）

☆ 补充阅读：

旅游产品与旅游资源的概念区别

旅游资源不同于旅游产品，旅游资源具有广泛多样性、区域独特性、群体组合性季节变异性、价值不确定性、永续性和不可再生性、以及观赏性，它的旅游价值体现在对游客的吸引上，其本体的存在不以个别人的意志为转移，而旅游产品是旅游资源的具体化。

二、旅游产品的特点

（一）旅游产品的综合性

旅游产品是一个综合概念，它是由多个产业部门所提供的产品与服务共同组成的。具体地讲，一条旅游线路就是一个单位的旅游产品。在这条线路中，除了旅游吸引物以外，还包括旅游过程中提供的交通、住宿、餐饮等保证旅游活动顺利进行的各种配套服务。例如，一间宾馆客房、一张床位、一份餐饮或是导游人员的一次讲解，都只是整体旅游产品中的组成部分，亦称单项旅游产品。各种单项旅游产品一般通过旅行社将其组合起来，形成能满足旅游者各种需要的整体旅游产品。旅行社的包价旅游便是旅游消费者一次性购买整体旅游产品；而散客旅游者则根据自己的特殊需要而购买单项旅游产品。因而，旅游产品有整体旅游产品和单项旅游产品之分。整体旅游产品是满足旅游者旅游活动中全部需要的产品（或服务），如一条旅游线路，一个专项旅游项目。单项旅游产品则主要指食、住、行、游、购、娱等方面的单项旅游产品（或服务）。

（二）旅游产品具有无形性和有形性的双重特点

旅游产品是指旅游者和旅游经营者之间所交换的物质产品和服务的总和，是旅游经营者所生产的，准备销售给旅游者消费的物质产品和服务产品的总和。旅游产品可以分解为三个部分：1.旅游吸引物；2.交通；3.接待产品和服务。其中旅游吸引物是引发旅游需求的凭借和实现旅游目的的客体。

从需求方面看，即从旅游者的角度来看，旅游产品是指旅游者花费一定的时间、费用和精力所获得的一段旅游经历。这个经历包括旅游者从离开常住地开始，到旅游结束归来的全部过程中，对所接触的事物、事件和所接受的各种服务的综合感受。从这个角度来说，旅游产品具有无形性的特征。然而在旅游消费过程中，旅游消费者在获得旅游经历的同时，所消费的产品还具有有形的特征，如餐饮、住宿和旅游纪念品等。虽然其中也融入了旅游服务在其中，但这并不能抹杀其有形的一面。

从供给方面看，即从旅游经营者角度来看，旅游产品是指旅游供给者凭借一定的旅游资源和旅游设施和可进入性设施，向旅游者提供的、能满足其在旅游活动中所需要的各种产品和服务，通过旅游产品的生产与销售，旅游经营者达到盈利的目的。值得注意的是，旅游服务是与有一定使用价值的有形物质结合在一起的服务，只有借助一定的资源、设施和设备，旅游服务才能得以实现。也即是旅游供给具有有形和无形的双重特点。

所以，总的来说，旅游产品与其他产品的不同点，就在于其同时具有无形与有形的双重特点。

（三）旅游产品的不可转移性

一般商品在生产出来以后，需要经过一定的流通环节到达消费者手中，表现为商品流动。而由于吸引旅游者的旅游吸引物不能发生空间移动，因此旅游活动表现为人的流动，即通过旅游者的空间移动来进行旅游服务消费，从而使旅游产品具有不可转移性。另外，旅游产品的不可转移性还表现在所有权不发生变更。普通商品在进行交换活动时，所有权发生了转移，如消费者购买电脑，当供需双方交换结束时，电脑的所有权由厂家让渡到了消费者手中。而旅游服务则不同，当旅游者购买旅游产品时，他只能拥有服务设施的暂时使用权，如旅游者购买了两天的客房服务，只是拥有两天房间的使用权，而不是所有权。

（四）旅游产品的不可储存性

旅游产品区别于其他普通商品的特点是其还具有不可储存性。如一件客房，一个飞机座位，如果在销售当天没有实现交易，那么这一商品在当天的时间价值就永远地失去了，所以，旅游产品具有很强的时间价值。这也是为什么很多旅游企业实行歧视性价格政策的主要原因。

（五）旅游产品的外向性

现代旅游业是一种跨地区、跨国界的广泛的人际交往活动，具有明显的外向性或涉外性。外向性是旅游产品与生俱来的特点，旅游产品只能存在于开放经济之中，相当于一种就地出口的特殊的"外贸产品"。并且具有换汇成本低，和不存在贸易壁垒的独特优势，因而在各国经济发展中的地位日益显著。由于旅游产品是开放经济中存在的外向性产品，所以其发展必须考虑的因素也较为复杂，旅游产品的生产与销售不但要着眼于国际旅游市场需求变化，而且要考虑汇率变动、国际市场竞争因素等，特别是旅游接待国旅游产品的品牌形象是旅游产品发展的重要因素，因而必须搞好旅游名牌产品的建设。

☆补充阅读：

中国旅游资源概况

中国国土广袤，山川锦绣，文化灿烂，民族众多而习俗迥异，土产丰饶且工艺绝伦，风味美食更是名扬海外。中国的旅游资源无比丰厚，具有雄厚的潜力和广阔的发展前景。随着中国经济的发展和开放程度的不断深化，旅游业已经成为经济发展新的增长点。目前，中国各地的旅游景区不断增加，基础设施建设不断完善，到中国旅行的外国人逐年增加。

中国旅游资源种类繁多,类型多样。以地貌景观而论,从低于海平面155米的吐鲁番盆地的艾丁湖底,到海拔8 848.13米的世界第一高峰——珠穆朗玛峰,绝对高差达9 003米。这在世界上是独一无二的。再以旅游气候资源为例,中国有鲜明的立体气候效应,尤其是在横断山脉地区,可谓"一山有四季,十里不同天"。

中国是世界文明的发祥地之一,有辉煌的历史和灿烂的文化,流传至今的宝贵遗产构成了极为珍贵的旅游资源。仅仅在1949年新中国成立以来,中国34个省级行政单位中就有29个发现了旧石器时代的遗址。

在中国众多的名胜古迹中,秦始皇陵兵马俑坑和铜车马被誉为世界第八奇迹,已建成的兵马俑博物馆每年吸引上百万游人。敦煌莫高窟的壁画被公认为世界艺术宝库。闻名世界的万里长城,更是每个前往中国的人希望一睹的雄伟风景。此外,中国还有56个民族,每个民族独具特色的历史文化和风俗习惯,构成了一幅幅色彩纷呈、引人入胜的人文景观。

第二节 旅游产品的生命周期

一、旅游产品生命周期

产品生命周期是指一个产品从它进入市场开始到最后撤出市场的全部过程,典型的产品生命周期一般可分为四个阶段,即介绍期(或引入期)、成长期、成熟期、衰退期四个阶段(如图3-1所示)。无论是单项旅游产品还是叠加旅游产品(如一条旅游线路,一个旅游风景名胜),都将经历这一由兴至衰的过程。旅游产品生命周期的各个阶段通常是以销售额和所获利润的变化来衡量的;同时,处于不同生命周期阶段的旅游产品也有着不同的特点。

(一)旅游产品的介绍期

在介绍期(或引入期),旅游新产品投入市场。此时,消费者对该产品还不了解,只有少数追求新奇的顾客可能购买,销售量较低且增长缓慢。并且,由于产品的生产过程还不成熟,导致单位产品成本也相对较高,所以在此阶段旅游企业不但没有利润,反而可能亏损。具体表现为新的旅游景点、旅游饭店、旅游娱乐设施建成,新的旅游路线开通,新的旅游项目、旅游服务推出。一般来说,处于这个阶段的产品,市场上一般还没有同行竞争,竞争压力较小。

(二)旅游产品的成长期

当产品在引入期获得成功以后,便进入了成长期。在这一阶段,旅游景点、旅游地开发初具规模,旅游设施、旅游服务逐步配套,旅游产品基本定型并形成一定的特色,前期宣传促销开始体现效果。这时,顾客对相关产品已经熟悉,销售情况大幅改善。企业的广告费用相对减少,销售成本大幅度下降,利润迅速上升。处于这一阶段,其他旅游企业看到产品销售很好,就有可能组合相同的产品进入,市场上竞争程度加剧。

(三)旅游产品的成熟期

经过成长期以后,市场需求趋向饱和,潜在的市场空间越来越少,销售增长缓慢直至转而下降。旅游产品的市场需求量已达饱和状态,销售量达到最高点;利润增长也将达到最高点,并有逐渐下降趋势。很多同类竞争产品都已进入市场,旅游消费者具有很大的选择范围,市场竞争十分激烈,而且还有来自更新产品的替代性竞争,差异化策略成为竞争的主要策略。

(四)旅游产品的衰退期

随着消费者消费水平的提高和需求的不断变化,旅游产品经过了成熟期后便转向衰退期。旅游产品所处的衰退期一般是指产品的更新换代阶段。在这一阶段,新的旅游产品已进入市场,正在逐渐代替老产品。或者传统旅游产品已经无法满足消费者的需求,或者消费者转而选择新的旅游产品。旅游产品市场销售量日益下降。市场竞争突出地表现为价格竞争,价格被迫不断下跌,利润迅速减少,甚至出现亏损。旅游企业将逐步选择淘汰该种产品。

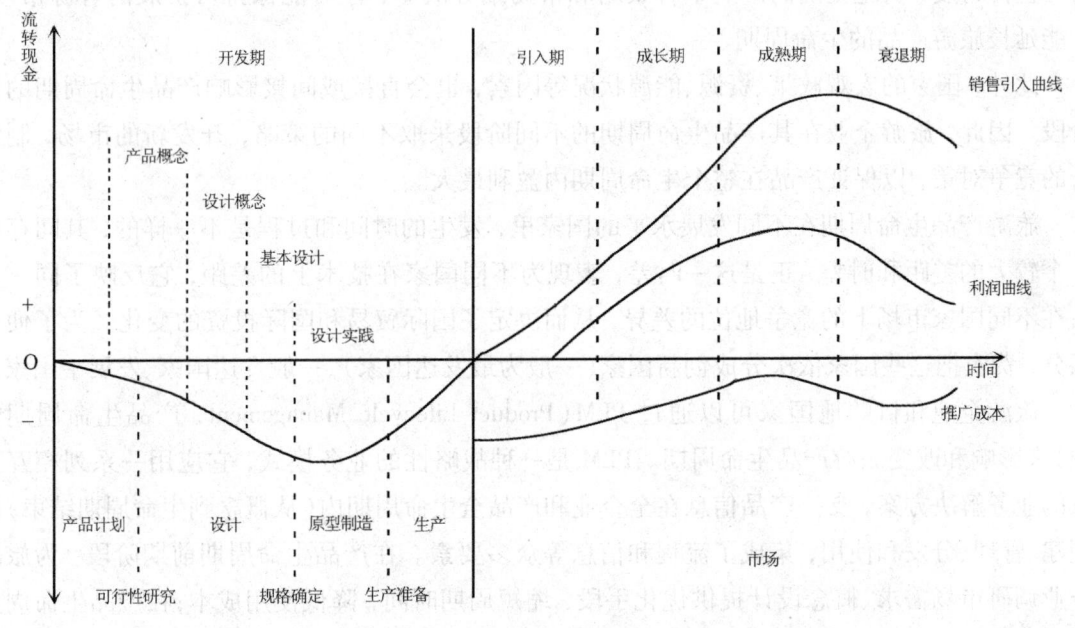

图3-1 产品生命周期曲线

对于产品生命周期概念的理解及其不同阶段的划分,对旅游企业经营具有重大的意义。旅游产品生命周期理论表明,无论哪一种旅游产品都不可能经久不衰,永远盈利。旅游企业决策者必须经常不断地对企业各类产品的市场状况进行分析,适时淘汰老产品,开发新产品,使旅游企业的产品组合处于最优状态。旅游企业在制定产品策略时,要认真分析产品所处的生命周期阶段及影响因素,从而可以对旅游产品的生命周期施加影响,尽可能地提高产

品的盈利能力。影响旅游产品生命周期的因素很多,具体来说主要有:

1. 旅游产品的吸引力。即旅游吸引物的吸引力。一般来说,吸引力越大,其生命周期就越长。如中国悠久的历史和秀丽的山河对海内外游客具有很大吸引力,一些具有深厚文化底蕴的人文景现和自然景现长盛不衰。而一些近几年刚建成的"宫""庙""城",由于雷同和缺乏特色,相互间地理位置相距太近而门可罗雀。

2. 目的地的自然环境与社会环境。因为旅游产品的吸引力不仅来自产品本身的吸引力,而在更大程度上依赖于目的地的自然环境和社会环境,如居民的友好态度、优美的环境、安全、卫生、便捷的交通等。正是从这个意义上说,目的地政府必须树立大旅游的观念,用系统工程的方法来统一规划,不仅要重视旅游景点的物质文明建设,更要重视精神文明建设,这样才可能使本地区旅游业可持续地高速发展。

3. 消费者需求的变化。消费者的需求可能因时尚潮流的变化而发生兴趣转移,从而引起客源市场的变化,导致某地旅游资源吸引力的衰减。消费观念的变化、收入的增加、新的旅游景点的出现、目的地的环境污染或服务质量下降都会影响消费需求的变化。

4. 正确的经营策略和方针。在旅游业市场竞争日趋激烈的今天,改变经营观念,加大促销与宣传力度,实施正确的产品组合策略和市场细分战略,才可能保持可扩展的客源市场,才能延长旅游产品的生命周期。

此外,国家的宏观政策、资源、能源状况等因素,也会直接或间接影响产品生命周期的各阶段。因此,旅游企业在其产品生命周期的不同阶段采取不同的策略,开发新的市场,制定新的竞争对策,以保证产品在整个生命周期内盈利最大。

旅游产品生命周期在不同发展水平的国家里,发生的时间和过程是不一样的,其间存在一个较大的差距和时差,正是这一时差,表现为不同国家在技术上的差距,它反映了同一产品在不同国家市场上的竞争地位的差异,从而决定了国际贸易和国际投资的变化。为了便于区分,费农把这些国家依次分成创新国家(一般为最发达国家)、一般发达国家、发展中国家。

旅游企业和目的地国家可以通过 PLM(Product Lifecycle Management,产品生命周期管理)来影响和改变旅游产品生命周期。PLM 是一种战略性的业务模式,它应用一系列相互一致的业务解决方案,支持产品信息在全企业和产品全生命周期内(从概念到生命周期结束)的创建、管理、分发和使用,集成了流程和信息等众多要素。在产品生命周期前期阶段,为旅游企业调研市场需求、概念设计提供优化手段,缩短周期时间,降低使用成本;在产品生命周期中期阶段,让旅游企业充分利用已有资源迅速进行产品的变型、引申和改良,以全新的产品研发使企业不断赢利;在产品生命周期后期阶段,衍生和定义出新的用途和使用方法,力图进入新的销售市场,提供数字化的服务和维修,尽量减少维修成本,从而延长产品的生命周期,让企业尽量延续获利。

二、旅游产品生命周期延长的策略

旅游产品生命周期理论是一种客观规律。任何一项旅游产品的吸引力都会随时间的推移而发生变化,其市场需求也会发生变化,都有一个发现与开发、成长与巩固、衰退和淘汰的过程,只不过这个过程所经历的时间长短不同而已。只有了解旅游产品生命周期的变化趋势,了解市场需求的变化,采取正确的策略和措施,才可能延长产品的生命周期,一般来说旅游产品生命周期延长的策略主要有以下几种。

(一)旅游产品改进策略

消费者的需求会随着宏观和微观环境的改变而不断变化。所以旅游产品也应当根据旅游消费者的需求改变而不断调整。如提高旅游产品的质量、增加旅游产品的功能、改进旅游设施和设备,对产品进行合理的包装等,使旅游产品尽可能与旅游消费者的需求吻合。每进行一个方面的旅游产品改进,相当于刺激出一个新的旅游需求热点,从而使旅游产品的成熟阶段得以延长。例如在欧美等发达国家景观体育的发展较为成熟。众所周知的"环法自行车赛"就是景观体育最典型的例子。"环法自行车赛",将体育比赛和引人入胜的景观完美结合在一起,吸引着全世界数以万计的游客和体育爱好者,为法国创造了巨大的社会效益和经济效益。瑞士则将优美风景和传统的滑雪运动经过精心包装,向世人推出,每年仅此就吸引外国游客1 500万人次,创汇70亿美元左右。

(二)旅游市场开拓策略

旅游市场开拓策略,是指对旅游市场进行细分和梳理,找出符合本企业产品的子市场,争取更多的市场面。换句话说,传统的旅游产品,新的目标市场。具体做法有两种:

一是发展旅游产品的新用途,即在原产品功能的基础上开发新的旅游功能用途,使老产品焕发新的生命力。例如选择中国第一高楼——上海88层的金茂大厦进行的高楼跳伞项目,单看其选择的景观地点,我们就可以预知其整个项目运作的最终成功。因为金茂大厦的跳伞高度超过了马来西亚"双子塔"大楼的跳伞高度,在金茂大厦跳伞不仅是"中华第一跳",而且创下了世界高楼跳伞的最高纪录。

二是开辟新市场,即为原有旅游产品寻找新的使用者,使产品进入新的细分市场。如中国的重点观光旅游产品在欧美主要传统市场上已经基本饱和,保持这一产品生命力的有效途程之一就是为观光旅游产品寻找新的客源市场,通过开发新加坡、泰国、韩国、马来西亚等市场,使中国观光旅游再度掀起新潮。另外,如近几年发展较好的红色旅游,就是抓住了老年人都喜欢追忆过去的特点,作为对这个时代贡献了一生的他们来说,回忆过去的辉煌是最令他们滔滔不绝的。

(三)旅游市场营销组合策略

旅游市场营销组合策略,是对旅游产品(products)、促销(promotion)、流通渠道(place)和定价(price)、公关(publicrelationship)等多个因素的组合加以改进和重组,以刺激销售量的回升。如提供更多的旅游服务项目,改变分销渠道,增加直销,增加广告,或在价格上加以调整等,以刺激销售量,吸引更多的旅游消费者。

第三章 旅游产品开发

(四)旅游产品升级换代策略

延长旅游产品生命周期的一项根本途径是使旅游产品根据市场上不断涌现出的新需求,持续地实现旅游产品的升级换代,做好旅游产品开发工作。例如,在短线游上,根据现在私家车的拥有量越来越多,着重进行自助游、自驾游等系列产品的调研和开发,可以利用我国越来越完善的公路、铁路及航空交通网络,开发出跨省三日游线路,将自驾游等形式和传统的旅游形式结合起来吸引不同层次的顾客群体,丰富顾客出行选择。

☆补充阅读:

青岛奥运旅游专项规划:旅游产品开发和重点旅游项目

一、旅游产品开发

旅游产品开发是以市场为导向,效益为中心,产品为基础,发挥传统旅游产品和资源优势,围绕"山、海、城、文、商"五大特色,加大产品开发力度,改善旅游产品结构,延续历史文脉,体现自然、人文景观和城市特色,提升历史文化名城和海滨旅游城市品质。

(一)度假旅游:突出特色,合理布局,加快发展各类度假旅游产品。重点建设石老人、薛家岛、温泉、田横岛、琅琊台旅游度假区,开发适应不同文化品位和消费层次的旅游度假产品,丰富度假活动内容。发展近郊家庭度假和经济型度假产品,引进分时旅游度假。

(二)观光旅游:依托城市自然风貌和人文景观,利用口岸、区位和交通等优势,开发市区、近郊、周边和中远程旅游观光线路。在保持传统产品优势的基础上,积极开发都市观光旅游和特色建筑观光旅游。

(三)体育赛事旅游:利用海上体育设施和比赛设施,大力开发可供游客参与的帆船、帆板、滑水、赛艇等项目,发展海上体育旅游。

(四)海上旅游:加快基础设施建设,做大做强海上旅游。鼓励发展大中型游船,重点培育团岛湾、青岛湾至浮山湾和麦岛的海上观光航线,开通至灵山岛、竹岔岛、斋堂岛和大小管岛的海岛旅游航线,大力发展海上看青岛和参与性强的海上游乐活动;发展帆船、游艇、游钓度假俱乐部,开展回归自然的海上度假休闲活动。

(五)会展旅游:发挥会展活动对旅游的拉动作用。依托会议展览中心、文化博览中心、各专业博物馆和各种会展设施,利用国内外大型会议展览、文化经济博览和专业博览活动,调节旅游市场需求,增加客源。

(六)节庆旅游:突出体育主题、海洋主题和地方文化特色,坚持政府引导,市场运作,在青岛国际啤酒节、青岛国际海洋节等节庆活动中,大力开发适应不同层次游客消费需求的,参与性、趣味性强的主题板块活动。

(七)文化、科普教育旅游:改造和新建影剧院等文化设施,在保持和挖掘传统文化旅游项目基础上,发展具有鲜明地方特色、体现时代精神的文化旅游项目,增加旅游的文化内涵。把旅游与科研和教育紧密结合,鼓励有条件的大专院校和科研院所、试验基地对游客和市民开放,在各专业博物馆增加科普和游客参与性内容,发挥旅游的科普和教育功能。

(八)生态旅游:以"保护生态、亲和自然、回归自然"为主题,依托城郊山林、海岛、自然保护区和农林果园,规划开发崂山、大泽山、大珠山、小珠山、灵山岛、竹岔岛等生态旅游产品;建设兼具生产和旅游功能的农林渔业观光园区,推出一批现代生态农业观光产品。

(九)工业旅游:发挥企业和产品的品牌优势,大力推进工业旅游。丰富完善海尔、青啤、青岛港、可口可乐公司、华东葡萄酒庄园等旅游产品的内涵,开发前湾港、颐中汽车城、海信、澳柯玛等工业旅游产品。

(十)购物旅游:适应市场需求,鼓励引导旅游特色纪念品的深度开发,推动旅游特色纪念品向系列化、个性化、品牌化方向发展,促进旅游购物消费。

二、重点旅游项目

坚持高起点规划、高标准建设、高效能管理、高水平经营,加大资源整合和开发力度,建设一批具有较强产业拉动和辐射作用、适应旅游市场需求的大项目。

(一)奥林匹克水上运动中心:在浮山湾建设由奥林匹克运动场馆及比赛设施、奥林匹克广场、游客中心、海上体育运动设施组成的休闲和水上运动中心,使之成为代表城市形象、具有国际一流水平的标志性旅游精品。

(二)滨海步行道及沿线景观:建设西起团岛,途经沿海岸线向东延伸至石老人,连接老市区、新市区、石老人度假区的海滨景观步行道;沿线建设团岛湾、青岛湾、汇泉湾、太平湾、浮山湾、石老人旅游度假区等六大景观区,使其成为融自然景观、人文精神、设施条件和管理服务于一体的独具特色的滨海旅游观光线。

(三)极地海洋世界:建设由极地海洋动物观赏表演、海洋科普、海洋休闲娱乐、渔人码头、游艇俱乐部等组成的大型综合性极地海洋主题旅游项目。

(四)欧陆建筑风情文化商贸旅游区:以中山路和教堂广场为中心,结合城市风貌保护和旧城改造,建设以欧洲风情文化市场、咖啡馆、快餐馆、酒吧、艺术品画廊、土特产品为主要特色的步行街、商业区、停车场、旅游咨询服务中心等,形成以欧陆建筑风情文化为特色的商贸旅游区。

(五)中国海军博物馆:新建海军广场、大型综合性展馆和海军英模雕像群,开发参与性、趣味性、仿真性旅游项目,充分发挥国防教育、科普、军史战史研究和展示、海洋国土观教育、对外军事交流和旅游观光等功能。

(六)国际豪华邮船中心:在北海船厂旧址建设国际豪华邮船码头、国际邮船服务中心和大型停车场。2008年奥运帆船比赛期间用作比赛船艇丈量区,比赛结束后,恢复该区的国际豪华邮船接待功能,使我市成为环西太平洋国际邮船旅游航线的主要停泊地和目的地。

(七)海滨及温泉旅游度假设施:建设和完善石老人、薛家岛、琅琊台、仰口、田横岛、温泉旅游度假区,发展满足不同度假者需求的海滨、温泉及城市海滨山林度假项目,宣传"奥运在中国,度假在青岛",发展与国际接轨的旅游度假项目。

第三章　旅游产品开发

（八）崂山风景名胜区深度开发：坚持生态型、高品位、出精品，全面优化自然生态环境；从自然景观和文化内涵上提升崂山旅游的档次。在崂山大河东规划建设综合旅游服务基地，全面提升崂山旅游接待服务功能和服务质量。

（九）游艇帆船俱乐部：在奥运赛场、海滨度假区、城市海滨、港湾规划建设一批会员制和游客及大众参与的游艇帆船俱乐部，发展海上体育旅游和休闲娱乐活动。

三、旅游环境和基础设施

（一）旅游引导标识

设置中英文对照的道路交通标识、旅游区（点）引导标识、著名建筑、历史名人故居说明牌、标志牌；在主要道路和旅游区点设置国际公用信息图形符号、中英日韩文字的旅游导游图、导游牌；在星级酒店和旅游接待服务场所推广使用中英日韩文字的服务标识、宣传材料和电视触摸屏。

（二）咨询服务系统

在游客主要集散地、商业区、风景区，建设多功能旅游咨询服务中心和旅游咨询服务站，形成具有城市形象宣传、信息咨询、自助查询、紧急求援、旅游投诉、旅游代理预订、旅游纪念品展销等服务功能的旅游散客咨询服务网络，方便散客自助旅游。

（三）旅游交通设施

加快旅游码头和海上运动基地建设，完善交通网络。改善景区道路，在主要旅游景区、商业区和游客集散地建设适宜大型旅游团队车辆停放的停车场；在新建旅游景区（点）建设与接待规模相适应的生态停车场。

（四）旅游公厕

在主要旅游区、商业区和游客集散地，每年规划建设和改造一批旅游公厕和城市公厕；对商业和公共设施的公厕进行升级改造；将公厕建设纳入城区和景区管理的考核指标，旅游区（点）的旅游厕所达到国家旅游区（点）质量等级标准。

（五）旅游服务

1. 旅行社：加强对旅行社的管理与指导，提高管理水平、服务质量和接待能力；通过招商引资、重组、改制、嫁接等途径，推动旅行社规模化、集团化和网络化建设，培育有较大规模和实力的旅游企业，增强旅行社的市场竞争力。

2. 旅游住宿：按照旅游客源市场需求，建设和改造一批高中档旅游饭店，积极发展经济型旅游饭店，提高整体接待能力和管理服务水平；引进世界青年旅馆组织标准和销售服务网络，建设和改造经济适用型青年旅馆和季节性家庭旅馆；适当发展旅游度假宿营地和汽车旅馆。

3. 旅游餐饮：在继承和弘扬齐鲁饮食文化的同时，积极发展青岛特色菜系，引进和推广满足不同游客口味的各类菜系；鼓励发展地方风味小吃，发展特色旅游美食街和特色美食品牌连锁经营，形成地方旅游餐馆特色，丰富旅游餐饮品种，提高餐饮服务质量。

4. 旅游车船：按照专业化、社会化、规模化的要求，整合社会资源，发展观光巴士和旅游车辆。增加旅游景区景点专线车、城市观光巴士，在主要风景旅游区和游览线路逐步推广使用环保型游览车。配备具有海上观光、餐饮、娱乐等功能齐全的游船，建设海上旅游设施，满足海上旅游的需要。

5. 旅游购物：改善购物环境，规范市场秩序，保护游客权益，方便游客购物消费。加大旅游商品市场培育力度，在主要景区景点设立旅游纪念品专柜，在市区和主要旅游区设立旅游商品特色街和特色商店，推动旅游商品销售。鼓励开发具有鲜明地方特色和景点特色的旅游商品。

6. 旅游文化娱乐活动：在市区建设与现代化国际城市相适应的文化广场、文化超市、音乐厅、歌舞剧院等；整合城市文化资源，开辟各种特色的专题博物馆、纪念馆；改造和新建文化体育娱乐设施；积极发展适合市民和游客参与的特色、高尚的旅游娱乐活动；开发游客喜闻乐见的夜间游览项目，建立完善游客夜间服务网络，丰富游客的夜间文化娱乐生活。

四、保障措施

（一）加强旅游行业管理

通过完善旅游法规体系，开展联合执法，依法加强对旅行社、导游员、旅游饭店、旅游景区景点和旅游车辆的管理，规范旅游市场秩序，打击"黑车""黑导"，提高星级酒店的旅游服务质量，倡导诚信经营服务，创建优秀旅游品牌；发挥行业协会的自律作用，强化自我约束、自我管理。积极推行国家有关质量标准和国际质量管理体系认证，引进先进的管理技术和管理模式，提高全行业管理水平和服务质量。

（二）加强旅游规划和项目管理

建立完整的旅游规划体系和旅游大项目引导协调机制。依据青岛旅游发展总体规划和奥运旅游专项规划，编制区域性旅游发展规划和旅游区控制性规划；规划建设一批高水平的旅游项目，整合旅游资源，进行深度开发，提高旅游档次；加强对旅游项目的管理，提高项目策划和建设水平，促进可持续发展。

（三）多渠道增加旅游投入

完善旅游环境和基础设施，加强城市整体旅游营销。加大招商引资力度，做好协调、引导和服务工作，在城市总体规划、旅游产业总体规划和区域控制性规划的指导下，积极鼓励、吸引外资和社会资金投资经营性旅游设施和项目，进一步发展多元化的旅游投资格局。

（四）加快旅游人才队伍建设

加强教育和培训，在旅游从业人员中推行"外语达标"、"持证上岗"和"技术等级评定"等制度；努力建设一支以高级管理策划人才、职业经理人才、专业技术人才为主体的，结构合理、素质过硬的旅游行业骨干队伍，提高全行业从业人员的整体素质和服务水平。

（五）健全旅游监督网络

建立健全由人大代表、政协委员、新闻媒体以及社会各界共同参与的社会监督网络，健全社会监督、舆论监督和法律监督有机结合的监督机制，确保旅游业的健康发展。

第三节 旅游产品开发

一、旅游产品开发的原则

旅行产品是一种以服务为主体内容的特殊产品，是由食、住、行、游、购、娱各种要素构成的"组合产品"。旅行社产品的形态是多种多样的，但无论哪种产品的开发，都应遵循一定的原则。

（一）市场导向原则

市场导向观念要求以旅游消费者为中心，以旅游市场需求为出发点来组织生产，旅游消费者需要什么，旅游企业就生产什么。同时，竭力研究行之有效的市场促销方法，为旅游者提供方便通行的购买方式。此外，还应随时关注旅游市场竞争对手的经营变化，积极创新，出奇制胜，以有效地争取客源，提高旅游企业经济效益。

（二）效益观念原则

旅游产业作为国民经济发展的重要力量，经济目标是其必须考虑的主要因素之一；同时，旅游业又是一项文化事业，因而在讲求经济效益的同时，还必须讲求社会效益和环境效益。也就是要从整个开发的总体水平考虑，谋求综合效益的提高，加强其在促进社会发展，促进社会和谐，提升人民群众生活福祉方面的作用。

在经济效益方面，无论是旅游地的开发，还是某条旅游路线的组合，或是某个旅游项目的投入，都必须先进行项目可行性研究，认真进行投资效益分析，不断提高旅游目的地和旅游路线投资开发的经济效益。

在社会效益方面，在旅游地开发规划和旅游路线产品设计中，既要考虑当地社会经济发展水平，还要要考虑政治、文化及地方习惯，要考虑人民群众的心理承受能力，形成健康文明的旅游活动，并促进地方精神文明的发展。另外，随着人们环保意识的提高，旅游经济发展还应考虑生态环境效益，按照旅游产品开发的规律和自然环境的可承载力，以开发促进环境保护，以环境保护提高开发的综合效益，从而形成保护—开发—保护的良性循环，创造出和谐的生存环境。

（三）突出特色原则

世界上有些事物是独一无二的，如埃及的金字塔，中国的秦始皇兵马俑。由于人类求新求异的心理，单一的观光功能景区和游线难以吸引游客回头。因此，在旅游产品设计上应尽量突出自己的特色，唯此才能具有较大的旅游吸引力。国内一次抽样调查表明，来华美国游客中主要目标是欣赏名胜古迹的占26%，而对中国人的生活方式、风土人情最感兴趣的却达56.7%，而民俗旅游正是一项颇具特色的旅游线路。

（四）可持续发展原则

可持续发展是人类寻求与生态环境和谐共存的一个长期探索的过程。在人类跨入21世纪之际，保护生态环境，促进可持续发展，已经成为世界各国的共同目标和战略选择。在旅游业快速发展的情况下，保护好各国的生态环境和文化遗产，推动旅游业向可持续旅游业转变，是当今世界环境与发展的一个重大而紧迫的课题。各国环境保护与旅游业发展的历史表明，只有走有效保护环境和合理利用资源的发展道路，旅游业才有生命力。丰富多彩的自然、文化景观和良好的生态环境，是旅游业生存和发展的基础。没有这一切，旅游业的持续发展将无从谈起。同样，旅游业的合理发展也有助于改善产业结构，改变开发和利用生态环境的方式，减轻经济发展对环境和资源的压力，增强各国人民珍惜和保护旅游资源和环境的自觉性和积极性。

当前，旅游业正在发展为世界上最大和增长最快的产业之一。特别是90年代以来，随着国际旅游业的快速发展，国际交往和人员流动频繁，旅游业对环境和生态多样性的影响日益明显，国际社会和各国政府的当务之急是制定和实施能确保旅游业可持续发展的政策，选择有利于环境保护的旅游开发和经营模式。

中国拥有丰富的资源，发展旅游业具有得天独厚的自然条件。中国悠久的历史和多元文化，富有特色的民族风情，壮丽的山川景色，多样化的生态系统和热情好客的传统，构成了中国旅游业赖以发展的基础和源泉。利用资源大力发展旅游业，不仅是中国在发展国民经济和改善人民生活中的现实选择，也是延续和发展民族和文化传统的重要措施。

旅游业的发展如何与生态环境的保护、传统文化的发扬光大相促进和协调，是中国政府日益重视的课题。应该清醒地意识到："保护环境与旅游事业的可持续发展是相辅相成的，是可以相互支持、相互促进的。良好的环境、丰富多样的自然资源和文化遗产，可为旅游事业提供广阔的天地。反过来讲，旅游业的发展有助于推动经济和社会事业的全面发展。旅游业经营者和旅游者本身，在开发和利用旅游资源的过程中，都有责任和义务自觉遵守环境保护的有关法律，妥善处理好发展旅游和保护环境、保护生态的关系，实现旅游、环境和经济的协调发展。"20世纪80年代，中国把环境保护确立为一项基本国策；90年代，又把可持续发展战略确立为国家基本战略，在保护环境、合理开发资源方面，做了大量的富有成效的工作。

（五）生态效益原则

生态旅游的产生是人类认识自然、重新审视自我行为的必然结果，体现了可持续发展的思想。生态旅游是经济发展、社会进步、环境价值的综合体现，是以良好生态环境为基础，保护环境、陶冶情操的高雅社会经济活动。生态旅游是现代世界上非常流行的旅游方式,在国外,尤其是美国、加拿大、澳大利亚以及很多欧洲国家已经发展得非常成熟了。时下,很多旅行社纷纷设计出生态旅游线路。如北京的一家名为"绿色地带生态旅游咨询"公司煞费苦心地设计出了几条生态旅游路线,并严格采用国外的生态旅游办法规章,例如限制人数、讲解生态知识、旅游途中的允许操作行为、特殊路线安排等。

（六）游客参与原则

某旅行社向旅游者推出的一项新的旅游项目,旅游者可使用统一的采淘工具在旅游淘宝场淘宝,游客可将淘到的宝石原矿交特聘的缅甸玉石加工师鉴定,并可现场加工成各种首饰,或拼成其他美术制品。这一旅游项目一经推出,就受到了众多游客的喜爱,成为云南旅游的又一热点。参与性,或者说由游客亲自动手干的旅游项目,至少有三大好处。一是突出了活生生的旅游生活,再也不是看书、看电视或看电影;二是增强了记忆,不是仅仅通过摄影留念或翻阅旧相片来回忆;三是延长了游客的逗留时间,能为区域旅游业提供商机。记得一位美国游客在中国旅游时用土法造了一张纸,视为永远的纪念,并跳起来欢呼:"我学会中国的造纸术了!"

（七）避免重复原则

旅游者的游览活动并不限于旅游景点上,在各景点之间,旅途中沿线的景观也是旅游观赏的对象。在游览过程中,如果出现走回头路,就意味着游人要在同一段游路上重复往返,对旅游者来说,是一种时间和金钱的浪费。如果在到景点之前,旅途上花费的时间太多,就意味着他们在景点上游览的时间要减少。因此,除非是旅途沿线的景观确实不错,值得让游人在途中慢慢品味,否则,都应当尽量缩短旅途上的时间。

（八）节奏顺序原则

一条好的旅游线路就好比一首成功的交响乐,在交通合理方便的前提下,同一线路旅游点的游览顺序应由一般的旅游点逐步过渡到吸引力大的旅游点。将高质量的旅游景点放到后面,使旅游者兴奋度一层一层上升,在核心景点达到兴奋顶点。同时考虑到旅游者的心理状况和体能,结合旅游景观类型组合和排序,使旅游活动安排做到劳逸结合,有张有弛。旅游线路设计也要考虑新奇与熟悉结合。新奇的事物令人兴奋、愉快和满足。但同时也要注意与熟悉因素的搭配,以增加游客安全感。

二、旅游产品开发的过程

旅游产品开发的过程由寻求创意、甄别创意、形成产品设计、产品开发、市场试销、批量上市等几个阶段构成:

（一）寻求创意

所谓创意,就是开发新产品的设想、理念。创意为开发新的旅游产品提供了机会,尽管并不是所有的创意都会转化成旅游产品。

（二）甄别创意

在第一步需求创意的基础上，对诸多创意进行评估、根据旅游企业所制定的利润目标、销售目标等研究其可行性，以及是否符合上述的旅游产品开发原则，淘汰不可行的或不符合开发原则的创意，将旅游企业的资源集中到成功概率较大的创意上。但需要注意的是必须兼顾企业自身的开发能力，如资金、技术、人力资源等。

（三）形成产品设计

经过甄别后保留下来的创意还要进行调整继而形成产品设计。旅游消费者所考虑的旅游产品因素主要有价格，交通方式、住宿条件、旅游线路所包含的景点景区等。旅游企业需要根据消费者的需求把产品创意发展成为产品设计，形成产品和品牌的定位。

（四）产品开发

产品设计完成后便进入了试制阶段。在这一阶段，以文字、图表及模型等描述的产品设计才变为实体产品。这一阶段解决的主要问题是产品设计能否变为技术上和商业上可行的旅游产品。

（五）市场试销

经过了产品的试制阶段便可以选择一些特定的市场进行小规模的试销，但是，试销之前必须用品牌名称、包装和初步市场策略对新产品进行包装。试销的主要目的是根据试销的效果判断经销商对于经营、使用和再购买的实际情况以及市场潜力的大小。一般来说，试销的规模取决于投资费用和风险大小以及市场实验费用及时间。投资越大和风险较高的应选择较大规模的试销，以降低批量生产时的风险。而实验费用高和时间长的产品，试销规模应小一些。

（六）批量上市

经过了试销阶段后，旅游企业的管理层将根据试销的结果进行判断，是否对该试销产品进行批量生产，投入市场。

旅游企业决策层需要解决的问题有：

1.何时、何地推出新的旅游产品和服务；2.确定旅游目标子市场；3.推出新产品的方式，制定相关的销售策略。

三、旅游产品开发的类型

旅游产品开发是根据旅游市场需求，对旅游产品所涉及的各要素，如旅游资源、旅游设施、旅游人力资源等进行规划、设计、开发和组合的活动。它包括两个方面的内容：一是旅游地开发；二是旅游路线开发。

（一）旅游地开发

旅游地是旅游产品的地域载体。旅游地开发是在旅游产业发展战略指导下，结合市场需求特点和旅游产品特性，打造旅游吸引物，建设配套设施，完善旅游服务，为旅消费者提供旅游活动过程中的一整套服务。因此，旅游地开发就是在一定地域空间上开展旅游吸引物建设，使之与其他相关旅游条件（如旅游接待设施、旅游交通设施等）结合，成为旅游者完成旅游活动的目的地。旅游吸引物的开发构成了旅游目的地开发的主体部分，主要从以下三个方面进行考虑。

1. 自然景观吸引物的开发

此类开发应尽可能地保持自然风貌的原状，在不破坏原有景观美感的前提下，进行道路、食宿、娱乐等配套旅游设施建设，以及环境绿化等。任何人造建筑都要与原有景观协调一致。

2. 人文景观吸引物的开发

此类景观的旅游价值主要体现在文化价值和历史价值上，对这类景观的开发必须遵循保护原则。在保持其历史文化价值的前提下，凭借丰富的文化历史古迹和现代建设成就，进行维护、修缮、复原等工作使其具有旅游功能。

3. 社会性景观的开发

此类旅游吸引物主要是指各地的风土人情、社会习俗、社会制度和传统文化等所构成的旅游吸引物。要充分挖掘、搜集、整合、改造相关资源，形成具有吸引力的旅游吸引物。

（二）旅游路线开发

旅游线路设计质量的高低直接影响旅游企业的核心竞争力，旅游线路是旅游产品的主要内容和具体表现形式。旅游线路的开发是指把旅游吸引物、旅游设施和旅游服务结合起来，并与旅游者的期望相吻合，与旅游消费者实际需求相适应的一种创造性活动。旅游线路设计是旅行企业工作的重点，是旅游产业生存和发展的基础。

一般来说，旅游线路的设计大致分为四个阶段：

一是市场调研阶段。市场调研是任何旅游线路设计的开始，与其他产品相比，旅游线路更容易受不断变化的环境因素的影响，而市场调研可以在很大程度上减少这些不确定性对旅行社的影响。调查重点包括旅游者的消费趋势的调查与外部环境趋势的调查。

二是产品计划阶段。根据调查结果，制订出旅游线路的详细计划。包括目的地的选择、每个旅游团接待量的确定、行团时间以及行程设计、城市间交通方式、交通工具选择等方面。

三是谈判与定价阶段。一旦旅游目的地、旅游季节、起程日期确定后，旅行社就需要与相关的旅游企业进行谈判直至最后签约。

四是宣传手册的制定阶段。宣传手册被视为是旅行社最为重要的营销工具之一，因此，宣传品的设计至关重要，要把线路所涉及的内容都鲜明地包括在宣传品中。

一般来说，在旅游线路的设计中必须注意以下几个问题：

1. 重视旅游线路品牌的建设

旅游线路是服务性质的产品，服务性产品的无形性使得其品牌化变得比较困难；同时，旅行社经营活动中对大量公用物品的依赖性进一步提高了其产品品牌化的难度。所以，旅游线路的品牌化的建设不是一朝一夕能够完成的,需要长久的努力。这就要求旅行社要树立品牌意识,尽快建立起品牌线路并加以保护。一旦旅游线路的品牌建立起来,将会大大降低旅游者搜寻旅游产品的成本,也有利于旅行社保持和吸引旅游目标市场。

2. 注重产品种类与深度开发

旅游线路的开发关系到旅行社未来的发展,在开发时一定要慎重,要从长远考虑,在实际经营过程中不断创新线路,丰富线路种类,对已有线路根据市场需求进行改良、更新。总之,线路一旦开发出来,就要有长久经营下去的打算。

3. 重视旅游线路中人文精神的体现

随着我国旅行社行业对外开放步伐的加快,境外旅游线路设计和咨询公司将会越来越多地介入我国旅游线路设计领域中,中外同行的竞争态势将更加明显,国外的先进理念对我们也是一种冲击,根据国外旅游线路设计研究的历程推测,未来我国旅游线路设计理念将会更加重视人文精神,更加重视人的参与、体验性,生态旅游、可替代性旅游将是未来发展的重点,因此,旅游线路的设计也要考虑到这一点,顺应潮流,体现出可持续发展的理念。

4. 重视旅游线路专利权的归属

目前,旅游线路的开发设计很大程度上是以旅行社的意志为核心的,大部分旅行社都是从经济利益出发,做短期的盲目的设计,缺乏长远的打算。而且因为旅游线路易于被模仿又缺乏保护,也打击了旅行社开发新线路的积极性。为了鼓励新线路的开发,同时也能保护旅行社的利益,业界提出要重视旅游线路专利权的归属,即旅游线路专营。作为一种新型的经营方式,它可以降低旅游线路的价格,减少线路开发中的外部经济问题,同时保证开发者对这条线路的专营权,保障开发者的利益。但专家们同时也担心,在旅游旺季时,旅游线路专营性契约的有效性会降低,从而使开发者的实际利益难以保障。但对于旅游线路产权的归属问题应是一个值得重视和深入研究的问题。

四、旅游产品开发策略

(一)旅游地开发策略

旅游地产品是相对独立的完整的旅游产品。旅游地产品的开发策略主要有以下几种:

1. 资源保护型开发策略

对于罕见或垄断型的景观,其最大的价值就在于其唯一性和独特性,必须利用各种行政、经济、技术以至强制手段进行保护性开发,维持其原始风貌。例如,黄山的迎客松就具有此类特点,必须采取必要的措施对其进行隔离,防止产生破坏。

2. 拓展型开发策略

对一些旅游目的地,主要是通过人工手段,进一步扩大和增加新的游览项目和活动突出旅游产品特色,丰富旅游产品内容,增强旅游目的地的吸引力和竞争力。例如,在山水风景的某些地段加设供游客休息的亭台;在天然植被风景中调整部分绿化,种植特色植物;在人文古迹中配以环境绿化等。

3. 资源强化型开发策略

此类开发主要是指根据旅游消费者的需求特点，找出原有旅游资源的不足，采取人工强化手段，调整优化原有景观景物，以创造一个新的风景环境与景观空间。例如，充分根据历史文献资料，神话传说，景观联想等丰富旅游景点的内涵，提高其吸引力。另外，增加新的旅游设施，建造主题公园、修建各种陈列馆和博物馆，以及各种集萃园和仿古园等也属于此种类型。

（二）旅游路线开发策略

根据旅游线路的定义，旅游线路应包括旅游者从开始旅行到结束旅行的全部内容，即预定金、手续费、住宿、膳食、交通、导游、入场券、娱乐等。旅游线路的设计就是将上述内容有机结合起来，形成一个统一的旅游产品，向旅游者出售。一条旅游线路设计的好与坏，不仅取决于旅游资源的品位，也取决于路线设计是否合理，能否让游客在游览过程中有张有弛、有起伏跌宕之感。其组织的原则为：

1. 旅游线路设计的针对性策略

针对不同的旅游消费对象，设计不同的产品，即产销对路的原则。由于旅游者的国籍、出身、风俗习惯、年龄、职业的差异，对旅游产品的需求也不同。例如，香港—广州—桂林—香港这条路线受日本游客的欢迎，而不被美国游客接受。

2. 时间和交通工具合理性策略

旅游者在心理上的需求是希望在有限的时间内看到较多的东西。为了节省时间，应尽量安排现代化的交通工具，如飞机、高速公路的汽车等。旅游者在途中时间过长，往往会造成疲惫、厌倦、情绪不佳，降低他们在旅行中已获得的美好印象。另外，在线路设计中需要避免的是线路景点的重复。

3. 空间安排和旅游点选择策略

安排一条旅游路线，应注意两方面，一是劳逸结合，二是多样化。一条旅游路线不宜安排过多的旅游点，如外国旅游者到我国旅游的时间一般平均为十五天左右，旅游点和旅游城市不宜超过五个。旅游者在游览、参观后要给他们吸收和消化的时间。

补充阅读：

上海迪斯尼乐园的重大质疑

北京奥运会在申办时预算为16.25亿美元（奥运会北京场馆建设总投资控制在130亿元人民币），上海世博会申办时预算为30亿美元，上海迪斯尼启动前公布的预算为36亿美元（《中国新闻周刊》认为：这项预计总投资将超过500亿元人民币的巨无霸迪斯尼是上海迄今最大的政府投资项目），前二者是代表中国面向世界的阶段性亮相，后者是引进美国文化产业进入中国市场的永久性作为。因此，上海迪斯尼不管是从金钱投入，还是时间跨度和影响的深远上都是超过北京奥运会和2010世博会的史无前例的项目。

作为最大动用国资引进的公共巨无霸项目,不可能是少数人的闭门造车。因此,上海主办方接受全国纳税人的重大质疑与建议都是义不容辞的责任。

● 上海成为非美国本土国家重复建设迪斯尼的特例;成为世界唯一建造第三个洲际迪斯尼乐园特例城市的质疑?

迪斯尼乐园除我国和美国外全世界只有两个。然而上海要建设的迪斯尼是我国第二个,亚洲第三个,上海已成为世界五大洲板块中唯一执意重复建设第三个洲际迪斯尼乐园的城市。这是5000年中国文化的自卑?还是300年美国文化的高贵?按照上海报纸的宣导"一个迪斯尼乐园不可能满足中国市场的需求",这种建造美国巨无霸式文化产业覆盖国内市场的目标取向,是否有崇洋媚外压制自主产业不正当竞争的嫌疑?迪斯尼是世界级美国文化航母,它本身的资产是500亿美元,年收入300亿美元,比我国50家最大的文化企业总和还要大得多,再说迪斯尼的经营和管理模式都是公开的,特别是我国香港引进之后,迪斯尼的落地和经营模式对我国而言更无任何商业神圣可言,上海再用国有巨资来重复建设美国文化航母入驻我国最大的辐射城市,强力支持美方与弱小且资金匮乏的国内文化产业竞争中国市场,是否符合中国文化产业崛起的科学发展观?

● 反对上海重复建造迪斯尼的理由:

(1) 产业领土的开发一定要慎之又慎

因为市场份额与产业领土是两个完全不同的概念。比如进口大片曾经长期占据了我国电影票房的50%以上的份额,去年经过我国电影人的努力,进口影片在中国的市场份额已经下降到40%左右,但如果开放产业领土,引进外国影视产业在中国建立基地则后果将完全相反。以轿车工业为例,当外国品牌分别在北京、上海、天津等建立基地后,民族品牌的奇瑞等只能甘拜下风。因此,作为与铸造民族精神有关的文化产业领土的开放更要慎重。

(2) 上海文化产业领土是不可再生的珍稀资源

上海是中国人口最稠密,最富有的金融和航运中心。迪斯尼决意进驻的上海浦东机场沿线的土地,市场价格已经到10 000万元一亩,而且有价无市。上海迪斯尼面积规模目标为8平方公里,不计算将来上涨因素,现在其市场价格至少应为1 200亿元。

(3) 要换位思考文化产业领土的开放

应该想一想,美国政府会不会为中国文化产业进驻本土,以远低于市场的非拍卖供地方式,并投入项目90%的巨额资金,只占57%的股份,在美国最大城市的交通要道上腾出数平方公里的版图来建设中国文化产业的航空母舰呢?就算美国政府同意,美国参议院呢?众议院呢?美国的舆论、民间组织和民众会同意吗?

(4) 不能用中国有史以来最大一笔文化产业的巨款来建造美国入侵中国的文化航母

上海迪斯尼的投入资金和影响太大了。如果算上土地投入的实际市场价格,上海迪斯尼投入的资金比中国所有特大城市文化主题公园总投资的700亿元还要多得多!迪斯尼拟在上海浦东打造的是宣示美国动漫、音乐、服装、电网、图书、影视等,甚至有自己专用的电视频道的扩张性文化产业的巨大航母!上海应该建造驶向深海的我国第一艘自主知识产权的超级文化航母呢？还是用中国的血汗钱建造第二艘进驻中国的米老鼠号美国文化航母呢?!
结合自身所学知识，谈谈你的看法？

本章小结

☆旅游产品的特点
（一）旅游产品的综合性
（二）旅游产品具有无形性和有形性的双重特点
（三）旅游产品的不可转移性
（四）旅游产品的外向性

☆旅游产品生命周期
（一）旅游产品的介绍期
（二）旅游产品的成长期
（三）旅游产品的成熟期
（四）旅游产品的衰退期

☆旅游产品生命周期延长的策略
（一）旅游产品改进策略
（二）旅游市场开拓策略
（三）旅游市场营销组合策略
（四）旅游产品升级换代策略

☆旅游产品开发的原则

旅行产品是一种以服务为主体内容的特殊产品，是由食、住、行、游、购、娱各种要素构成的"组合产品"。旅行社产品的形态是多种多样的，但无论哪种产品的开发，都应遵循一定的原则。

1. 市场导向原则
2. 效益观念原则
3. 突出特色原则
4. 可持续发展原则
5. 游客参与原则
6. 避免重复原则
7. 节奏顺序原则

☆旅游产品开发的过程

旅游产品开发的过程由寻求创意、甄别创意、形成产品设计、产品开发、市场试销、批量上市等几个阶段构成。

☆主要概念

产品生命周期　旅游产品开发　产品创意　试销　旅游品牌战略　旅游线路专利权　生态效益　可持续发展战略

☆复习题

1. 怎样理解旅游产品的含义？
2. 旅游产品的价值有哪些特殊的性质？
3. 旅游产品具有哪些基本特性？
4. 旅游产品有哪些表现形态和构成？
5. 构成旅游产品的要素包括哪些方面？
6. 阐述旅游产品的生命周期。
7. 怎样进行旅游产品开发？
8. 旅游产品开发的原则是什么？
9. 如何延长旅游产品的生命周期？
10. 旅游产品开发的程序有哪些？

第四章 旅游需求与供给

◇ 学习目标：

一、了解旅游需求的概念、特征、形成条件和影响因素；
二、了解旅游供给的概念、特征和影响因素；
三、掌握旅游需求规律及旅游需求弹性；
四、掌握旅游供给规律及旅游供给价格弹性；
五、理解旅游供求矛盾及其均衡机制。

第一节 旅游需求分析

一、旅游需求与需求曲线

任何一个市场都由需求和供给这两个基石所组成。所谓需求，是指消费者在某一特定的时期内及特定的条件下，在每一价格水平上愿意而且能够购买的商品量。产生需求要具备两个条件：第一，有购买的欲望和动机；第二，具有购买的能力。这两个方面缺一不可，也是其区别与人们的需要的主要内容。当人们对休闲、度假、游览、观光等旅游产生欲望时，则意味着人们产生了旅游需要，如果此时其具有出行的客观条件，便产生了旅游需求。

将旅游消费者在不同价格水平下对某种旅游商品的需求量用表4-1表示。

表 4-1　　　　　　　　　　　客房需求表

客房	价格（元）	需求量（间/天）
1	20	90
2	40	75
3	60	60
4	80	48
5	100	40

资料来源：国家旅游局。

需求表 4-1 表明了客房的价格和需求量之间的数量关系，我们将这种数量关系用图 4-1 表示出来。

如图 4-1 所示，横轴表示需求量，纵轴表示价格，D 表示需求曲线。需求曲线就是根据需求表画出价格和需求量之间的数量关系的曲线。但此时的需求曲线只是个体消费曲线，如果将某种商品所有的消费量加在一起，与价格一起标注在需求曲线上，则得到旅游市场整体旅游消费曲线。

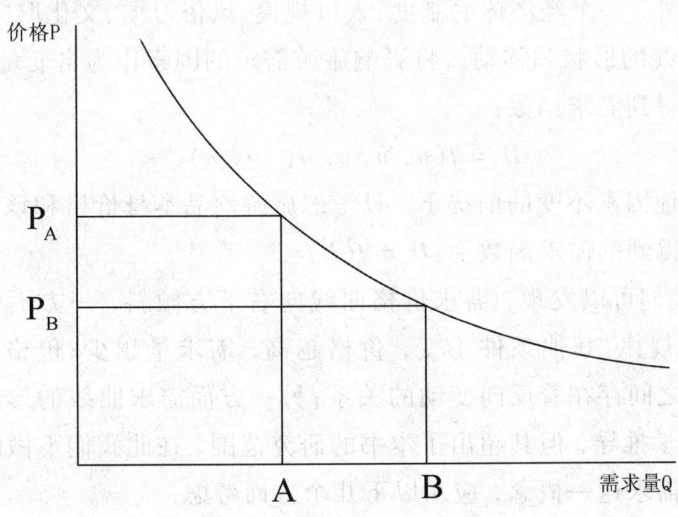

图 4-1　旅游消费曲线

旅游市场需求不是静止不变的，它的主要影响因素有以下几个方面。

（一）旅游商品本身的价格

旅游消费者在选择是否购买某种旅游商品时，价格是其考虑的一个首要因素。在其他因素不变的前提下，旅游商品的需求量与该商品的价格变动成反比，即价格上涨时需求量下降，价格下跌时需求量增加，完全符合需求法则。

（二）旅游消费者的货币收入水平

在其他条件不变的情况下，旅游消费者的货币收入越高，对某种旅游商品的需求量

第四章 旅游需求与供给

也就越大；收入越低，需求量越小。在需求图上，货币收入的提高将导致需求曲线向右上方移动，而收入下降时则往左下方移动。

（三）旅游消费者的个人偏好

不同的旅游消费者对同样的一件商品的主观感受是不同的。如果旅游消费者对某一类型的旅游产品具有较大的偏好，则在同样的价格水平下，旅游需求曲线会向右移动，反之，向左移动。

（四）关联商品的价格水平

某一商品的关联产品分为替代品和互补品两种。在旅游经济中，替代商品是指两种旅游商品可以满足同一种欲望，如乘坐火车与汽车，两种方式都可以满足消费者出行的目的，如果其中一种商品的价格发生变动，将对另一种的需求量产生直接的影响。另一种是互补关系，互补产品是指两种旅游产品相互配合共同满足旅游消费者的需求，如食、住、行、游、购、娱六种不同类型的产品，具有明显的互补品的特征，如果消费者要完成一次旅游活动，必须要够买这六种不同类型的产品，缺少了任何一种，都会对旅游活动产生影响。

除了上述因素外，一个经济体的制度、人口规模、风俗习惯、文化取向、价值观念等都会影响旅游需求曲线的形状和移动。将影响旅游需求的因素作为自变量，把旅游需求作为因变量，我们便得到需求函数：

$$D = f(a, b, c, d, \cdots, n)$$

在假定所有其他因素不变的前提下，只考虑旅游商品本身价格和该商品需求量之间的需求关系，我们得到的需求函数为：$D = f(P)$。

从图 4-1 中我们可以发现，需求价格曲线向右下方倾斜，一方面它符合我们现实经济生活中的逻辑规律：其他条件不变，价格越高，需求量越少；价格越低，需求量越多，价格和需求量之间存在着反向变动的关系；另一方面需求曲线的形态在现代经济理论中也有精确的数学推导，但其超出了本书的研究范围，在此我们不做解释。

正确理解旅游需求这一概念，应从以下几个方面考虑：

1. 旅游需求表现为旅游者对旅游产品的购买欲望

旅游需求作为旅游者的一种主观愿望，其表现为旅游者对旅游活动渴求满足的一种欲望，即对旅游产品的购买欲望，是激发旅游者的旅游动机及行为的内在动因。但旅游需求并不是旅游者实际购买的旅游产品数量，它只表现为对旅游产品的购买欲望，而这种购买欲望能否实现则取决于旅游者的支付能力及旅游经营者提供旅游产品的数量。

2. 旅游需求表现为旅游者对旅游产品的购买能力

购买能力是指人们在其收入中用于旅游消费支出的能力，即旅游者的经济条件。旅游者的经济条件，通常用个人可支配收入来衡量。在其他条件不变的情况下，个人可支配收入越多，则人们对旅游产品的需求就越大。此外，一定的旅游产品价格也是影响旅游者购买能力的重要因素。因此，旅游者对旅游产品的购买能力，不仅表现为旅游者消费旅游产品的能力及水平，而且是旅游者的购买欲望转化为有效需求的重要前提条件。

3. 旅游需求表现为一种有效需求

在旅游市场中，有效的旅游需求是指既有购买欲望，又有支付能力的需求，它反映了旅游市场的现实需求状况，因而是分析旅游市场变化和预测旅游需求趋势的重要依据，也是旅游者制定经营计划和策略的出发点。凡是只有旅游欲望而无支付能力或者只有支付能力而无旅游欲望的需求均称为潜在需求。前一种潜在需求只能随社会生产力发展和人们收入水平提高，才能逐渐转换为有效需求。后一种潜在需求则是旅游经营者应开发的重点，即通过有效的市场营销策略，如广告、宣传、人员促销等，使其能够转换为有效的旅游需求。需要指出的是，在旅游经济现实中，还需要有闲暇时间作为旅游需求的必要条件，这是旅游产品区别于其他商品的重要特点。

二、旅游需求的产生

现代旅游需求的产生，既有主观因素，也有客观条件。从客观上讲，旅游需求是科学技术进步、生产力提高和社会经济发展的必然产物。其中，人们可支配收入的提高、闲暇时间的增多及交通运输条件的现代化是产生旅游需求的三要素。

（一）可支配收入的增加是产生旅游需求的前提

所谓可支配收入，是指人们从事社会经济活动而得到的个人收入扣除所得税的余额，是人们可以任意决定其用途的收入。随着社会经济的发展，人们的收入增加、生活水平不断提高，消费层次和消费结构也发生很大的变化，导致对旅游需求也日益增加。一般来说，在人们可支配收入一定的条件下，人们用于衣、食、住、行及其他方面的支出比例基本不变。但是，随着人们可支配收入的增加，人们用于衣、食、住、行等方面的支出就会相对减少，而用于其他方面的支出则相对增加。因此，人们可支配收入的提高不仅是产生旅游需求的前提，而且对旅游的出行距离及内容等也具有决定性影响作用。

（二）人们闲暇时间的增多是产生旅游需求的必要条件

旅游活动必须花费一定的时间，没有时间就不能形成旅游行为，因而即使有进行旅游活动的经济能力，没有闲暇时间也无法完成旅游活动。闲暇时间是构成旅游活动的必要条件。随着社会生产力发展和劳动生产率的提高，使人们用于工作的时间相对减少，而闲暇时间则不断增多。特别是许多国家和企业推行"每周40小时工作制"和"带薪假日"，使人们的闲暇时间越来越多。有的国家和地区年休假日高达140天，占全年1/3的时间。于是，人们不仅产生短期休闲旅游，以度过美好的周末；而且逐渐增加远程旅游及国际旅游，到世界各地游览、观光，到风景名胜区消闲度假。

（三）交通运输的现代化是旅游需求产生的"催化剂"

交通运输条件的日益改善，使世界各地的距离日趋"缩小"，使旅游空间扩大化，旅

第四章 旅游需求与供给

游者往返途中所需时间减少,大型民航飞机、高速公路、空调客车、高速列车等交通运输的现代化,促使旅游者在旅游活动过程中的空间移动更加舒适、方便和安全,极大地促进了旅游业的发展。

同时,交通位置及其通达性,对旅游资源开发价值的影响较大。交通位置及其通达性通过影响旅游者的经济距离和游览心情来影响其开发价值。如果旅游资源的交通位置闭塞,进出不畅,增加旅游者往返耗用时间和心理顾虑,前往旅游的人就会减少。如安徽天柱山兼有雄、奇、秀等美感,有很高的审美价值,但由于交通闭塞,所有游人稀少。

从旅游消费者角度考虑,由于人们的个人兴趣及所处环境的差异,也会使人们产生各种各样的旅游需求。美国心理学家马斯洛分析了人们的需求有五个层次,即生理需求、安全需求、社交需求、自尊需求和自我实现需求。随着低层次需求得到一定满足,人们就会追求高层次的需求,而为满足高层次社交、自尊及自我实现的需求,就会激发人们的旅游需求。例如探亲访友、考察学习、疗养度假、旅行观光、览胜探奇等。总之,不论是主观因素还是客观条件,它们都是引起人们旅游需求的动因。因此,分析这些因素和条件,不仅可以知道旅游需求产生的内在必然性,还可以分析和预测旅游需求的发展及变化趋势。

三、旅游需求的衡量指标

一国或一地的旅游需求的大小,是通过旅游需求的指标来衡量的。衡量一个国家或地区旅游需求量的是总体指标,衡量个别旅游者旅游需求量的是个体指标。这里介绍的是衡量旅游需求量的总体指标:

(一)旅游者人次数

旅游者人次数包括两部分:国际旅游人次数和国内旅游人次数。国际旅游人次数又分为入境旅游者人次数和出境旅游者人次数。前者是指一个国家(或地区)在报告期内所接待的国外(境外)旅游者人次数,而后者则是指报告期内一国(或一个地区)居民出国(出境)旅游的人次数,旅游者每出入境一次,统计一人次。国内旅游人次数,是指报告期内一国居民离开常住地在境内其他地方旅游的人次数。旅游者每出游一次统计一人次。

(二)一日游游客

一日游游客分为:国际一日游游客和国内一日游游客。

国际一日游游客,是指一个国家所接待的入境游客中,未在该国旅游住宿设施内过夜的外国人等境外旅游者。国际一日游游客包括乘坐游船、游艇、火车、汽车去(或途径)一国旅游,在车(船)上过夜的游客和飞机、车、船上的乘务人员,但不包括在境外(内)居住而在境内(外)工作,当天往返的周边国家的边民。

国内一日游游客,是指一国居民离开常住地 10 公里以上,出游时间超过 6 小时,不足 24 小时,并未在境内其他地方的旅游住宿设施内过夜的国内游客。

(三)接待旅游者人天数

反映报告期内一个国家或地区的旅游住宿设施实际接待的各类旅游者的规模。

旅游者人天数是旅游者人次数与旅游者人均停留天数的乘积。其公式为:

旅游者人天数 = 旅游者人次数 × 旅游者人均停留天数

(四)人均停留天数

旅游者在一国或一地的人均停留天数是反映旅游需求的又一指标,其计算公式是:

$$人均停留天数 = \frac{\sum 旅游者次数 \times 停留天数}{\sum 旅游者人次数}$$

(五)旅游开支

是指在一定时期内,入境旅游者和国内旅游者在旅游目的地(国)旅游活动中所支出的货币量。其计算公式是:

人均旅游开支数 = 旅游者人次数 × 人均旅游开支数

人均旅游开支数的计算公式是:

$$人均旅游开支数 = \frac{\sum 旅游者人次数 \times 旅游开支}{\sum 旅游者人次数}$$

(六)旅游开支率

是指一定时期内,一国或一地区人们用于旅游的开支占该国或该地区个人消费总额(或个人收入总额)的比率。其计算公式是:

$$E = \frac{T_e}{P_e} \times 100\%$$

公式中的 T_e 表示旅游开支总额,P_e 表示个人消费总额。旅游开支率作为一个价值指标,反映着一定时期内,一国或一地区人们对旅游的需求程度。

(七)出游率

是指在一定时期,一国或一地区出外旅游的人次与其总人口的比率。其计算公式是:

$$C = \frac{Nt}{N_p} \times 100\%$$

公式中的 Nt 表示出外旅游人次,N_p 表示总人口数。通过这一指标可以看出该国或该地区形成旅游需求的能力。

(八)旅游需求频率

是指一定时期内,一国或一个地区外出旅游的旅游者总人次数与该国或该地区在该时期内外出旅游者总人数之比,其计算公式是:

第四章 旅游需求与供给

$$R_f = \frac{T_p}{TN} \times 100\%$$

公式中的 R_f 表示旅游需求频率，T_p 表示旅游人次数，TN 表示旅游人数。该指标反映着一国或一地区旅游者出游的频率。旅游需求频率越高反映着该国或该地区所形成的旅游需求量就越大，反之，旅游需求量就小。

（九）重游率

指一定时期内，一国或一个地区多次外出旅游的旅游者人数占该国在该时期内外出旅游的旅游者总人数的比例。其计算公式是：

$$R = \frac{T_n}{TN} \times 100\%$$

其中，R 表示重游率；T_n 表示一定时期内多次外出旅游的人数；TN 表示该时期外出旅游的总人数。

以上指标，是从不同角度，侧面衡量旅游需求的总体指标，通过这些指标，我们可以了解一国或一地区旅游需求过去、现在的状况，这对于我们提供旅游供给，更好地满足旅游者的旅游需求，从而，使旅游业得以更好的发展，都是非常重要的依据。

四、旅游需求的影响因素

一方面，旅游需求受到收入水平、闲暇时间及交通条件的直接影响。另一方面，旅游需求是在一定的政治、经济、文化等各种宏观因素的影响下而形成的一种社会经济现象。因此，只有对旅游动机、支付能力、闲暇时间、社会政治经济环境及价格等因素综合考虑分析，才能正确引导人们的旅游需求，促进旅游业的健康快速发展。

一般来说，影响旅游需求的主要因素有人口因素、经济因素、社会文化因素、政治法律因素、旅游资源因素等

（一）人口因素

人口是影响旅游需求的最基本因素之一，因为旅游本身就是人的一种行为。因此，人口的数量、素质、分布及构成对旅游需求产生着重要的影响，从而形成不同的旅游需求规模和结构。

在旅游偏好比例既定的静态情况下，总人口数越大，旅游需求量也就越大，所以总人口是影响旅游需求规模的一个基本因素。在旅游偏好的动态情况下，人们观念的变化趋势和变化程度如何很大程度上与客源地的城市化程度和人口结构有密切的关系。城市化程度越高，则接受旅游新观念的趋势就越明显。城市化程度对旅游需求的影响主要体现在出游率和出游消费的等级上。一般来说，城市居民出游的比例要高于乡村地区。一方面，紧张的工作环境给城市居民造成的精神压力较大，人们希望通过对日常生活环境的逃逸，获得精神上的放松，获得另一种生活体验。另一方面，城市居民收入较高，

产生旅游需求的经济条件较好,而且城市交通发达,信息通畅,实现旅游活动的阻力较小。两个方面因素的结合使城市成为旅游客源产生的集中地。

人口结构的状况也影响到人们对旅游的态度和行动。所谓人口结构是指人口的年龄、性别、职业、文化水平等。年龄对人们旅游需求具有较大的影响,这主要是由于不同年龄阶段的人,其身体状况、心理状态和生命周期不同所致。例如,未婚的年轻人旅游欲望比较强烈,但由于经济条件的限制,难以完全实现自己的旅游需求;35~50岁的中年人一般事业有成,经济状况较好,子女已经自立,因而具有较强的旅游需求,并且有条件予以充分实现;老年人时间充裕,有一定的积蓄,如果身体健康,他们的旅游需求也很强烈,其出游率呈现出日益增长的趋势,市场发展趋势显示"银发市场"(即老年人市场)是一个很有潜力的市场。

此外,性别对旅游需求的影响显而易见,主要表现在男性旅游者的比例高于女性旅游者,其中的原因主要在于男性与女性的家庭角色不同。但是随着家务劳动的社会化,女性地位的提高,女性出游的比例正在不断提高。比如日本女青年市场已经成为许多国家竞相争取的细分市场。

职业构成对旅游需求的影响也是很明显的。不同的职业一方面决定了人们的收入水平、余暇时间、出差机会等的不同,因而决定了其旅游需求的类型、等级、旅游时间及距离的不同;另一方面,不同职业的人受教育的程度也会有很大差别,而较高的教育程度有助于提高人们对旅游审美的兴趣,并且更能够在旅游活动中获得良好的旅游体验,有助于激发进一步的旅游欲望。

(二)经济因素

经济条件是产生旅游需求的首要条件,没有丰富的物质基础和良好的经济条件,旅游需求便不可能产生。因此,国民经济发展水平、人们收入分配、旅游产品价格、外汇汇率等都直接和间接地影响着旅游需求的规模及结构。

具体来说,影响旅游商品需求的经济因素,有以下几个方面:

1. 国民收入水平

一般来说,在其他条件不变的情况下,旅游消费者的收入越高,对旅游商品的需求就越多。随着人们收入水平的不断提高,旅游消费需求结构也会发生变化,即随着收入的提高,对有些商品的需求会增加(如高档和普通旅游商品),而对有些商品的需求则会减少(如一些劣质的旅游纪念品等)。经济学把需求数量的变动与消费者收入同方向变化的物品称为正常品,把需求数量的变动与消费者收入反方向变化的物品称为劣等品。

2. 旅游消费者的偏好

当旅游消费者对某种旅游商品的偏好程度增强时,对该旅游商品的需求数量就会增加。相反,当偏好程度减弱时,需求数量就会减少。人们的偏好一般与所处的社会环境及当时当地的社会风俗习惯等因素有关,其形成的原因较为复杂。

3.关联商品的价格

当一种旅游商品本身的价格不变,而和它相关的其他商品的价格发生变化时,这种商品的需求数量也会发生变化。如果其他商品和被考察的商品是替代品,如不同的同类型的观光旅游线路等。由于它们在消费中可以相互替代以满足消费者的某种欲望,故一种商品的需求与它的替代品价格成同方向变化,即替代品价格的提高将引起该商品需求的增加,替代品价格的降低将引起该商品需求的减少。如果其他商品和被考察的商品是互补品,如食、住、行、游、购、娱各旅游要素之间的互补关系,由于它们必须相互结合才能满足消费者的旅游欲望,故旅游商品的需求与各旅游要素的价格成反方向变化,即任何一种旅游要素价格的提高将引起旅游需求的降低,旅游要素价格的下降将引起该旅游需求的增加。

4.旅游消费者对商品价格的预期

当旅游消费者预期某种旅游商品的价格在将来某一时期会上升时,就会增加目前的需求,当消费者预期某商品的价格在将来某一时期会下降时,就会减少对该商品的现期需求。

另外,旅游商品本身的价格和一个国家的汇率也会对旅游需求产生影响,旅游需求与价格具有负相关关系。当旅游产品价格上升时,旅游需求量就下降;当旅游价格下跌,旅游需求量就会上升。在国际旅游中,汇率变化对旅游需求的影响表现在:当旅游接待国的货币升值,则前往该国的旅游者或旅游停留时间就减少;反之,当旅游接待国的货币贬值,则促使前往该国的旅游需求增加。可见,汇率变化不一定会引起国际旅游总量增加或减少,但是会引起对货币升值的接待国家的旅游需求减少,而对货币贬值的接待国家的旅游需求增加。

(三)社会文化因素

在全球经济一体化的背景下,文化正进入冲突、分裂和融合的时期。当代旅游产品已发展成为一种文化产品,旅游企业或者旅游经营者越来越重视旅游产品的文化内涵。跨文化产品是企业从事国际营销活动的开路先锋,而确立和实施有效的文化适应策略是跨文化产品传播取得成功的关键。

所谓社会文化主要指由制度、政策、法规等构成的社会意识形态的总和。在中国几千年封建社会的发展中,战乱不止,动荡不息,但超稳定的农业生产方式、社会组织形式、宗法伦理观念始终维系着中华民族的传统和生存。中央集权的政治制度、以血缘纽带为基础的宗法制度使得老百姓产生了喜静厌动以及重乡土、重血缘的社会心理,而以孝为核心的伦理观念又限制了中国人的外出探求行为,孔子就曾指出"父母在、不远游、游必有方"。而西方民族由于山地面积大而平原面积有限,他们只能通过海上贸易换回自己所需的粮食等日用必需品，这就促进了西方人进取冒险民族性格的形成。而古希腊的民主政治制度使得民主观念、法治意识成为社会全体成员所达成的共识，他们认为人人能力相等、地位平等、行为自由，人与人之间更多地体现了一种独立的性格。在这样的政治背景下，国民的精神被极大地调动起来，形成了开放、积极、进取的民族精神。可见，同一民族由于有着共同的语言、共同的地域、共同的经济生活和共同的历史渊源，承接着大体一致的文化积淀，因而又具有表现于共同文化基础上的共同的心理素质，这就是一个民族的性格与文化表现。这些文化差异性在旅游需求上的体现为：西方旅游者因为极富冒险精神，受个人自由主义的影响，他们在旅游目的地的选择上往往趋向于人迹罕至的旅游地，喜欢率先来到这些地区享受新鲜的经验和发现的喜悦，喜欢接触并渴望了解他们不熟悉的文化和人群。一般而言，凡是极具特色或个性突出的目的地，往往会成为西方旅游者选择的对象。而中国人喜欢一些较为平和或静谧的景观，一般选择的多是熟悉，甚至人人皆知而且规划建设得相当成熟的目的地，而对于一些旅游开发不是很成熟，或地处边远地区的景区却不感兴趣。同时，中国人具有较强的群体观念，易受他人支配，从众心理严重，在选择目的地时，很容易听从他人的意见，受他人或社会流行的影响，从而使得一些知名度较高的旅游地在旺季期间达到饱和甚至超载，而一些景色奇美的旅游地却很少有人问津。

（四）政治法律因素

政治稳定性是激发旅游需求，促使旅游需求不断增加的重要因素。旅游接待国的政局稳定，对该国旅游产品的需求量就多；反之，对该国旅游产品的需求量就少。不稳定的政治环境，往往使旅游者要承担各种风险，从而造成旅游者的心理压力而使旅游需求下降。因此，旅游接待国的政局稳定，则对该国旅游产品的需求量就多；反之，则对该国旅游产品的需求量就少。有时，在一个旅游区域内某一国家的政局不稳定，还会波及周围国家及整个旅游区域的旅游需求普遍下降。此外，旅游接待国的有关法律、法规及执行情况，也对旅游需求产生着直接和间接的影响。

（五）旅游资源因素

所谓旅游资源是指自然界和人类社会中凡能对游客产生吸引力、可以为发展旅游业所开发利用，并能产生经济效益、社会效益和环境效益的各种事物和因素，包括已经开发和尚待开发的自然和历史景观。就其客体属性来说，可以分为自然旅游资源和人文旅游资源两大类，前者主要指山水名胜、自然风光，如风景区、珍贵动植物的生息地、特殊的地质构造等；后者主要指历史古迹、文化遗迹，以及文化艺术、民族习俗、城乡建设等。旅游资源整合即对一切自然的和人文的旅游资源进行综合开发利用，使之成为一个有机体，从而吸引更多游客、产生更好的经济效益。所以，旅游资源的多少、质量优劣都会对旅游需求产生直接的影响。

五、旅游需求规律

旅游需求稳定性影响的因素主要是旅游产品的价格、人们的收入状况及闲暇时间等。

（一）旅游需求量与旅游产品的价格呈反向变化

旅游产品价格是决定和影响旅游需求的基本因素。在影响旅游需求的其他因素不变情况下，旅游需求量总是随旅游产品价格的涨落而发生相应的变化。当旅游产品价格上涨时，旅游需求量就会下降；当旅游产品价格下跌时，旅游需求量就会上升，根据旅游需求量与价格的关系，可以在坐标图上绘出旅游需求价格曲线（见图4-2）。

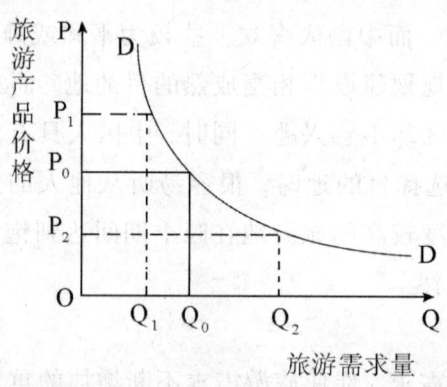

图4-2 旅游需求价格曲线

在图4-2中，纵坐标代表旅游产品的价格，横坐标代表旅游需求量，于是，在坐标图中旅游产品价格的任一变动，都有一个与之相对应的旅游需求量，从而形成了旅游需求价格曲线（D-D）。该曲线表示：旅游需求量与旅游产品价格呈负相关变化的关系。即当旅游产品价格从 P_0 下降到 P_2 时，旅游需求量从 Q_0 上升到 Q_2；当旅游产品价格从 P_0 上涨到 P_1 时，旅游需求量从 Q_0 下降到 Q_1，因而旅游需求价格曲线是一条自左上向右下倾斜的曲线。

（二）旅游需求量与人们收入呈同方向变化

人们的可支配收入与旅游需求也有着密切的联系。因为旅游需求是一种有效需求，而有效需求必须是具有支付能力的需求。如果人们仅有旅游欲望而无支付能力，是不可能形成有效需求的。通常，人们可支配收入越多，对旅游产品的需求就越大。因而人们可支配收入同旅游产品之间存在着正相关变化的关系，图4-3就是旅游需求收入曲线。

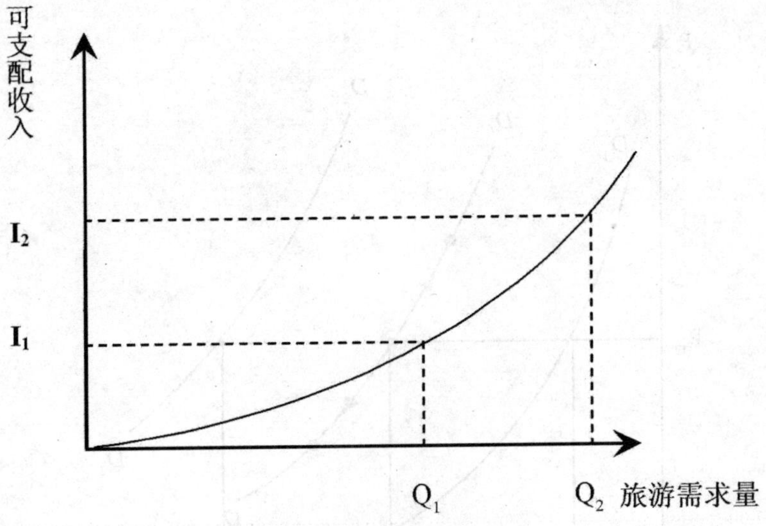

图4-3 旅游需求收入曲线

在图4-3中,纵坐标代表人们的可支配收入,横坐标代表旅游产品的需求量。于是人们可支配收入的每一任意变化,都有一个与之相对应的旅游需求量,从而形成了旅游需求收入曲线(D-D)。该曲线表示:旅游需求量与人们可支配收入呈同方向变化。当可支配收入由 I_1 上升到 I_2 时,旅游需求由 Q_1 上升到 Q_2;反之,当 I_1 下降到 I_2 时,旅游需求由 Q_1 下降到 Q_2,因而旅游需求收入曲线是一条自左下方向右上方倾斜的曲线。

旅游产品的消费是一种特殊的消费,必须占用一定的时间。尽管人们的闲暇时间并不属于经济的范畴,但它同旅游需求也具有密切的联系。闲暇时间不仅对旅游需求的产生具有决定性作用,而且直接影响着旅游需求量的变化。当人们的闲暇时间增多时,旅游需求量就相应增加;当人们的闲暇时间减少时,旅游需求量就相应减少。因而旅游需求同闲暇时间的关系就像旅游需求同可支配收入的关系一样,也呈同方向变化。如果在坐标图中绘出旅游需求闲暇时间曲线,则是同旅游需求收入曲线相类似的曲线。

(三)旅游需求水平受其他影响因素而变动

旅游需求除了与旅游产品价格呈反向变化外,还受其他各种因素影响而变化。在旅游产品价格既定条件下,由于其他因素的变动而引起的旅游需求变化,称为旅游需求水平的变化。例如,在图4-4中,当人们旅游意识提高时,在旅游产品价格 P_0 不变的情况下,就会增加旅游需求,从而引起旅游需求曲线 D-D 左移到 D_1-D_1,并使旅游需求量由 Q_0 增加到 Q_1;反之,当人们旅游意愿降低时,在旅游产品价格 P_0 不变的情况下,就会减少旅游需求,从而引起旅游需求曲线 D-D 右移到 D_2-D_2,并使旅游需求量由 Q_0 下降到 Q_2,这种变化就表现为旅游需求水平的变化(如图4-4所示)。

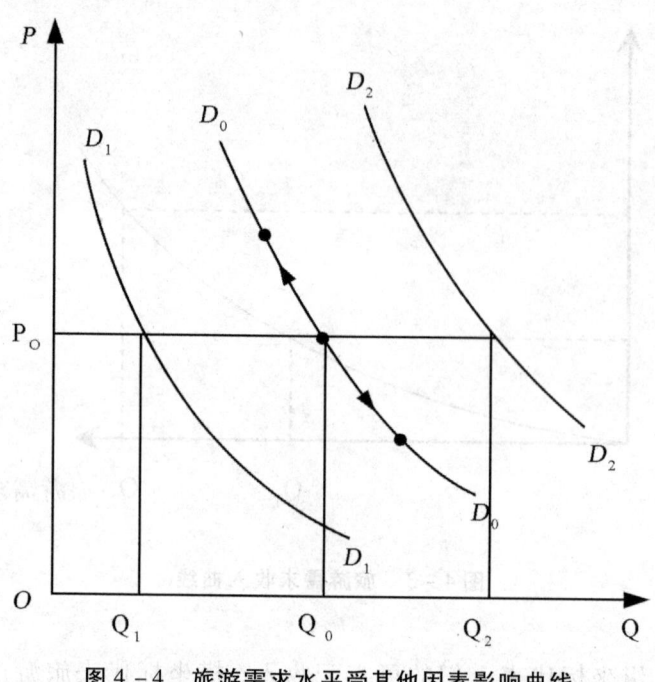

图 4-4 旅游需求水平受其他因素影响曲线

第二节 旅游供给分析

旅游供给是由旅游企业提供的,它是旅游企业的经济行为。旅游企业与其他企业一样是以赢利为目的的从事生产经营活动并进行独立核算的社会组织。因此,旅游企业的经济行为也与其他企业类似,包括企业产品的供给和围绕企业利润最大化的实现而进行的相关活动。旅游企业又与其他企业相区别,它是由包括向旅游者提供食、住、行、游、购、娱等项服务性产品的各自彼此分离又相互关联的企业所组成。旅游企业的综合性和关联性决定了旅游供给的内容是综合性的和复杂的,还决定了旅游供给的特殊性,表现在供给的变动受价格、资源、旅游容量等多种因素制约。旅游企业还是向市场提供服务性产品的特殊企业,而服务性产品的不可贮存性和价值实现的脆弱性,更使得企业必须综合市场需求,对不同情况下(如达到保本、实现目标利润、实现最佳利润)的产量和其他因素进行严格核算,才能据以配备相应的生产力和有针对性地进行经营管理。

一、旅游供给的概念及特征

旅游需求决定了旅游供给的方向、数量和质量,但是,任何市场,包括旅游市场都是由供给和需求两个方面共同决定的。供给和需求是相互影响、相互作用、互为前提的辩证共同体,脱离任何一方,另一方都将无法存在。

旅游供给同旅游需求一样，相对于既定的旅游产品价格，总有特定的旅游产品供给量与之相对应，并随着价格的变动而相应变动。同时，旅游产品的供给还不仅仅是单个旅游产品数量的累加，而是综合地反映了旅游产业的规模大小、质量优劣，涉及食、住、行、游、购、娱等各个要素。因此，旅游供给的任何改变，包括数量上和质量上，都会涉及社会经济的方方面面，要在本旅游供给区域独特的自然与人文旅游资源的基础上，注重提高服务质量和旅游设施水平，才能增加有效供给，更好地满足市场的需求。

旅游产品的供给，除了具有一般产品的市场供给特征外，还具有不同于一般产品供给的特殊性。这种特殊性是由旅游产品的特点所决定的。主要表现在以下5方面：1.旅游供给的计量差别性；2.旅游供给的产地消费性；3.旅游供给的持续性；4.旅游供给的非贮存性；5.旅游供给的多样性。

二、旅游供给包括基本旅游供给与辅助旅游供给

所谓基本旅游供给，是指一切直接与旅游消费者发生联系，旅游者在旅游过程中能直接接触到的旅游产品和服务，包括旅游资源、旅游设施、旅游服务以及其他直接旅游配套功能等，是旅游供给的主要内容，也是旅游业的基本内容。而辅助旅游供给，是指为基本旅游供给体系服务的其他设施，也称旅游基础设施，包括供水、供电、供气、污水处理、供热、电信和医疗系统，以及旅游区地上和地下建筑，如机场、码头、道路、桥梁、铁路、航线等各种配套工程。其特点是，它除了为旅游消费者提供服务外，还为其他民众提供服务。基本旅游供给与辅助旅游供给的划分具有约定俗成的相对性。例如，旅游区内的交通常常划入基本旅游供给范围，而旅游区以外，且到达旅游区必须经过的交通则划归于辅助旅游供给。基本旅游供给与辅助性旅游供给构成了整个旅游供给体系的完整内容，其具体构成包括：1.旅游资源；2.旅游设施；3.旅游服务。

三、旅游供给的特点

旅游供给是一种区别于普通商品的供给，具有其自身的特殊性。这种特殊性是由旅游商品自身的特性所决定的，主要体现在以下几方面：

（一）旅游供给的不可累加性

旅游产品的综合性特点表明，旅游供给是由多种资源、设施与服务要素组合而成的，并且这些构成要素具有异质性的特点，涉及国民经济的多个方面，因而旅游供给不能用旅游产品数量的累加来测度，一般习惯于用旅游者人数来表征并反映旅游供给的数量生产能力水平，我们称之为旅游承载力。

（二）旅游供给的产地消费性

旅游供给具有地域固定性，从而导致了消费具有异地性；一般物质商品的生产是通过流通环节流出生产地，而旅游产品则是通过流通环节将旅游者请到生产地进行消费。

因此，对于普通商品来说，规划物流系统时，需要首先考虑物资输入与产品输出的平衡。而对于旅游产业来说，进出旅游景点的人数必然是相等的，无须考虑物流的平衡。而首要需要解决的问题是明确景点景区的环境容量和承载力问题，其直接影响着旅游供给的数量和水平。

另外，对于普通商品，其生产具有短期可调节性，即是生产与销售可以在很短的时间内作出扩大或减少生产的调整。但旅游产品的生产供给则不一样，无论是景点、景区建设，还是宾馆、饭店，其投入的首先是基础设施建设，一旦建成就必须在较长一段时间内持续供给，有的甚至可以永续利用；但是旅游产品一旦遭受破坏，则较一般物质产品要严重得多，很难在短期内恢复。所以，旅游行业的发展必须具有战略眼光，否则会导致经济上的重大损失。

（三）旅游供给的非贮存性

旅游供给非贮存性是由于旅游产品生产与消费的同一性所决定的。一般物质产品可把产品储存作为调节供需矛盾的手段，对旅游产品来讲，由于旅游产品生产、交换与消费的同一性，旅游产品不能贮存，因而产品储存对调节旅游供需矛盾已失去意义，在实际操作中有意义的只是旅游供给能力的储备，而并非旅游产品供给的储备，并且，旅游行业的很多产品和服务具有时间价值，例如酒店客房、飞机的座位等，一旦错过了销售时间，其当期的价值就将永远地消失。

（四）旅游供给的个性化

因为旅游产品的使用价值在于满足人的心理和精神的需要，由于每个人的个体差异导致这种需要千差万别，所以旅游供给具有个性化的特点，即使采用组团旅游的方式来提高规模效益，也必须注意满足团队中个别旅游者的特殊需求。因此，旅游供给的多样性较之于物质产品供给更为重要。

四、旅游供给的影响因素

影响旅游供给的因素众多，表现的形式也十分广泛，有系统内的，也有环境的；有直接的，也有间接的；有可控的，也有不可控的；有确定的，也有随机的；有单一的，也有综合的；有自然的，也有社会的……在一定时间内，旅游供给可以不发生变化，但并不能说明影响因素没起作用，而常常是影响旅游供给增加和减少的因素作用刚好抵消。

要全面分析众多的影响因素是不可能的，在现实旅游经济运行中，对旅游供给的影响因素主要有以下几方面。

（一）旅游资源及环境容量

旅游供给的基本要素是旅游资源，而旅游资源是在特定的自然和社会条件下所形成的，一般来说，具有不可改变性。一个国家或地区的旅游产品的总供给量首先取决于该国或该地区可供开发的旅游吸引物的状况，包括新的旅游吸引物的发现、原来的吸引物的创新利用、新的旅游吸引物的创造等。另外，围绕旅游吸引物开发而成的旅游景区（点）是一个自然单元，所以面临着自然容量的限制。旅游景区（点）以及其他相关旅游配套供给主要存在于目的地，目的地是一个经济、社会空间，因此供给同样会受到目的地经济容量、社会容量等限制。

（二）旅游产品和相关产品的价格

对旅游供给产生影响的最直接因素便是旅游产品的销售价格。当旅游产品价格提高，则在旅游投入要素价格不变的前提下，旅游经营者将获得更多的利润，因而会刺激旅游经营者增加旅游供给量；反之，当旅游产品价格下降，则会导致旅游经营者的利润减少，从而会减少旅游产品的供给量。因此，旅游供给的规模和数量直接受到旅游产品价格变化的影响，并与旅游价格呈相同方向变化。

另外，旅游产品的供给量除了受自身价格变化的影响外，还会间接地受其他相关产品价格变化的影响。主要包括替代品和互补品两个方面。在旅游商品价格保持不变的前提下，替代品价格的提高将导致旅游商品需求增加，旅游供给随之增加；反之，旅游供给下降。而互补品的价格同样会导致旅游供给发生变化。例如，如果飞机票涨价，而旅游目的地的旅游价格不变，则意味着旅游产品的相对价格降低了，从而相对利润也随之减少，于是必然引起社会要素资源的重新配置，进而影响到旅游产品供给量的变化。

（三）旅游生产要素的价格

旅游产品的供给数量受到其组成要素的影响，旅游产品各生产要素的价格如果发生了变化，那么旅游产品的价格也必然会发生相应的变化。生产要素价格的高低直接关系旅游产品的成本高低。尤其旅游产品是一个包含食、住、行、游、购、娱多种要素在内的综合性产品，各种要素的价格也即是旅游产品的成本组成部分，任何要素价格提高必然导致旅游产品成本按比例提高。旅游企业在保证其利润的前提下，必然调整旅游产品的价格，从而影响旅游产品的需求，最终旅游产品的供给也将随着旅游需求的变化而发生改变。反之，若各种要素价格降低，在保持旅游产品销售价格不变的前提下，则使旅游产品成本降低而利润增加，于是刺激旅游产品供给量随之增加。因此，旅游生产要素价格也直接对旅游供给产生着重要的影响作用。

（四）社会经济发展水平

旅游目的地能否及时扩大旅游供给的规模，提升旅游供给的质量，其中一个关键的影响因素是它是否有足够的经济实力来及时地投资开发当地的旅游产业。

另外，旅游业不仅是一项综合性经济产业，也是一项依赖性很强的产业。因为旅游业的健康发展离不开社会生产力的发展，它需要在社会现有的经济发展基础上为旅游业提供必需的物质条件，才能形成旅游的综合接待能力，才能提供一定数量和质量的旅游产品。

（五）科学技术发展水平

科学技术是第一生产力。科技因素对旅游供给的影响主要表现在现代科技因素对旅游供给因素的影响上。科学技术进步为旅游资源的有效开发提供科学的手段，为形成具有特色的旅游产品提供科学方法，为保护旅游资源、实现旅游资源的永续利用提供科学依据，并为旅游者提供具有现代化水平的完善的接待服务设施，为旅游经济发展提供科学的管理工具和手段。从而增加有效的旅游供给，加速旅游资金的周转，降低旅游产品成本，提高旅游经济效益。

（六）旅游经济发展的方针和政策

旅游目的地的政策是支持还是限制旅游业发展，将会影响该地的旅游供给。旅游业已经成为世界第一大产业，世界各国都在采取各种政策支持本国旅游业的发展。包括各种税收政策、投资政策、信贷政策、价格政策、社会文化政策等，不仅对旅游经济发展具有重要的影响作用，而且直接影响到旅游供给的规模、数量、品种和质量。政府的产业政策是决定旅游供给的重要因素，是不断提高旅游综合接待能力的生命线，也是促进旅游经济发展的重要力量。

（七）旅游企业的预期

供给企业对旅游市场未来的预期是进入或退出市场的重要影响因素。如果相关的供给企业对旅游业前景看好，他们就会有动力增加旅游供给；如果他们对旅游业前景不看好，则会减少旅游供给。

五、旅游供给规律

（一）旅游供给量与旅游产品价格呈同方向变化（供给曲线）

旅游产品价格不仅是决定旅游需求的基本因素，也是决定旅游供给的基本因素。在其他因素不变情况下，当旅游产品价格上涨，必然引起旅游供给量增加；当旅游产品价格下跌，必然引起旅游供给量减少。根据这种规律性，设纵坐标代表旅游产品价格，横坐标代表旅游产品供给量，S 代表旅游供给曲线。则在坐标图 4-5 中旅游产品价格的任一变动，都有一个与之相对应的旅游供给量，并形成旅游供给曲线 S。该曲线反映了旅游供给量与旅游产品价格同方向变化的客观规律性。即当旅游产品价格为 P_1 时，有相对应的旅游供给量 Q_1；旅游产品价格从 P_1 上涨到 P_2 时，旅游供给量由 Q_1 上升到 Q_2；当旅游价格从 P_1 下跌到 P_3 时，旅游供给量由 Q_1 下降到 Q_3。因此，旅游供给曲线是一条自左下向右上倾斜的曲线。

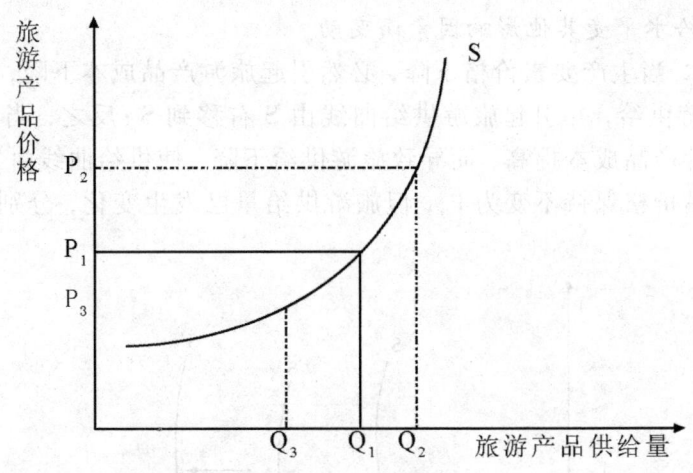

图 4-5 旅游供给曲线

(二) 旅游供给能力在一定条件下的相对稳定性

旅游供给量与旅游产品价格的同方向变化并非是无限制的，事实上由于旅游供给的短期不可调节性及有关影响因素的作用，使旅游供给能力在一定条件下是既定的，从而决定了旅游供给量的变动是有限的。所谓旅游供给能力，就是在一定条件下（包括时间和空间等），旅游经营者能提供旅游产品的最大数量。由于旅游供给的不可累加性及环境容量的限制，决定了旅游供给在一定时间、一定空间条件下，其供给量必然受到旅游供给能力的制约。一旦达到旅游供给能力，即使旅游产品价格再高，旅游供给量也是既定不变的。如图 4-6 所示，当旅游供给小于 Q_c 时，旅游供给量将随旅游产品价格变化而同方向变化；当旅游供给达到 Q_c，即达到旅游供给能力时，无论价格如何变化，即价格从 P_1 提高到 P_2，旅游供给量都不会发生变化。

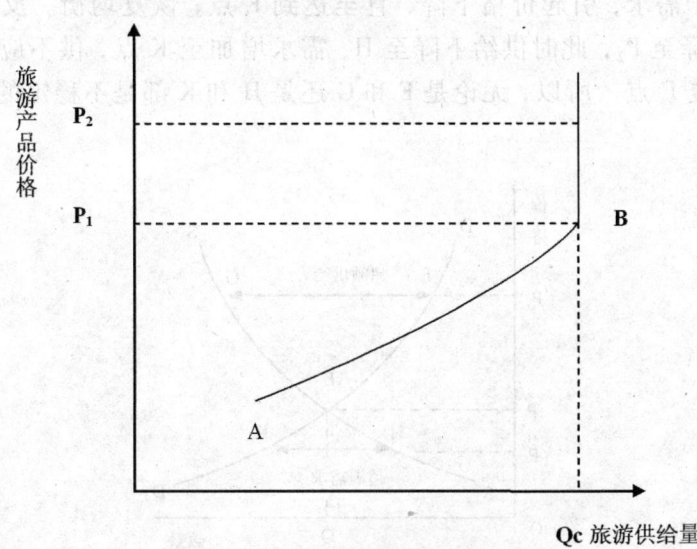

图 4-6 旅游供给的相对稳定性

第四章 旅游需求与供给

(三)旅游供给水平受其他影响因素而变动

如图4-7中,当生产要素价格下降,必然引起旅游产品成本下降,从而在既定生产条件下会增加旅游供给,并引起旅游供给曲线由S右移到S′;反之,当生产要素价格上升,必然引起旅游产品成本提高,而导致旅游供给下降,使供给曲线由S左移到S″。这时,尽管旅游产品价格保持不变为P_0,但旅游供给量已发生变化,分别由Q_0上升到Q_1或下降到Q_2。

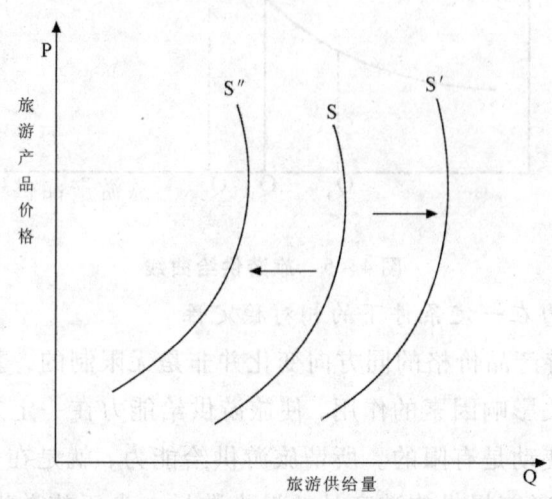

图4-7 旅游供给水平受其他因素影响的变动

(四)旅游供给与旅游需求的均衡

1.旅游供给与需求的静态均衡

图4-8表明供给曲线与需求曲线相交于于E点,此时,供给和需求相等,市场出清,达到均衡,均衡价格和均衡数量分别为P和Q。如果此时由于某种市场因素导致价格上涨至P_1,则需求数量由于价格的上涨减少至F点,供给数量增加至G点,原始均衡被破坏,供给大于需求,引起价格下降,直至达到E点,恢复均衡。反之,当某种市场因素导致价格下降至P_2,此时供给下降至H,需求增加至K点,供不应求,从而导致价格上涨,直至回复E点。所以,无论是F和G还是H和K都是不稳定的,都有向均衡点E移动的趋势。

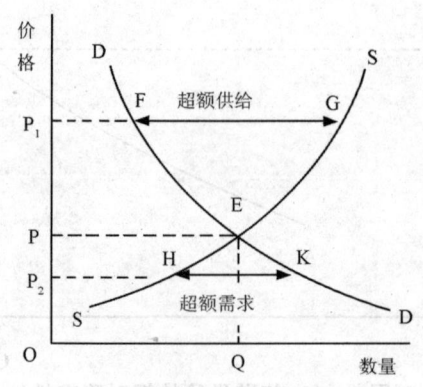

图4-8 旅游供给与需求的静态均衡

2. 旅游供给与需求的动态均衡

(1) 旅游需求变动引起的动态均衡(如图4-9所示)

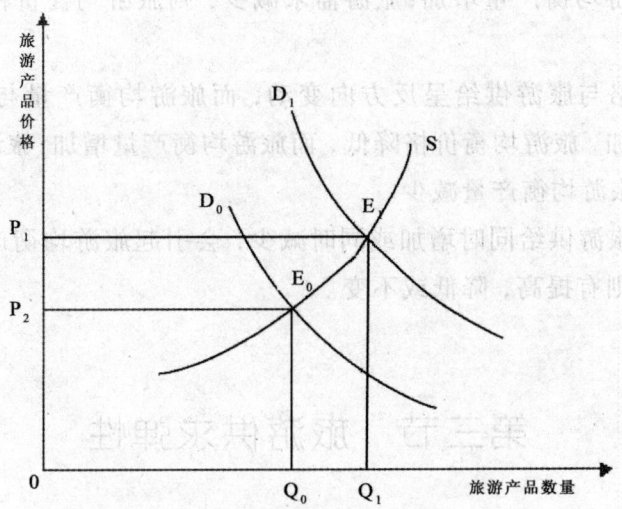

图4-9　旅游需求变动引起的动态均衡

(2) 旅游供给变动引起的动态均衡(如图4-10所示)

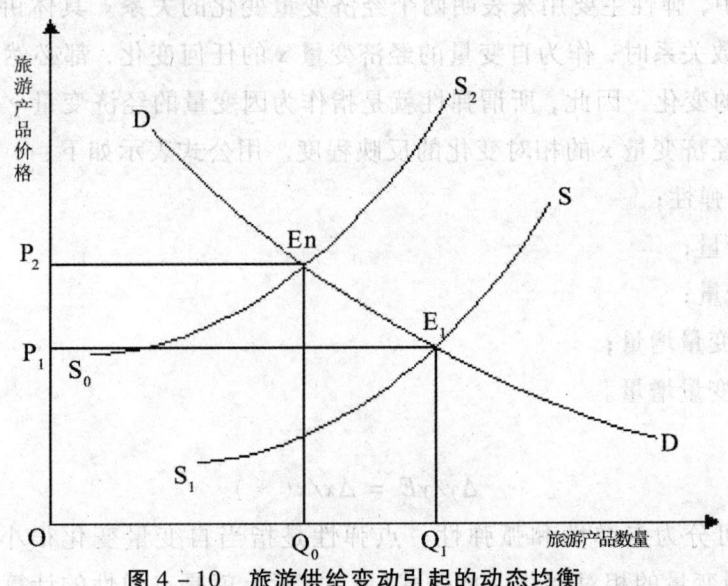

图4-10　旅游供给变动引起的动态均衡

根据以上分析,我们可以把市场经济条件下旅游供求规律概括如下:

1. 旅游需求和旅游供给共同决定旅游产品价格,即旅游均衡价格,就是旅游需求量等于旅游供给量时的价格,与旅游均衡价格要相对应的旅游供求数量称为旅游均衡产量。

2. 旅游产品价格又影响和决定着旅游需求和旅游供给的数量,当旅游产品价格上涨时,旅游供给增加而旅游需求减少,于是旅游市场上出现供过于求;当旅游产品价格下跌时，旅游供给减少而旅游需求增加，于是旅游市场上出现供不应求。

3. 旅游均衡价格和均衡产量与旅游需求呈同方向变动，即旅游需求增加，则旅游均衡价格提高，旅游均衡产量增加；旅游需求减少，则旅游均衡价格降低，旅游均衡产量减少。

4. 旅游均衡价格与旅游供给呈反方向变动，而旅游均衡产量与旅游供给同方向变动。即旅游供给增加，旅游均衡价格降低，而旅游均衡产量增加；旅游供给减少，则旅游均衡价格提高，而旅游均衡产量减少。

5. 旅游需求与旅游供给同时增加或同时减少，会引起旅游均衡产量同方向变动，而这时旅游均衡价格则有提高，降低或不变。

第三节 旅游供求弹性

一、弹性的一般概念

在经济学中，弹性主要用来表明两个经济变量变化的关系。具体讲，当两个经济变量之间存在函数关系时，作为自变量的经济变量 x 的任何变化，都必然引起作为因变量的经济变量 y 的变化。因此，所谓弹性就是指作为因变量的经济变量 y 的相对变化对于作为自变量的经济变量 x 的相对变化的反映程度。用公式表示如下：

设：E——弹性；

y——因变量；

x——自变量；

Δy——因变量增量；

Δx——自变量增量。

则有：

$$\Delta y/y \, E = \Delta x/x \quad (*)$$

弹性一般可分为点弹性和弧弹性。点弹性是指当自变量变化很小时（即在某一点上）而引起的因变量的相对变化。如公式（*）实际上就是点弹性的计算公式。而弧弹性是指自变量变化较大时，取其平均数对因变量的相对变化量。其计算公式如下：

设：Ea——弧弹性；

X_0, X_1——变化前后的自变量；

Y_0, Y_1——变化前后的因变量。

则有：$Ea = \dfrac{Y_1 - Y_0}{(Y_1 + Y_2) \div 2} \div \dfrac{X_1 - X_0}{(X_1 + X_0) \div 2}$

点弹性与弧弹性的重要区别就在于:点弹性是指因变量相对于自变量某一点上的变化程度;而弧弹性则是指因变量相对于自变量某一区间上的变化程度。

二、旅游需求弹性

旅游需求弹性系数,是指旅游需求在其他因素保持不变的前提下,对某一影响因素变化的敏感程度,即旅游需求量随其影响因素的变化而相应变化的幅度。由于旅游产品的价格和人们可支配收入是影响旅游需求的最基本因素,因此旅游需求弹性可具体划分为旅游需求价格弹性和旅游需求收入弹性。前者反映旅游需求量对价格变动的敏感程度,后者反映旅游需求量变动对收入变动的敏感程度。

（一）旅游需求价格弹性

旅游需求价格弹性是指旅游需求量对旅游产品价格的反应及变化关系。根据旅游需求规律,在其他条件不变的情况下,不论旅游产品的价格是上涨还是下落,旅游需求量都会出现相应的减少或增加。为了测量旅游需求量随旅游产品价格的变化而相应变化的程度,就必须正确计算旅游需求价格弹性系数。所谓旅游需求价格弹性系数,主要是指旅游产品价格变化的百分数与旅游需求量变化的百分数的比值。其计算公式如下:

设:Ed——旅游需求价格弹性系数;

ΔQ——旅游产品数量变化量;

ΔP——旅游产品价格变化量。

则有点弹性公式:

$$E_d = \frac{\Delta Q}{Q} \cdot \frac{P}{\Delta P}$$

弧弹性公式:

$$E_d = \frac{\Delta Q}{\frac{1}{2}(Q_1 + Q_2)} \div \frac{\Delta P}{\frac{1}{2}(P_1 + P_2)}$$

测算旅游需求价格弹性的方法主要有:点弹性计算方法、弧弹性计算方法和数理统计方法。相对来说,数理统计方法要复杂一些。故此,我们主要介绍点弹性和弧弹性。

第一,点弹性。它是指需求曲线上某一点的弹性。设 P_1、P_2 分别为时期1、时期2的价格,Q_1、Q_2 分别为时期1、时期2的需求量,那么价格增量为 $\Delta P = P_1 - P_2$,需求增量 $\Delta Q = Q_1 - Q_2$,因而其计算公式为:

$Ed = (\Delta Q/\Delta P)(P/Q)$

但是,同一种商品在不同的价格范围,它的点弹性系数存在着差别。

第二,弧弹性。它是需求曲线两点之间即一段弧的弹性。运用弧弹性计算方法来测算需求价格弹性主要是为了解决点弹性计算因资料数据缺乏所造成的困窘,是点弹性计算方法的发展。

第四章　旅游需求与供给

由于价格与需求量呈反向关系,因而旅游需求价格弹性系数为负值,于是根据旅游需求价格弹性系数 ED 的绝对值大小,旅游需求价格弹性可分为五种类型。

第一,需求富有弹性,$|ED|>1$。表明旅游需求量变动的百分比大于旅游产品价格变动的百分比,此时称旅游需求富于弹性。如果旅游需求是富于弹性的,其需求曲线上的斜率较大。在实际中则表明旅游产品价格提高,旅游产品需求量将减少,但减少的百分比大于价格提高的百分比,从而使旅游总收益减少;相反,如果价格下降,则需求量增加,但增加的百分比大于价格下降的百分比,从而使旅游总收益增加。例如,价格下降 2% 使需求量增加 4%。在实际生活中,奢侈品多属此类。

第二,需求单一弹性,$|ED|=1$,需求量变动的百分数等于价格变动的百分数。我们称这种旅游需求价格弹性为单位弹性。如果旅游产品的需求价格弹性属于单位弹性,则旅游需求价格的变化对旅游经营者的收益影响不大。在实际生活中,这种情况比较少见。

第三,需求缺乏弹性,$O<|ED|<1$,表明旅游需求量变动的百分比小于旅游产品价格变动的百分比,此时称旅游需求弹性不足。如果旅游需求是弹性不足的,则其需求曲线上的斜率就较小。在实际中则表明旅游产品价格提高,需求量将减少,但减少的百分比小于价格提高的百分比,从而使旅游总收益增加;相反,如果价格下降,需求量将增加,但增加的百分比小于价格下降的百分比,从而使旅游总收益减少。在实际生活中,生活必需品多属此类。

第四,需求完全弹性,$|ED|=\infty$,需求曲线为水平线。也就是说,需求量的变动对于价格变动的反应非常灵敏。在实际生活中,这种情况不多见。

第五,需求无弹性,$|ED|=0$,需求曲线是一条与纵坐标轴平行的直线。也就是说,无论价格如何变化,需求量都不会变。在实际生活中也罕见,通常认为火葬费就属此类。

(二) 旅游需求收入弹性

在影响旅游需求的其他因素不变的条件下,旅游需求的收入弹性是测定旅游需求量对旅游消费者收入变化反应程度的标准。如果利用微分方程,令 I 代表消费者收入,那么,点收入弹性将为:

$$E_I = \frac{\partial Q}{\partial I} \cdot \frac{I}{Q}$$

消费者收入与购买量一般是同向移动的。这就是说,消费者收入与产品销售量呈正相关,而不是逆相关。所以,$\frac{\partial Q}{\partial I}$ 以及 E_I,都是正值。少数低档商品就不是这样。例如,豆类、马铃薯等产品的需求随消费者收入增加而减少,因为较贵的商品将取而代之。一般来说,消费者对大多数产品的需求与其收入呈正比关系,这些产品称为正常商品或者高档商品。

为了探讨某一收入区间的收入弹性(不是点收入弹性),我们要用反映弧弹性关系的如下方程：

$$E_1 = \frac{(Q_2 - Q_1)/(Q_2 + Q_1)}{(I_2 - I_1)/(I_2 + I_1)}$$

此式用来衡量产品需求对消费者收入变化（从 I_1 变到 I_2）的平均相对反应程度。对于大多数产品来说，收入弹性是正值。这表示：随着经济的发展和国民收入的增长，居民对产品的需求也会增加。不过，弹性系数的大小也很重要。举例说，如果某种产品的 E_1 = 0.3，这就意味着，消费者收入每增加1%，他们对产品的需求仅增长0.3%。这样，该种产品就不能保持它在国民经济中的相对重要性。又如另一种产品的收入弹性为2.5，需求增长速度为收入增长的2.5倍。由此可见：如果某种产品的 $E_1 < 1$，该种产品的生产部门，将不能按比例地分享国民收入的增长额；而如果 $E_1 > 1$，该种产品的生产部门将在国民收入的增长额中得到一个超过比例的份额。

由于旅游需求量随人们可支配收入的增减而相应增减，因而旅游需求收入弹性系数始终为正值，这一正值表明：当收入上升1%时引起需求量所增加的百分比；或者，当收入下降1%时引起需求量下降的百分比，并且可以区分为以下三种情况：

1. 当 $EDI > 1$ 时，表示旅游需求量变动的百分比大于人们可支配收入变动的百分比，说明旅游需求对收入变化的敏感性大，因此人们可支配收入发生一定的增减变化，会引起旅游需求量发生较大程度的增减变化。

2. 当 $EDI < 1$ 时，表示旅游需求量变动的百分比小于人们可支配收入变动的百分比，说明旅游需求对收入变化的敏感性小，因而人们可支配收入发生一定的增减变化，只能引起旅游需求量发生较小程度的增减变化。

3. 当 $EDI = 1$ 时，表示旅游需求量变动的百分比与人们可支配收入变动的百分比相等，因此旅游需求收入弹性为单位弹性，即旅游需求量与人们可支配收入按相同比例变化。

通常，高级消费品的需求收入弹性都较大。因为，随着社会生产力的发展及人们收入水平的提高，人们用于低级的生活必需品的支出比重将逐渐下降，而用于高级生活消费品的支出比重将逐渐上升。旅游活动正是满足人们高层次生活的需求，并逐渐成为人们必不可少的生活消费品，所以旅游需求收入弹性一般都比较大。根据国际有关组织的研究表明：旅游需求收入弹性系数一般都在1.3～2.5之间，有的国家甚至高达3以上。

 ☆ 补充阅读：

弹性概念在经济中的应用

需求函数的收入弹性研究对于企业及政府机构制定相关行业方针政策都有重要意义。需求函数的收入弹性高的企业，在国民经济上升期间有良好的发展机会，所以，对国民经济活动的预测在它们制订计划时发挥重要的作用。而需求函数的收入弹性低的企业，对国民经济活动水平的反应就没那么灵敏了。这也有好处，因为后一类企业基本上不怕萧条，但它们由于不能充分分享经济成长的利益，可能进入别的部门去寻找较好的发展机会。

收入弹性还能在企业的销售活动中起重要的作用。如果人均收入或户均收入被发现是决定某种产品需求的一个重要因素，这就可能影响产品销售的区域与销路的性质。收入弹性可能对广告宣传与其他推销活动有影响。例如，许多提供高收入弹性商品的企业，致力于向商业界、法律界、医疗界等的年轻专业人员进行广告宣传，主要就是因为随着这些人收入的增加，将来产生交易活动的可能性很大。

收入弹性问题在若干关键国民经济部门中显出了它的重要性。例如，多年来农业发生了许多问题，其部分原因在于很多食品的收入弹性小于1。这一事实使得农民的收入难以赶上城市工人。这一问题使得联邦政府严重不安。

多少与此相似的另一个问题是住房问题。自第二次世界大战结束以来，美国国会及历届总统均曾宣称改善美国居民的住房条件是国家的主要目标之一。如果住房的收入弹性高，超过1，那么，改善住房条件自然成为繁荣经济的副产品；而如果住房的收入弹性低，增加的收入中只有一个相当小的份额花在住房上，那么，即使在经济繁荣、收入增长的条件下，住房条件也不会有多大改善。在这种情况下，政府就需要直接采取行动（如供给公用住房、实行房租与利息补贴等），以便使住房条件提高到要求的水平。总之，不仅住房的收入弹性成了国家住房政策辩论中的一个重要论题，而且正是这些辩论大大地推动了经济学界对收入弹性的理论与计量的研究。

（三）旅游需求的交叉弹性

旅游产品是一种由食、住、行、游、购、娱等多种经济要素所组成的复合型产品，一方面，对于旅游消费者来说，表现为一个整体的产品，是由旅行社企业将这些要素组合而成的；另一方面，旅游产品又表现为相对独立的产品，旅游消费者可以根据自身的情况单独购买。因此，从旅游需求的角度看，旅游产品既有替代性，又有互补性。

所谓旅游产品的替代性，就是指相同性质而不同类型的旅游产品在满足旅游消费需求之间具有相互替代的关系，例如在满足旅游消费者住宿需求方面，宾馆、度假村、招待所、公寓、临时帐篷等都具有替代性，而各种不同类型的住宿设施随着价格变化可以互相替代。

正是由于旅游产品具有替代性和互补性的特点，因而某种旅游产品的需求量不仅对其自身的价格变化有反应，而且对其他旅游产品的价格变化也有反应。所以，旅游需求的交叉弹性就是指某一种旅游产品的需求量对其他旅游产品价格变化反应的敏感性，其计算公式是：

$$E_{AB} = \frac{\Delta Q_B / Q_B}{\Delta P_A / P_A} = \frac{\Delta Q_B}{\Delta P_A} \cdot \frac{P_A}{Q_B}$$

需求交叉弹性是需求交叉价格弹性（Cross – price elasticity of demand）的简称，它表示一种商品的需求量变动对另一种商品价格变动的反应程度。若以 A、B 代表两种商品，E_{AB} 表示需求交叉弹性系数，P_B 表示 B 商品的价格，ΔP_B 表示 B 商品价格的变动量，Q_A 表示 A 商品原来的需求量，ΔQ_A 表示因 B 商品价格的变动所引起的 A 商品需求量的变动量，则需求交叉弹性系数的一般表达式为：

$$E_{AB} = (\Delta Q_B/Q_B)/(\Delta P_A/P_A) = A 商品需求量变化的百分比 / B 商品价格变化的百分比$$

需求交叉弹性可以是正值，也可以是负值，它取决于商品间关系的性质，即两种商品是替代关系还是互补关系。具有互补关系的商品称为互补品，具有替代关系的商品称为替代品。对于互补商品之间，$E_{AB} < 0$。对于互补商品来说，一种商品需求量与另一种商品价格之间成反方向变动，所以其需求交叉弹性系数为负值。比如照相机和胶卷，录音机和磁带等之间是功能互补性商品，它们之间的需求交叉弹性系数就是负值。一般情况下，功能互补性越强的商品交叉弹性系数的绝对值就越大。而对于替代商品之间，$E_{AB} > 0$。对于替代商品来说，一种商品需求量与另一种商品价格之间成同方向变动，所以其需求交叉弹性系数为正值。如茶叶和咖啡，橘子和苹果等，这些商品之间的功能可以互相代替，其交叉弹性系数就是正值。一般来说，两种商品之间的功能替代性越强，需求交叉弹性系数的值就越大。当 $E_{AB} = 0$ 时，也即是两种商品的交叉弹性系数为零，则说明 A 商品的需求量并不随 B 商品的价格变动而发生变动，两种商品既不是替代品，也不是互补品。

根据旅游产品的替代性和互补性特点，计算出来的旅游需求交叉弹性系数有两种情况。

1. 如果旅游产品 B 对旅游产品 A 具有替代性，那么旅游产品 B 价格下降必将引起对旅游产品 A 的需求量减少；反之，旅游产品 B 价格上涨则引起对旅游产品 A 的需求量增加。因此，对于具有替代性的旅游产品而言，其旅游需求的交叉弹性系数 EDc 必然是正值。

2. 如果旅游产品 B 对旅游产品 A 具有互补性，那么旅游产品 B 价格下降必然引起对旅游产品 A 的需求量增加；反之，旅游产品 B 价格上涨则引起对旅游产品 A 的需求量减少。因此，对于具有互补性的旅游产品而言，其旅游需求的交叉弹性系数 EDc 必然是负值。从实际看，旅游产品的替代性与互补性并不是绝对的。在一定条件下，两者之间可能出现互相转化，即原来是相互替代的旅游产品转化为互补；原来是相互补足的旅游产品转化为替代。例如，航空、铁路、公路运输本是替代的，但为了开拓国内外旅游市场而把几者有机配套起来，于是就从替代关系转化为互补关系；同理，旅游汽车公司与宾馆原来提供服务是互补的，但如果宾馆建立相应的附属车队，以扩大服务内容，则旅游汽车公司与宾馆车队就由互补关系转化为替代关系。因此，旅游产品的替代性及互补性，不仅对旅游需求产生一定的影响，同时也是旅游经营者拓宽经营范围，实行资源优化配置，提高经济效益的重要途径。

第四章 旅游需求与供给

☆ 补充阅读:

需求交叉弹性的作用

第一,根据需求交叉弹性值域分析,我们可以判定 $E_{AB}>0$ 的商品是互相替代商品,E_{AB} 的值越大,商品之间的替代性越强,E_{AB} 值越小,商品之间替代性越弱。$E_{AB}<0$ 的商品是互补商品,$|E_{AB}|$ 越大,商品的互补性越强,$|E_{AB}|$ 越小,商品的互补性越差。$E_{AB}=0$ 的商品之间既不是替代品,也不是互补品,二者之间无交叉关系。

第二,我们可以把 $|E_{AB}|$ 较大的若干种商品集中在一起组成一种工业或形成一种商店来进行生产和经营,常常会收到较高的经济效益。

第三,掌握了需求交叉弹性的理论和方法,有利于旅游企业制定自身产品的价格策略。特别是对于某些拥有多条旅游线路和多个旅游品牌的旅游企业来说,同时生产相互替代或相互补充的产品,用需求的交叉弹性分析各种产品之间的风险问题,从整体目标出发,统筹规划,协调好交叉产品的营销策略是十分必要的。

第四,企业可以利用需求的交叉弹性测定各部门之间的产品交叉关系,制定正确的产品竞争策略。例如,20世纪70年代末期,汽车业竞争加剧,美国的"通用"和日本的"丰田"在生产经济车方面竞争十分激烈。以生产小型、廉价、高技术的绅宝——"经济车"的小公司,也面临抉择,要么改为生产汽车配件,要么继续生产"经济车",要么争取生产"昂贵车"。绅宝公司通过对"昂贵车"的市场调查,分析预测出"昂贵车"的需求价格弹性以及相对于各种"经济车"的需求交叉弹性,1979年推出全新的 SAAB9000 型涡轮增压"昂贵车",在与美国"通用"和日本"丰田"等"经济车"激烈的市场竞争中取得胜利,1983 年的销售增长率达 42%,成为所有汽车行业中销售增长率最高的一家。小公司以少量的财力、生产能力却在激烈的市场竞争中脱颖而出,其原因之一就是受益于需求的交叉弹性理论和方法。

第五,在激烈的市场竞争中,需求的交叉弹性信息可以为企业的价格竞争策略提供依据。比如"长虹"厂商在考虑降价策略时,一定需要估测到它的替代产品诸如"TCL""海信""康佳"等厂商可能产生的反响,并进一步分析预测对手的反应如何对自己销售所产生的影响,从而判断自己降价策略是否可行。"饮水机"制造业很想知道"纯净水"的降价对"饮水机"的需求量有多大的促进作用,从而考虑对"纯净水"生产厂家是否应给予一定的支持。

三、旅游供给弹性

旅游供给弹性是指旅游供给企业对各种影响因素变化作出的反应。由于旅游供给不仅受旅游产品价格的直接影响,还受到生产规模变化、生产成本和旅游环境容量、政府政策等多种因素的影响,因而旅游供给弹性包括供给的价格弹性、供给的交叉弹性、供给的价格预期弹性等,下面着重分析旅游供给的价格弹性和价格预期弹性。

旅游供给的价格弹性反映的是旅游供给量与旅游价格之间的数量关系,是旅游供给对旅游产品价格变化的反应强烈程度及它们之间的数量变化关系。根据旅游供给规律，在其他因素不变情况下，旅游供给是随旅游产品价格的变化而同方向变化。为了测定两者之间的变化程度，即旅游供给对价格的敏感性，就必须计算旅游供给的价格弹性系数。所谓旅游供给的价格弹性系数，是指当旅游产品价格变化百分之一时旅游供给量变化的百分数，它是供给量变动率与价格变动率之比。其计算公式如下：

旅游供给的价格弹性系数 = 供应量的变动率(%) / 价格的变动率(%) = $(\Delta S/S)/(\Delta P/P)$

其中，S 是供给量，ΔS 是供给量变动的绝对数量；P 是价格，ΔP 是价格变动的绝对数量。

一般来说，旅游供给价格弹性系数是一个比值，没有计量单位。根据价格弹性系数和 1 的关系，供给弹性可分为五类：

第一，如果供给弹性系数 > 1，此时当价格稍微上涨时，供给量就大幅增加，称为供给富有弹性，比如冰激凌、音乐会门票、汽车、家电、汽油、奢侈品等；

第二，如果供给弹性系数 < 1，此时当价格大幅上涨时，供给量少量增加，称为供给缺乏弹性，比如食品、自来水、必需品等；

第三，如果供给的价格弹性系数等于 1，则称为单位弹性；

第四，如果供给弹性系数等于 0，则不论价格怎么变动，供给量都不会变动，则称为完全无弹性；

第五，如果供给弹性趋于无穷大，即在价格既定的情况下，供给量无限，则称为完全弹性。

这里有两点要说明：

第一，一般来讲，旅游商品在短期内的供给都相当缺乏弹性，因为生产调整相对于市场价格的上涨有一定的滞后性，生产者不可能迅速地依据价格变化进行供给量的调整。

第二，旅游产品的供给弹性是一个相对的概念，并不是一成不变的，它随着个人的收入水平、偏好、需求程度、价格变化、预期等因素紧密相连，不好一概而论。比如汽车，在 20 世纪初流水线作业未被采用之前，汽车的供应量很少，价格很高，基本属于奢侈品。在流水线出现之后，供应量急剧增加，价格也大幅下降，这样就导致了汽车在美国的供给弹性系数的显著下降，进入 21 世纪，汽车在美国显然成了必不可少的代步工具，其供给弹性系数也随之下降了。

值得注意的是，旅游供给弹性的大小会受到以下两个因素的影响：

1. 增加产量所需追加生产要素费用的大小。一般来说，若增加产量的投资费用较小，则供给弹性大；反之供给弹性小。

2. 时间的长短。一般在短时期内，厂商只能在固定的厂房设备下增加产量，因而供给量的变动有限,这时供给弹性就小。在长期内,厂商能够通过调整规模来扩大产量,这时供给弹性将大于同种商品在短期内的供给弹性。

四、旅游价格的预期弹性

价格预期弹性,是指未来价格的相对变动与当前价格相对变动之比。价格预期弹性无论对于旅游者还是旅游经营者来讲,都是一个重要的影响系数。

设：E_F——价格预期弹性系数；

F——未来价格；

P——现行价格。

则有：

$$E_F = \frac{\Delta F/F}{\Delta P/P}$$

对于旅游消费者而言,当 $E_F > 1$,则表明旅游者预期未来价格的相对变动将大于现行价格的相对变动,于是消费者有涨价预期,表现为现期需求增加;反之,当 $E_F < 1$,则表明旅游者预期未来价格的相对变动将小于现行价格的相对变动,于是旅游者具有降价预期,持币观望是其第一选择,从而引起现期旅游需求减少。但由于旅游需求同时受闲暇时间因素的影响,因而价格预期对于旅游需求的影响与一般传统商品相比较小一些,即旅游需求价格预期弹性系数一般较小。但是,对于旅游经营者来讲,旅游供给价格预期弹性的作用则相对较大。

第四节 旅游供求平衡

旅游供给与旅游需求是一对辩证统一体,既互相依存又互相矛盾,它们通过旅游产品价格这一中介,有机地结合起来,从而形成了旅游供给与旅游需求相互依存和相互矛盾的运动规律。

旅游经济是商品经济发展到一定程度的基础上出现的,所以旅游经济具有市场经济基本的特点,由于现代的市场经济大多属于买方市场,所以旅游供给虽然受许许多多的因素影响,但是最根本的影响因素来自旅游需求。旅游供给必须随着旅游需求的变化而变化,旅游供给的规划和发展都要以旅游需求为前提,离开旅游需求所制定的供给发展必然是盲目的,无法实现旅游企业的市场价值。此外,自然和社会等各种因素对旅游供给的影响,往往也是通过对旅游需求的影响进而限制旅游供给的发展。另外,旅游供给又是旅游需求得以满足的保证。如果没有旅游供给的不断发展,旅游需求将永远停留在旅游的自然风光观赏水平上。从总体上看,旅游供给源于旅游需求,但在旅游业发展到一定程度之后，旅游供给又能激发旅游欲望，创造旅游需求，促使人的旅游需求内容不断扩大，需求水平不断提高，从而改善人们的生活品质。

一、旅游供给与需求的矛盾

从旅游供给与旅游需求的矛盾关系看，其主要表现在质量、数量、时间、空间和结构等方面的矛盾冲突。

（一）旅游供给与需求质量方面的矛盾

由于旅游供给的发展是以旅游需求为前提的，所以供给的发展滞后于需求，当旅游需求随着人们自身条件和外界环境发生改变后，旅游供给必须相应作出调整，才能尽可能地满足消费者的需求，从而在旅游市场上获得成功。在一定社会发展阶段上，国民经济的生产力水平基本保持稳定，与旅游资源相关联的设施、服务一旦形成之后，它们的供给水平也就确定了，而人的需求内容、水平却在不断变化。旅游供给要跟上旅游需求内容、水平的变化，就需要一定的资金投入和建设时间；此外，受社会价值准则和民族道德规范的限制，有的旅游需求，不能提供相应的供给。加之旅游供给也有自己的生命周期，随着设施的磨损和老化，旅游设施设备在整体上的衰老，这就使旅游供给的质量下降；反之，如果旅游供给的规划与建设不以旅游需求为前提，超需求水平发展，一方面，会使旅游供给在近期内的效益降低。另一方面，在超旅游需求发展时，必须对旅游需求的变化规律和未来的发展趋势有一个非常准确的把握，这将对旅游企业提出了极高的要求，一旦出现误差，导致投资失误，对企业来说将是无法承担的后果，并且，旅游需求带有极强的主观性和易变性，每一时刻都在变化，也给超前预测旅游需求带来挑战。

（二）旅游供给与需求数量方面的矛盾

旅游供给与旅游需求在数量方面的矛盾主要表现为接待能力与实际旅游者人数之间的矛盾。旅游目的地国家或地区，根据自己的社会经济条件，适应国内外旅游者的旅游需求，通过有计划有步骤的建设而形成的旅游接待能力，在一定的时间内是有限的，并具有相对的稳定性。旅游需求一方面则随着人们收入水平的提高，消费水平与消费结构的变化而不断上升；另一方面，受社会政治经济状况和社会环境的制约，很容易导致接待能力和需求的数量矛盾，比如2008年的北京奥运会，三年之前，比赛场馆附近的宾馆接待服务就已经被预订，房屋租金一度上涨近十倍。另外2016巴西世界杯期间，专家预测其现有的接待能力远不能满足旅游需求，所以，提高接待能力，将是巴西现在和将来一段时间的工作重点。

旅游需求量具有不稳定性和随机性的特点。因此，在特定的环境下，必然出现旅游供给总量与旅游需求总量之间的不平衡，形成供不应求或供过于求的状况。

（三）旅游供给与需求时间和空间方面的矛盾

一般来说，旅游季节性是指客流流向、流量集中于一年中相对较短时段的趋势。正是由于旅游业具有极强的季节性和时间性,所以,有些时间因素直接影响旅游供给能力的发挥,有些时间因素则不影响旅游供给能力,而是抑制旅游需求。旅游具有明显的季节性特征;季节性被称为旅游业界最容易理解却最难以解决的问题。产生旅游季节性现象的原因很多,大致可以分为自然季节性因素与社会季节性因素,谁主谁次,因地而异。例如春意盎然、秋高气爽的季节,能引发人们到各风景区旅游观光;而隆冬季节,冰灯冰雕、滑雪冬泳则成为人们旅游需求的项目;至于炎热夏天,避暑胜地又供不应求了。又如寒暑假期间,学生和教师旅游会成为旅游市场重要的客源。而构成旅游产品的旅游设施和旅游服务,一旦相互配套,形成一定的供给能力,则具有常年同一性。因此,旅游供给的常年同一性与服务的季节性是旅游供给与需求在时间方面冲突的表现。

旅游供给与需求在空间方面的冲突表现为旅游资源在位置上的不可转移性和与旅游需求变动性的矛盾。特别是那些在国内、国际上久负盛名的旅游点,在旅游旺季,游客如云,摩肩接踵,景观因之而减色;而有的风景区因客运能力不配套,进得去、出不来,旅游者望而却步,游人寥寥无几。近年来,模拟景观旅游应运而生,如深圳的锦绣中华、北京的世界公园,只在很小程度上缓解了"热点"的空间压力。因此,积极开发各种自然景观,建设高品位的景区、景点,是缓解旅游供给与需求空间方面矛盾的重要途径和手段。

(四)旅游供给与需求结构方面的矛盾

由于旅游者的个体差异,如成长环境、文化层次、价值观、民族习惯、宗教信仰、支付能力等方面的不同,所以导致旅游消费者在旅游活动中的兴趣爱好各异,从而形成了旅游需求的复杂多样、灵活多变的特点。而旅游供给,不管怎样周全规划和配备,总不可能做到面面俱到、一应俱全。旅游供给的稳定性、固定性与旅游需求的复杂性、多样性之间的鲜明反差,就形成了旅游供给与需求在结构上的冲突。

上述四个方面的冲突是相互联系和相互影响的。它们共同反映了旅游供给与旅游需求矛盾不同于其他物质产品的供需矛盾的特殊性。

二、旅游供给与需求的均衡

旅游供给与需求的矛盾是绝对的,均衡则是相对的、有条件的。下面着重讨论在价格条件下旅游供给与需求的均衡。

以 Q 表示旅游供给量或需求量,并作为横坐标,以价格 P 作为纵坐标,在平面直角坐标系中描绘出需求曲线 D 和供给曲线 S(如图 4-11 所示)。设需求曲线 D 与供给曲线 S 相交于均衡点 E。在 E 点,供给量与需求量相等,称为供求均衡,这时的价格 P_0 称为均衡价格，Q_0 称为均衡产量。如果旅游产品价格高于 P_0 而为 P_1，这时需求量减少到 Q_1，而供给量增加至 Q_2，旅游市场上出现超供给量 $Q_2 > Q_1$，即供过于求。如果市场价格降到 P_2 而低于 P_0，则需求量增加至 Q_3，而供给量减少至 Q_4，这时的旅游市场上出现欠供给量 $Q_4 < Q_3$，即供不应求。在实际中，总是希望通过采取措施，使 $Q_2 - Q_1$ 或 $Q_4 - Q_3$ 尽可能接近于零。

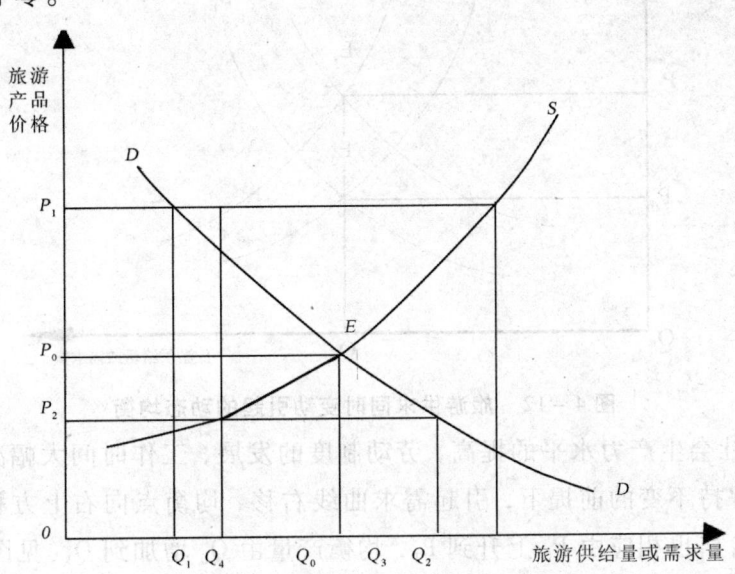

图 4-11 旅游供给与旅游需求的均衡

旅游供给与旅游需求的均衡是动态的均衡。由于旅游供给一旦形成之后，使用周期较长，因为价格变动使供给下降，除了劳务部分比较容易转产外，物质设施在短期内很难拆除，因此适宜采用供给曲线与需求曲线的移动来研究供给与需求的动态均衡。为简便起见，我们假定供给曲线与需求曲线在移动时形态不变，但在实际中，曲线移动时往往伴随形态的改变。

（一）社会性物价上涨，而引起供给曲线与需求曲线均上移，则均衡点由 E_0 上升到 E_1，在均衡供给量 Q_0 不变的条件下，均衡价格 P_0 上升到 P（见图 4-12）。

第四章　旅游需求与供给

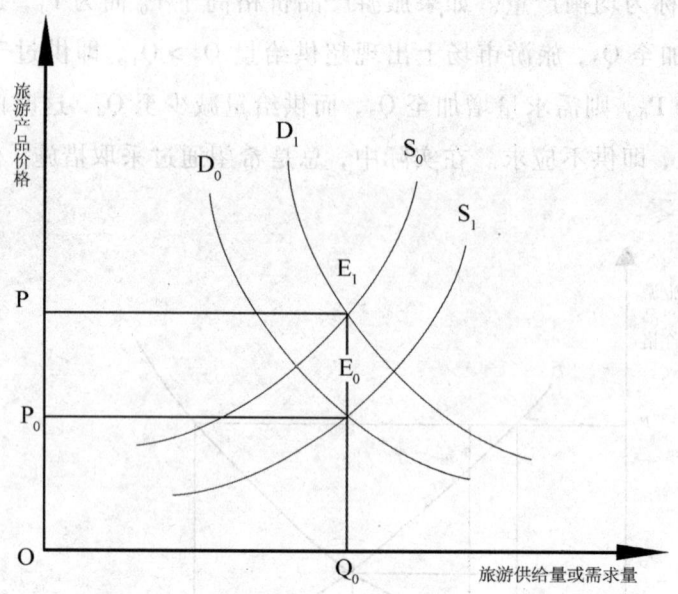

图 4-12　旅游供求同时变动引起的动态均衡

（二）随着社会生产力水平的提高，劳动制度的发展，工作时间大幅减少，带薪假日增加，在价格保持不变的前提下，引起需求曲线右移，均衡点向右上方移动，带动供给量增加，均衡价格也相应由 P_0 上升到 P_1，均衡产量由 Q_0 增加到 Q_1（见图 4-13）。

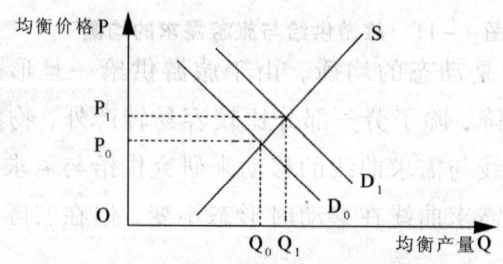

图 4-13　旅游供求变化引起均衡变化

（三）随着国民经济产业结构的调整，第一、第二产业生产率的提高及其在国民经济中的份额下降，多余劳动力转入第三产业，这时出现价格不变的条件下社会能提供更多的旅游供给；或者地区性的旅游业迅速发展，使供给曲线右移，均衡点右移到 E'，并引起均衡量由 Q_0 增加到 Q_3，而均衡价格由 P_0 下降到 P_3（见图 4-14）。

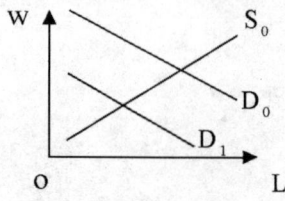

图 4-14　旅游供求变化引起均衡变化

☆补充阅读：

难以把握的均衡概念

均衡概念是经济学中最难以掌握的概念之一。我们在日常生活中很熟悉均衡这一概念。例如，我们看到一个橘子停在碗底或是一个钟摆静止不动。在经济学中，均衡意味着市场中运作的不同力量处于平衡，从而价格和数量是购买者和供应者的愿望达到一致。价格太低意味着各种力量尚未平衡——吸引需求的因素比吸引供给的因素更有利，因而存在超额需求或短缺。我们知道竞争市场是一种形成均衡的机制。如果价格太低，需求者会竞相购买、哄抬价格，直至达到均衡为止。

然而，均衡的概念具有诡辩性。正如一位权威所论断："不要同我谈什么供给和需求的均衡。石油的供给总是等于石油的需求。你找不出二者的差异。"从会计的角度来看，这位权威的确有理。石油生产者记录的销售量显然恰好等于石油消费者记录的购买量。但是这种算术结论并不能否定供给和需求的规律。更重要的是，如果我们没有理解经济均衡的实质，我们就无法理解不同的因素如何作用于市场的方式和程度。

在经济学中，我们对于能够出清的市场的销售量，即均衡数量很感兴趣。我们还想知道消费者愿意购买的数量与生产者愿意销售的数量恰好相等的价格水平。只有在这一水平上买者和卖者才会同时达到满足。也只有在这一价格水平上，价格和数量才不会继续有变动的趋势。因此只有当我们了解了供给均衡时，我们才能理解这样一些悖论：移民也许不会降低城市的工资；土地不会提高税金；以及收成不好反而提高（的确是提高）农民的收入。

三、旅游供给与需求的平衡

一般地，旅游供求均衡主要是市场供应数量和需求数量的相等，旅游供求平衡则具有更广泛的含义，它除了数量的相等外，还要求供需双方在质量方面要相互适应，表现在旅游供求构成、供求季节和地区不平衡的协调等方面。旅游供求平衡意味着社会的人力、物力和资金的充分利用，以及旅游供给对精神文明建设的社会效益。所谓社会效益是指在旅游市场交易过程中，通过供需双方在市场上一定价格条件下的交换来实现供给方对需求方的满足和引导，是在实现旅游供给方和旅游消费者的生活福利、福祉等方面获得的价值。因此，旅游供求平衡不仅是宏观控制的问题，而且供给方每一个具体的单位或部门，都应该在更高的系统层次，从旅游供给发展的长远目标来处理旅游的供求平衡。

如果旅游供求平衡只从局部的经济效益出发，那就可能会关注短期效益，而放弃和损害社会其他行业的经济效益，也即是局部获利，全局受损，短期获利，长期受损。

与一般产品的供求平衡相比，旅游供求的平衡是相对的，不平衡却是绝对性的。然

第四章 旅游需求与供给

而,基于旅游供给与需求矛盾的特殊性,旅游供求平衡相对于其他传统商品还具有复杂性的特点。因此,旅游供求平衡是一个相当复杂的问题,需要在一个更大的系统空间中来认识、分析和解决。这给旅游供求平衡的调控增加了难度。所谓调控,总是相对于一定的目标而言的,人们事先赋予指定系统一个目标,然后运作系统,当发现系统状态偏离目标时,采用一定方式的手段,使系统状态回复到目标,这一过程就是调控。旅游供求平衡调控的目标包括量的均衡与质的适应两部分。从实践看,旅游供求平衡调控有多种方式,概括起来主要有规划控制和过程控制两种方式。

(一)旅游供求平衡的规划控制

用控制论的语言说,旅游供给宏观规划是一种事前控制。它对旅游供给的发展给出目标限定和范围。其内容包括:旅游资源调研和开发,旅游需求预测,供给规模确定,旅游区规划和建设,基本旅游供给与相关旅游基础设施的发展计划、人员培训和行业规范等方面。在制订旅游供给规划的时候,要遵循社会主义市场经济规律、国家的方针政策,从社会主义现代化建设的总目标出发,使旅游供给的发展规模和发展速度既适应社会主义经济发展的需要,又符合国家或本地区的经济实力。

(二)旅游供求平衡的过程控制

旅游供求平衡控制包括宏观和微观的调控两个方面。在宏观层次,主管部门可以根据旅游经济在国民经济中的地位和未来发展前景以及旅游供求平衡的现实状况,通过政策对旅游经济发展进行引导或限制,促成旅游供求的平衡。在微观层次,对旅游供求平衡的调控,主要是通过市场机制来进行。当旅游市场上出现供过于求的情况时,旅游产品的价值就难以实现,产品滞销,价格不得不下降,生产旅游产品的资金就可能发生转移,从而使旅游供给减少;而当市场上出现供不应求时,旅游产品就走俏,价格提高,旅游行业的利润增加,从而吸引资金由其他行业流入旅游业中,从而使旅游供给能力增加。为了提高旅游供给随旅游需求而动态平衡的主动性,就要增加旅游供给能力的储备,根据旅游需求发展的趋势,适时扩大旅游供给。

(三)国家对旅游供求关系调控的手段

1. 经济手段

国家通过财政开支,加快旅游的各种基础设施和旅游环境的建设。如兴建机场、车站、码头、修筑铁路、公路等。此外,加快城市的基础设施的建设,如城市道路、城市绿化、供电、供水、供气、邮电通信、治理城市污染等。这些经济社会的发展,虽然不是单纯解决旅游发展问题,但却为旅游发展奠定了基础,也为增加旅游供给创造了条件。

国家可以通过信贷、税收、汇率等手段,调节旅游供给和需求关系。20世纪90年代以前,我国通过宽松的信贷,有利的税收征管,有利的旅游外汇分成等,曾积极支持了旅游的发展,较快地增加了旅游供给,满足了旅游的需求。所有的国有旅游饭店都是通过银行贷款兴建起来的,大量信贷资金的注入,迅速地增加了旅游饭店的供给。

进入90年代以后,在旅游饭店和旅游参观点已有了较大发展的情况下,国家也就逐渐减少了财政拨款和收紧了信贷资金,而对旅游饭店供过于求的地区和城市,国家还采取了不予审批的措施,限制旅游饭店的进一步增加。

2．法律手段

我国改革开放以来,国家已颁布了许多有关旅游方面的法律、法规、规章,这些法律、法规和规章,对规范旅游管理和旅游企业的经营,发挥了重大作用,同时,对保障旅游的社会供给也发挥了重要作用。目前在已颁布的有关法律、法规、规章中,主要有《旅行社管理条例》《导游人员管理暂行规定》《旅行社质量保证金暂行规定》《旅行社经理资格认证管理规定》《风景名胜区管理暂行条例》《中华人民共和国评定旅游涉外饭店星级的规定》《营业性歌舞娱乐场所管理办法》等,都从不同方面对旅游供给做了一定的规定。法律手段对规范旅游供给,保证旅游供给的质量等,都发挥着重要作用。

3．行政手段

行政手段在推动旅游目的地旅游产品供给方面发挥着一定的作用。近几年来,许多旅游城市举行旅游节等节庆活动,吸引了很多的国内外游客。一些少数民族地区,也都举办了具有民族特色的节庆活动,前来参加活动的游客也是很多的。节庆活动作为旅游者的吸引物,也是一种特定的旅游产品,而这种产品的供给,是发挥政府的主导作用,运用行政手段产生的。比如,在我国每年都要举行旅游交易会,这种大型的旅游交易会往往是通过政府行为组织的,是由有关的旅游行业协助的。因此,在这种旅游产品的市场供给中,行政手段也是很必要的。

在上述三个手段中,经济手段是最主要的,但是,法律手段和行政手段也都发挥着重要的作用。

☆ 案例分析:

假日经济正在借长假而繁荣起来,但仔细研究一下"黄金周"期间与期后旅游业、交通运输业和商业的表现,所谓的繁荣无非是"寅吃卯粮"罢了。

首先从黄山看旅游。往年的"五一",游客一般在5万人左右,2000年居然达到了创纪录的15万人,蜂拥而至的游客大大超过了旅游景点的接待能力!但有关专家指出,"五一"期间的集中出游不但使各大景点透支了今后一段时间内的游客资源,也因接待的不如意挫伤了许多人今后假日出游的积极性,其后遗症不是短时间能够消除的。

再从民航看交通。假日期间民航所有的正班、加班和包机常常"爆棚",绝大部分航班的客座率都在90%以上。但随着假日的结束,航班客座率急转直下。以国内平常算不上繁忙的合肥机场为例,假日期间日旅客吞吐量最高达到3 000多人次,整个假日7天的旅客周吞吐量达到创纪录的近18万人次,可假日一结束,日吞吐量锐减至高峰期的一半,平素客座率较高的合肥—广州航班,有的班次居然客座率不到两成。业内人士认为,出现此种情况与目前的整体消费水平关系较大,五一期间的乘机热其实也透支了

第四章 旅游需求与供给

今后一段时期的客源。民航是这样,铁路和公路也未尝不是如此。

最后以王府井看商业。据央视新闻报道,北京王府井各商场的销售额节中节后截然不同,节后王府井商场的日销售额从五一期间的最高 680 万元一下就跌到了不足 150 万元,还不如平时多,其他几间商场的日销售额也比平时跌了三成以上。老百姓整体购买力并未显著增长,只是把平时要花的钱省下来专门集中到假日期间消费罢了,集中消费行为仅仅是一时一地的消费行为,在假日期间花费的钱中难说没有对未来的透支,随后出现购买疲软也就不足为奇了。

资料来源:张剑:《假日经济是寅吃卯粮》,载《中国青年报》,2000 – 05 – 19。

问题:

1. 假日经济是否真的是"寅吃卯粮"?如果是,为什么?如果不是,从哪些方面表现出来?

2. 假日经济为什么这么火爆?

本章小结

☆旅游需求与需求曲线

任何一个市场都由需求和供给这两个基石所组成。所谓需求,是指消费者在某一特定的时期内及特定的条件下,在每一价格水平上愿意而且能够购买的商品量。产生需求要具备两个条件:第一,有购买的欲望和动机;第二,具有购买的能力。这两个方面缺一不可,也是其区别与人们的需要的主要内容。

☆旅游供给的概念及特征

旅游供给同旅游需求一样,相对于既定的旅游产品价格,总有特定的旅游产品供给量与之相对应,并随着价格的变动而相应变动。同时,旅游产品的供给还不仅仅是单个旅游产品数量的累加,而是综合地反映了旅游产业的规模大小、质量优劣,涉及食、住、行、游、购、娱等各个要素。因此,旅游供给的任何改变,包括数量上和质量上,都会涉及社会经济的方方面面,要在本旅游供给区域独特的自然与人文旅游资源的基础上,注重提高服务质量和旅游设施水平,才能增加有效供给,更好地满足市场的需求。

☆旅游需求弹性包括点弹性和弧弹性

第一,点弹性。它是指需求曲线上某一点的弹性。设 P_1、P_2 分别为时期 1、时期 2 的价格,Q_1、Q_2 分别为时期 1、时期 2 的需求量,那么价格增量为 $\Delta P = P_1 - P_2$,需求增量 $\Delta Q = Q_1 - Q_2$,因而其计算公式为:

$$Ed = (\Delta Q/\Delta P)(P/Q)$$

但是，同一种商品在不同的价格范围，它的点弹性系数存在着差别。

第二，弧弹性。它是需求曲线两点之间即一段弧的弹性。运用弧弹性计算方法来测算需求价格弹性主要是为了解决点弹性计算因资料数据缺乏所造成的困窘，是点弹性计算方法的发展。

☆ 由于价格与需求量呈反向关系，因而旅游需求价格弹性系数为负值，于是根据旅游需求价格弹性系数 ED 的绝对值大小，旅游需求价格弹性可分为五种类型：

第一，需求富有弹性，$|ED|>1$。表明旅游需求量变动的百分比大于旅游产品价格变动的百分比，此时称旅游需求富于弹性。如果旅游需求是富于弹性的，其需求曲线上的斜率较大。在实际中则表明旅游产品价格提高，旅游产品需求量将减少，但减少的百分比大于价格提高的百分比，从而使旅游总收益减少；相反，如果价格下降，则需求量增加，但增加的百分比大于价格下降的百分比，从而使旅游总收益增加。例如，价格下降 2% 使需求量增加 4%。在实际生活中，奢侈品多属此类。

第二，需求单一弹性，$|ED|=1$，需求量变动的百分数等于价格变动的百分数。我们称这种旅游需求价格弹性为单位弹性。如果旅游产品的需求价格弹性属于单位弹性，则旅游需求价格的变化对旅游经营者的收益影响不大。在实际生活中，这种情况比较少见。

第三，需求缺乏弹性，$0<|ED|<1$，表明旅游需求量变动的百分比小于旅游产品价格变动的百分比，此时称旅游需求弹性不足。如果旅游需求是弹性不足的，则其需求曲线上的斜率就较小。在实际中则表明旅游产品价格提高，需求量将减少，但减少的百分比小于价格提高的百分比，从而使旅游总收益增加；相反，如果价格下降，需求量将增加，但增加的百分比小于价格下降的百分比，从而使旅游总收益减少。在实际生活中，生活必需品多属此类。

第四，需求完全弹性，$|ED|=\infty$，需求曲线为水平线。也就是说，需求量的变动对于价格变动的反应非常灵敏。在实际生活中，这种情况不多见。

第五，需求无弹性，$|ED|=0$，需求曲线是一条与纵坐标轴平行的直线。也就是说，无论价格如何变化，需求量都不会变。在实际生活中也罕见，通常认为火葬费就属此类。

☆ 旅游供给的价格弹性系数 = 供应量的变动率(%)/价格的变动率(%) = $(\Delta S/S)/(\Delta P/P)$

其中，S 是供给量，ΔS 是供给量变动的绝对数量；P 是价格，ΔP 是价格变动的绝对数量。

一般来说，旅游供给价格弹性系数是一个比值，没有计量单位。根据价格弹性系数和 1 的关系，供给弹性可分为五类：

第一，如果供给弹性系数 >1，此时当价格稍微上涨时，供给量就大幅增加，称为供

第四章 旅游需求与供给

给富有弹性，比如冰激凌、音乐会门票、汽车、家电、汽油、奢侈品等；

第二，如果供给弹性系数<1，此时当价格大幅上涨时，供给量少量增加，称为供给缺乏弹性，比如食品、自来水、必需品等；

第三，如果供给的价格弹性系数等于1，则称为单位弹性；

第四，如果供给弹性系数等于0，则不论价格怎么变动，供给量都不会变动，则称为完全无弹性；

第五，如果供给弹性趋于无穷大，即在价格既定的情况下，供给量无限，则称为完全弹性。

☆主要概念

旅游需求曲线　旅游需求弹性　旅游收入弹性　弹性系数点弹性　弧弹性　交叉弹性　旅游供求矛盾　旅游供求平衡

☆复习题

1. 何为旅游需求？其产生的条件主要是哪些？
2. 阐述影响旅游需求的因素。
3. 分析说明旅游需求的规律性。
4. 何为旅游供给？其有哪些特点？
5. 阐述影响旅游供给的因素。
6. 分析说明旅游供给的规律性。
7. 分析旅游供求弹性在旅游经济活动中的作用。
8. 旅游供求之间有何矛盾？如何实现旅游供求平衡？

第五章 旅游市场结构与竞争策略

◇ **学习目标：**

一、了解旅游市场的概念、特点、分类以及旅游市场机制类型；
二、掌握旅游市场竞争的必要性、作用和类型；
三、熟悉旅游市场开拓的重要性和策略。

第一节 旅游市场概述

一、旅游市场的概念

市场是社会生产力发展到一定阶段的产物，哪里有商品生产和商品交换，哪里就有市场。早期的旅游活动并不是以商品形式出现的，而是一种社会现象。随着生产力的发展，社会分工的深化，商品生产和商品交换得到了发展，旅游活动逐渐商品化了。因为一方面社会中出现了旅游活动的购买者；另一方面形成了专门为旅游者提供服务的行业，于是出现了以旅游者为一方的旅游需求和以旅游经营者为另一方的旅游供给，两者间的经济联系就构成了旅游商品交换，随着旅游商品交换的发展，旅游市场也随之产生并扩大。

新中国成立以来，我们国家的旅游市场经历了计划经济和市场经济两个阶段，这两个阶段体现了不同的资源配置方式。虽然，在理论上，市场与计划没有好坏、高低之分，但具体到一个国家，不同的配置手段产生的效果有很大差异，就我国来说，实践表明，

第五章 旅游市场结构与竞争策略

市场手段更符合我国国情。它们之间的区别主要体现在以下几个方面。

（一）资源配置的主体不同

市场经济以企业作为资源配置的主体，政府通过财政和货币政策进行必要的宏观调控。而在计划体制下，国民经济中的所有企事业单位，甚至包括消费者都要遵循政府的指令，完全失去了自主创新的活力。

（二）资源配置的方式不同

市场经济根据市场供求状况配置资源，企业自主经营，自负盈亏，利润成为激励企业行为的主要力量。而计划则是以各级政府部门的主观判断来配置资源，具有高度的集权性和主观性。另外，由于计划方式的垂直传递特点，导致其信息传递效率较低，难以及时根据市场状况进行要素配置调整，很容易导致资源配置扭曲，损失效率。

（三）资源配置效率不同

市场配置方式是以竞争为主要机制和手段，促使企业提高效率。计划方式则是依靠政府，在没有有效问责制的情况下，很容易导致不负责任和损失效率的资源配置，影响国民经济的增长。

二、旅游市场经济的构成要素

所谓旅游市场的构成要素，就是指能发挥各自的作用并且各自的作用能互相协调配合从而共同促成旅游市场正常有序运行的因素。一般来说，旅游市场的构成要素主要有以下几个方面。

（一）市场主体

市场主体，是指参与旅游市场交换活动的一切个体和组织。有了这些参与市场交换活动的个体和组织，以及他们的市场交换活动，旅游市场的形成才具备基本的基础条件。任何市场都必须以市场主体的存在为前提条件。没有市场主体及其市场交换活动，就不可能形成市场。从参与旅游市场交换活动的个体角度来分析，交换活动的个体一般有三种类型：旅游商品生产者，旅游产品消费者和商品交换组织者（如旅行社）。

旅游商品生产者（实际上是商品生产者生产的商品）是旅游商品交换也即市场形成的基础和前提，旅游消费者购买旅游企业生产的商品，用于消费，一方面使旅游商品生产者生产的商品价值能够实现；另一方面旅游产品只有进入消费领域后，才能开始再生产和扩大生产，使交换活动能够持续进行，从而构成旅游市场的循环运动过程。旅游市场交换的组织者（如旅行社），通过自己的市场组织活动，将旅游产品各构成要素进行组装，为旅游消费者提供整体旅游产品，为旅游企业和旅游消费者提供信息沟通，使旅游市场交易顺利完成，实现旅游商品的交换价值。从参与市场交换活动的组织角度来分析，参与旅游市场交换活动的组织一般有以下几种类型：企业、家庭和政府。企业，包括生产性企业和商业性企业。生产性企业又包括普通商品生产者和旅游商品生产者，普通商品生产企业为包括旅游消费者在内的所有消费者提供产品和服务,而旅游商品生产者则是专门为旅游消费者提供旅游活动过程中所需要的产品和服务。旅游商业性企业是指为旅游商品交换提供组织活动的中介。家庭,一般来说构成了旅游消费者的主体,他们用自己成员的劳动报酬购买旅游市场上的产品和服务用于消费;有些家庭也是旅游商品生产者,如在旅游景区内部居住的当地居民为旅游消费者提供当地的特产和导游服务等。政府在市场活动中具有多重主体角色:旅游行业相关政策的制定者,旅游市场运行的调节者,旅游商品和劳务的消费者等。

(二)市场客体

所谓市场客体,是指在市场交换活动中的交换对象。在旅游市场交换活动过程中,旅游市场交换主体之间进行交换的对象必须是具有商品性的产品,因为只有具有商品性的产品才能进入交换领域或交换过程,成为市场主体之间交换对象的承担者。如果没有具有商品性的产品作为交换对象的承担者,就会由于没有用于进行交换的对象而无法产生市场交换活动,没有市场交换活动也就不能形成市场。在经济不断发展的进程中,旅游市场客体的范围和形态也在不断发展,到了现代市场经济阶段,旅游市场客体的形态则发展到以下几个方面:

1. 有形产品。以物质产品形态存在的市场客体,包括旅游生活资料和旅游活动所必需的有形资料。这是最基础的旅游市场客体。到了现代市场经济阶段,旅游行业物质产品形态的市场客体数量、品种日益丰富,质量日益提高,功能日益增多。

2. 劳动力。劳动力是以活劳动形态而存在于劳动者体内,这是一种劳务型的旅游市场客体,对于隶属于服务行业的旅游行业,劳动力资源是交换客体主要的组成部分。

3. 货币。货币是以交换媒介和一般等价物形态存在的市场客体,这里的货币泛指金融商品,在现代旅游市场经济阶段还应包括信用在内,如旅游支票等。

4. 知识产品。知识产品是指以技术,信息形态而存在的市场客体,在现代市场经济社会里,知识产品的重要性日益提高。

以上四种形态的市场客体有机地组合在一起,也就构成了当前旅游市场客体所包括的范围。

(三)市场载体

市场载体,是指市场主体进行市场客体交换所需要的地点、空间、场所以及其他有关设施设备。市场主体进行市场客体交换,一般需要两个方面的最基本物质条件:一方面,需要有进行交换的特定地点,空间或场所;另一方面,需要有除地点、空间和场所之外的其他有关设施,如仓库、运输工具、电信传导工具(电话、电子信箱、计算机网络等)等。这两个方面的物质条件结合在一起,便构成了市场载体。这种市场载体,既为市场提供了外壳性质的构成要素,也是构成市场的外在显性形态要素。对于旅游市场来说,没有市场载体,旅游市场主体的交易活动就难以顺利地进行,旅游市场主体的交易成本就会非常高，其自身的利益就会大大降低。如果市场载体不完备，社会化和现代化程度不高，市场载体就难以充分发挥其功能，市场交易的效率就会由于受到这些条件的束缚而难以提高，进而影响市场的正常有序运行。

（四）价值与价格

作为旅游市场客体的产品千差万别，有的甚至是看不见、摸不着的无形商品，但是，它们之所以能在市场上进行相互交换，就是因为它们具有共同的基础——价值，即千差万别的产品和服务都是由社会必要劳动时间创造的，差别只在于凝结在商品中的社会必要劳动时间的不同。千差万别的产品和服务都可以依据其凝结的社会必要劳动时间进行比较和交换。价格不仅是价值的货币表现，更是由价值决定的，而且价格还以价值为中心而上下波动。市场主体直接按照商品的价格进行商品和劳务的交换，从而形成市场交换活动。价格的波动，对市场的交换活动会产生重要的影响。例如，当价格上升时，消费者的消费需求会降低，从而导致交换活动减少。当价格下降时，消费者的消费需求会上升，从而引起市场交换活动的增加。因而，价值与价格是市场内在的核心要素。对市场的形成和市场的运行起着重要的作用，如果没有价值与价格，市场交换就会由于没有共同的基础和依据而无法进行，因而市场也就无法产生。

（五）供给与需求

从直接意义上讲，市场就是商品和劳务交换的场所，而商品交换的过程就是商品买卖的过程。商品卖的过程实际上就是商品供给的过程，商品买的过程实际上就是满足消费者消费需求的过程。因而，从一定意义上可以说，市场就是由供给与需求共同组成的，是供给与需求的辩证统一。供给与需求则是构成市场的两极。所以，供给与需求是市场的基本构成要素。供给是商品生产者在一定时期内向市场提供的商品数量。需求是商品消费者在一定时期内需要消费的商品数量。市场上的商品供求关系有三种状况：供大于求，供小于求，供求相等。这三种情况会产生两个方面的影响，一方面会对市场价格产生影响，供大于求引起价格下降，供不应求会引起价格上涨。只有供求相等，实现市场均衡，价格才有可能保持稳定。另一方面，对于包括旅游市场在内的任何经济领域而言，价格稳定是相对的，不稳定却是绝对的。

三、旅游市场运行的基础条件

现代企业是社会主义市场经济的心脏，政府是社会主义市场经济的大脑，市场机制和社会机制是社会主义市场经济的双手，供给与需求是社会主义市场经济的双足，从而使人们明确社会主义市场经济的运行机制。

在人类经济活动中，始终存在一对基本矛盾，这就是经济资源的有限性和人类欲望的无限性。市场经济是依靠市场的客观力量、充分发挥市场机制的功能来配置资源、调节经济活动的一种经济形式。计划经济是由政府首脑或中央计划机关利用行政权力、通过行政渠道下达指令性计划来分配经济资源、组织经济活动的一种经济形式。经济自由主义主张经济放任,由市场的力量来组织和调节社会经济活动,而国家只能为此提供必要的法律和制度条件,承担某些不适合由市场来组织的经济活动,市场应该由"看不见的手"——价值规律自发调节。大危机之后,凯恩斯在经济理论上实现了"凯恩斯革命",提出了必须在那只"看不见的手"的基础上加上一只"看得见的手",即实行国家干预主义,主张国家对社会经济活动进行干预和调控,并限制私人经济活动,由政府直接从事大量经济活动。中国是社会主义国家,实行的是社会主义市场经济。社会主义市场经济除了具有市场经济的一般特征之外,还具有自己的本质特征。

(一)现代企业——社会主义市场经济的心脏

中国加入WTO之后,所面临的挑战主要是:外国的商品价格低廉以及某些商品质量较好,服务业的服务质量较好,服务项目较多,我们如何同他们争夺客户?外国企业以高工资吸引人才,我们如何把人才留住?在外国商品涌入后,国内的就业压力在一段时间内会加剧,我们如何应对?目前我们存在的通货紧缩、需求不足、供给过剩等一系列问题,使经济快速增长面临巨大压力。唯有企业的活力增强了,企业经营管理改善了,成本降低了,技术创新了,生产出价廉物美、适销对路的商品到国内外市场中去竞争,才能解决目前存在和面临的问题,才能使中国经济快速、健康、协调发展。

客观地说,中国目前大部分国有企业并没有建立起真正的现代企业制度,具体表现是产权不清晰,投资主体不明确,企业盈亏责任无人承担,部分行业和企业垄断地位没有打破。虽然某些国有大中型企业已经改制成为上市公司,但没有形成现代企业的组织形式和管理模式。董事会是清一色的,都是由政府派出,监事会同样是政府部门派出的,基本上是一种摆设,连公司的经理都由政府提名任命。使企业无法真正自主经营、自主决策。著名经济学家厉以宁先生形象地将这比成"带着枷的林冲"。国有垄断企业的存在,严重地损害了市场经济的环境,各种不同性质的企业不在同一条件下竞争,别的企业的成本远远大于垄断企业,有的连这一领域都不让进入,因而无法与其竞争,挫伤这些企业的积极性。

建立旅游行业现代企业制度是一项复杂的系统工程,涉及各方面的关系和利益。我们要从明晰投资主体入手,探索产权清晰、权责明确、政企分开的具体途径和形式,实行政府社会职能与管理国有资产职能的分开,国有资产监督管理职能与运营职能的分开,建立新的国有资产管理、运营体系;要进行产业结构和企业结构的战略调整,特别是要加快民营企业的发展,对国有旅游企业加快实施破产、兼并、重组的步伐,以实现国有旅游资产的合理配置;要大力调整旅游企业资产负债结构,解脱旅游企业历史上形成的不合理债务负担,增加企业资本金;要建立健全社会保障体制,妥善分流企业富余人员,分离企业办社会的职能。在未来的几年内,要加速国有经济从一般竞争性、赢利性领域中退出,还旅游企业自由人的地位,还企业公平竞争的环境。

第五章　旅游市场结构与竞争策略

（二）政府——社会主义市场经济的大脑

政府对经济运行的作用主要表现在三个方面：一是保障作用，指为经济发展提供一个良好的经济环境、社会环境和政治环境；二是参与调节作用，指运用各种经济杠杆对经济运行进行间接的调节和干预；三是间接的资源配置作用，指通过规划、政策、总量调控以及适度的直接参与，来对资源配置产生影响。但所有这些都是通过对市场引导来实施的。政府高于市场，政府通过对市场的调节而调节经济。政府作为市场经济的大脑，对整个国民经济运行体系实施监督和调控。但这种监督与调控必须是间接的，即只有在下列情况出现时政府才能发出调节指令：1.市场调节、社会调节失灵；2.经济总量严重失衡；3.市场主体显失平等；4.市场竞争显失公平；5.经济主体的经济活动外部性为负。从这一意义上说，政府是消极的大脑，而不是积极的大脑。就连一直主张政府干预的凯恩斯也说："政府的当务之急，不是去做那些人们已经在做的事，无论结果是好一点还是坏一点；而是要去做那些迄今为止还根本不曾为人们付诸行动的事情。"

☆补充阅读：

政府职能界定

市场经济中客观存在的市场失效，引出了政府干预经济社会生活的"理由"，这就要求政府及其公共财政的介入，政府必须承担起应尽的职责。在当今世界上，政府的职能可以概括为三项：政治职能、社会职能和经济职能。

政府的政治职能是最基本的职能，它在一定意义上体现了政府存在的必要性，主要表现在维护国家主权、领土完整、国防和公共安全方面。政府的政治职能往往在战争、内乱等特殊情况下才充分发挥作用。在和平时期，则主要是实行政治统治，保障社会安定和维护公共安全。目前，人们对政治职能的认识并没有太多的分歧。

政府的社会职能则要复杂一些。这一方面是因为此项职能是随着社会的发展而不断扩大的，另一方面则是因为各国实行的政治制度和国情不同，使社会职能的内容有一定的差别。按照马克思主义的观点，政府的社会职能是指"由于国家的一般的共同需要而必须执行的职能，它一般包括属于政府管辖的社会公共事务，如公共教育、消防、交通管制、医疗、社会保障、贫困救济、自然资源和环境保护等。在这些基本方面，中外学者也能达成相近的共识"。

政府的经济职能，最早是包括在政府的社会职能之中的。从历史发展的进程看，随着资本主义经济的发展，各国政府更多地干预经济事务，经济职能明显扩大，遂逐渐从社会职能中分化出来而成为独立职能。"二战"以来，政府已从传统观念上的政府演变成为现代政府，后者的重要特征之一，就是政府职能有了很大的变化和强化，特别是经济职能的不断强化，管理性和服务性职能也得以大大加强。但政府经济职能应强化到何种程度，近二三十年来在西方主要发达国家却引起了颇多争议，并最终导致近些年来新经济自由主义思潮的复归。此外,由于不同国家的经济制度的性质不同,也导致对政府经济职能的较多争议。但是,对所有选择了市场经济模式的国家,在政府经济职能的基本方面却又有着较大的一致性,并可将之概括为市场经济中政府经济职能:

1. 确保经济稳定增长和收入公平、合理分配的调节职能

政府所采取的相应政策手段主要有:财政税收政策和货币金融政策。其中,财税政策主要是通过所得税、财产继承税的设定、征收以及在社会福利方面的财政支出等进行收入再分配;通过财政、税收的"自动稳定器"机制及财政支出规模的扩大、收缩或提前、推后支出以及特定条件下的关税进行调节;通过公共事业支出等在一定程度上参与或调整资源配置;以财政支出来支付有关的中央及地方政府机构提供一般行政服务和建造公共设施等;此外,通过特别折旧等减税措施以及财政补贴,对某些产业的发展给予一定程度的支持。货币金融政策主要是通过中央银行准备金率的变化、公开市场业务操作、再贴现率调整以及作为对贷款规模直接限制手段的"窗口指导"进行货币供给量的调节和经济调节。

2. 提供公共产品的资源配置职能

政府所采取的相应手段主要是公共事业投资、基础设施投资、社会公共品或服务的提供及福利政策等。

3. 对微观领域的管理或规制职能

政府采取的相应政策措施包括:禁止垄断、共谋行为,限制不公正交易、限制企业集中等法规;经济直接规制,主要是对自然垄断、公益性领域进行有关进入、退出、价格等方面的直接管理;社会性直接规制及保护消费者政策,包括防止公害、环境保护政策,反毒品、工业安全和保护消费者权益(投诉、有关信息公开、防止假冒产品等)政策;有关产业发展的政策,包括对某些特定产业给予一定支持,对某些产业的设备投资进行管理,通过直接数量限制或关税壁垒,限制同类产品的进口,保护国内幼稚产业,对衰退产业的调整给予补贴等援助,促进其资源转移及生产效率的提高,为促进中小企业的现代化和合理化,根据有关法规对中小企业给予一定的援助;为促进农业发展和保护农民利益进行的农产品补贴和促进农业经营合理化所采取的政策;扶持高科技企业发展等。

应当指出的是,上述政府职能的划分,并不意味着三个政府职能是截然分开的,而是相互融合的。一项职能中可以包括其他职能的某些内容,也贯彻了其他职能的目的。如社会保障、贫困救济虽属于社会职能的范围,但从收入分配公平化角度看,体现的是经济职能的要求,从社会安定的角度看,又体现了政治职能要求。同样,提供公共产品、弥补市场失灵等,既是经济职能的表现,又反映了政治、社会职能的要求。

从上述政府职能所涉及的领域看,正是市场失效的领域。政府职能所包含的内容,都是针对着诸如公共品、外部性、自然垄断、信息不对称、收入分配不公、风险及不确定以及经济波动等市场缺陷问题的。

资料来源：中国新闻网。

（三）市场机制和社会机制——社会主义市场经济的双手

市场经济是一部精良而复杂的机器，它通过价格和市场体系对个人及企业的各种经济活动进行协调。它也是传递信息的机器，能将成千上万的各种不相同的个人的知识和活动汇集在一起。在没有集中智慧或计算的情况下，它解决了一个连当今最快的超级计算机也无能为力的涉及亿万个未知变量或相关关系的生产和分配等问题。并没有人去刻意地加以管理，但市场却相当成功地运行着。这就是市场的神奇之处，市场将买者和卖者会集在一起，共同决定商品的价格和成交的数量。

人们经常认为，没有人为干预的经济其秩序必然是混乱的，然而事实并不是这样，在大部分情况下没有干预的经济照样有序进行。市场经济的有序性最早为亚当·斯密所揭示。斯密提出"看不见的手"的原理，该原理表明：当个体自私追求个人利益时，他或她好像为一只看不见的手所引导而去实现公众的最佳福利。市场机制（market mechanism）是通过市场竞争配置资源的方式，即资源在市场上通过自由竞争与自由交换来实现配置的机制，也是价值规律的实现形式。具体来说，它是指市场机制体内的供求、价格、竞争、风险等要素之间互相联系及作用机理。市场机制有一般和特殊之分。一般市场机制是指在任何市场都存在并发生作用的市场机制，主要包括供求机制、价格机制、竞争机制和风险机制。具体市场机制是指各类市场上特定的并起独特作用的市场机制，主要包括金融市场上的利率机制、外汇市场上的汇率机制、劳动力市场上的工资机制等。

斯密认为在所有可能出现的结果中，这是最好的；政府对自由竞争的任何干预都是有害的。理论和实践都进一步表明，这只看不见的手确实有神奇的作用，它能优化经济资源的配置，自动调节市场供求关系，客观评价企业的经济效益，强制实行优胜劣汰。因此，市场机制在整个市场经济体系中，是调节的第一手段，是调节的基础手段，是调节的最强有力的手段。如果说把它比喻成人的一只手的话，那它也是右手（左撇子除外）。

撇开市场的社会属性，一般意义上的市场机制作为市场一种特有的自我调节方式，自市场产生以来，它始终存在并发生作用，只是由于市场性质的变更及各种外在制约因素的不同，其作用的范围和程度在不同时期是有区别的。为了更准确和全面地理解一般意义上的市场机制，还应注意以下几点：

1. 市场机制是市场三大基本要素互相结合、互相制约的一个循环运动过程

马克思曾深刻论述过构成市场的物质内容是供求，即商品供应与商品需求。商品供求是互相对立、统一和运动着的。市场机制作为市场特有的调节方式、调节功能和特殊的运动过程，首先离不开供求这个基本要素。但供求不可能孤立地存在，其运动局势和双方的变化直接受市场价格及市场竞争状况的制约。因此，构成市场机制运动的三大基本要素是价格、供

求、竞争，不论市场性质、规模、范围如何，这三大直接要素都不会变。这三大要素的组合及交互运动正是商品经济的基本规律即价值规律、供求规律、竞争规律、平均利润率规律、货币流通规律等共同作用于市场的结果。市场价格作为商品价值的转化形态和实现形式处于一种运动状态，它与价值不是机械的等量，相反在供求、竞争等直接要素的制约下，价格总是围绕价值上下波动，并在时间、程度、方向上与价值有一定背离。价格直接影响生产者、经营者、消费者的利益。市场价格总是首先摆在市场活动参与者的面前，微观单位的市场经济行为一般先都要考虑价格。正因为如此，有的人仅看到这一点就片面地认为市场机制"就是价格机制"。

价格牵动着市场活动参与者的行为。但由于供求的变化，价格或一时高于价值，或一时低于价值，商品价值正是这忽高忽低的干劲十足，趋向自我平衡的现实。这种现象，就是市场机制要素交互运动的奥妙所在。由于价格受供求的变动，市场活动参与者不断调整自己的市场行为。买者与卖者之间、买者之间、卖者之间又根据市场价格状况的变化，为了自身的经济利益展开了多形式的竞争，竞争又会引起供求的变化。这样，就形成了"价格—竞争—供求—价格"三个要素互相组合、互相制约、互为条件的一种循环过程。即价值规律通过市场竞争强行得到贯彻，并继而调节供求关系；供求关系的变动又反过来引起市场价格的变动，这就是一般意义上的市场机制运动过程。价格是这种循环的标志，价格的变化既是上一次市场机制要素循环运转的结束标志，又是下一次新的循环运转的开始，如此周期循环，实现着市场运动的自我调节。这种市场机制要素自发、自动地循环，也可以视为市场的自然机制，在完全的自由市场上，它表现得尤为明显。

2. 市场机制运转循环的原动力只能是市场活动参与者的经济利益

市场是商品交换的关系总和，商品供求的后面是经济关系。微观主体的市场行为之所以在价格、供求、竞争的制约下而变化，根源来自这种机制组合的原动力——市场经济人的利益。市场机制，根本上是由社会关系决定的，参与市场经济活动的生产者、经营者、消费者正是在商品经济的一系列客观规律作用所体现的原则或功能的制约和牵动下，通过供求、价格、竞争的变化，在经济利益的诱导下，自动采取不同的市场经济行为，或者进行自我扩张，增大生产或经营规模，或者进行自我收缩，即减少生产或经营规模，有的还会自行中断其市场经济行为。总之，在经济利益推动和诱导下，市场机制强制性制约着市场活动的参与者及时地调整自己的经济行为，自动实现微观活动的自我平衡。这种一般意义上的市场机制的原动力，并不因为市场规模、性质的变更而改变。当然在不同性质的市场上，或者在不同的宏观控制机制的作用下，经济利益的性质及作用是不同的。例如，如果国家用直接控制手段把企业变成了行政机关的附属物割断了企业与市场的联系，则经济利益这种原动力对企业的市场行为也就没有多大的诱导力了。但这个问题属于市场的宏观控制机制具有的特殊性，不同国家、不同性质、不同时期的市场，宏观控制机制作为主观外在的控制是不同的，但我们这里着重研究一般意义上的市场机制，因此不多论及。

3. 市场机制是一种开放型的受多因素影响和制约的一种社会经济机制

市场机制绝不是一个纯自然的封闭机制，而是一种开放的社会经济机制。这是因为，市场本质就是开放的，它作为社会分工发展和商品生产及商品交换扩大的必然产物，集中反映了社会经济活动中各种复杂的经济关系。市场作为商品流通的总体，反映了商品流通的横向性、伸缩性、变动性、复杂性的特点。市场价格、供求、竞争这三大要素的组合及运动变化，都会受到各种直接因素和间接因素以及社会因素和自然因素的制约和影响，外在的某些因素的变化也会引起市场机制要素的关联和耦合。因此，切不可孤立地看待市场机制的运动。社会经济结构的调整和变动，生产、分配和消费状况的变化，各种宏观经济杠杆的变动（如利率、税率、基建投资、货币流通与发行、汇率等）。国家政治经济形式的变化，甚至自然现象等都会不同程度地对市场机制的三大基本要素及其运动发生影响。

实践证明，一方面，市场机制是迄今人类发现和运用得最有效率的经济运行机制。但另一方面，市场又不是万能的，市场有失灵的时候，也有失灵的地方。市场必然导致经济上的垄断，不能消除有害的外部性，不能完全满足社会对公共产品的需要，不能保证社会财富的公平分配，不能自动保持国民经济的平衡发展。这些统称为"市场失灵"或"市场缺陷"。对此，西方经济学界一些流派主张用政府的干预作为"看得见的手"进行调节，笔者在上面已经论述了政府高于市场，它不能也不应该与市场平行。政府要做的事是通过采取一些列措施，对市场体系进行医治和修补，使之重新恢复生机与活力。但是当市场体系中的一些问题非政府能予以医治与修补时怎么办？这就要求市场体系中另一只手左手——社会机制予以帮助。社会机制就是社会组织通过一定的行为，从政治、经济、文化、道德等各个方面对经济活动施加影响，以此促进整个国民经济良性运行。

（四）供给与需求——社会主义市场经济的双足

商品经济是供给与需求的统一体，正如著名经济学家萨缪尔森所说："神为了让人看见需求与供给，给了两只眼睛。"在商品经济发展的初期，供给与需求就像一对孪生兄弟一样，形影不离。在货币诞生之后，供给与需求相对分离，因而产生供给与需求的不平衡。但供给与需求作为矛盾的统一体，始终存在并贯穿于商品经济发展过程之中，两者既相互排斥、相互对立，又相互依赖、相互转化。一段时期，供给处于支配地位，对商品经济的发展起主导作用，一段时期，需求处于支配地位，对商品经济的发展起主导作用。就好像人的左右脚一样，时而左脚迈在前面，时而右脚迈在前面。当一只脚迈在前面时，另一只脚就应该主动跟上，并跨到另一只脚的前面，否则就无法前进。但这只是前和后的关系，不是长与短的关系，一长一短，便成为跛足。因此，供给与需求的暂时不平衡并不可怕，它是经济发展的必然表现。但作为大脑的政府，要善于发现问题，当供给与需求严重失衡时，也就是经济出现跛足现象时，要及时采取方法，予以医治，使经济健康运行。

判断经济生活中的供给与需求状况，对于旅游经济以至国民经济的发展非常重要。总供给与总需求是宏观经济的核心变量,是宏观经济活动的轴心。在宏观经济的现实运行过程中,总供给与总需求的变化,实际上反映了宏观经济的变化状态及趋势,以及国家所采取的宏观经济政策的内容及走向。国家宏观经济政策的调整主要是以总供给与总需求的相互关系为中心的,并且以总供给与总需求的相互关系的协调为目的。在国民经济运行过程中,当需求明显大于供给时,就叫短缺经济,当供给明显大于需求时,就叫过剩经济。由于中国一直实行的是计划经济,直到 1992 年邓小平同志的"南方谈话"和党的十四大召开之后,才确立了建设有中国特色的社会主义市场经济之路。1997 年之前,中国的旅游产业发展始终受到计划经济思想的误解和困扰,甚至被误认为"不务正业",大大影响了我国旅游经济的健康发展。

☆补充阅读:

市场的有效与失效分析

在市场经济条件下,政府的职责并不是由它自己确定而是由市场来规定的,这就要把研究的视野拓展到政府与市场的关系这一深层次的问题上,以市场有效和市场失效作为研究问题的基点。

1. 市场有效分析

市场经济是一种历经几百年发展,才逐渐形成的复杂而精巧的制度。在市场经济环境中,市场机制发挥着基础性的资源配置功能,是市场经济之所以能最优配置社会资源的根本条件。市场经济长期运行的效果,证明它在以下方面是有效的:

(1)信息传递。传递信息是市场的一个基本功能。它是指由于商品价值,供求的变化,引起商品价格的涨落,同时为生产者和消费者提供商品的稀缺状况的足够信息的功能。市场传递信息,就是市场发出价格信号。因此,市场传递信息的功能也就是价格的功能,即价格充当信号机的功能。市场经济中信息传递的关键作用,是尽可能以较低的成本、便捷的信息传输渠道和方式给交易双方提供尽可能全面、客观、及时的信息,以减少当事人同某种环境相联系时的不确定性,提高当事人从事经济活动的效率和效益。另外,市场传递信息的及时性、客观性和分散性,还会节省经济当事人在搜集、加工、整理和使用信息各环节的成本费用。

(2)利益刺激和竞争激励。这种刺激和激励,对企业生产者和投资者来说就是利润刺激;对作为消费者的居民来说就是选择最有效的消费方式和消费结构,实现使用价值最大化和最优化组合的刺激;而对作为劳动力供给者的居民来说,就是自愿接受进一步的培训和教育,不断提高自身素质和竞争能力,进而在激烈竞争的劳动力市场上谋求更好的职业和报酬的刺激。其结果反映到宏观就为经济发展提供了源源不断的足够的内在动力。

(3)调整、优化经济结构。这是指市场机制能对经济结构(包括产业结构、产品结构、地区

第五章 旅游市场结构与竞争策略

结构、企业组织结构、技术结构等)起到协调、平衡和优化的作用。首先,市场具有协调商品供求结构,使之趋于平衡的内在功能,这是通过价格杠杆的调节实现的。其次,市场机制具有优化企业效率结构和企业组织结构的功能,这主要是通过市场竞争机制和风险机制发挥作用来实现的。再次,市场机制具有优化产业结构的功能,这一功能是通过价格机制(实质是利润率高低)实现的,因为在价格和利润诱导下资源的自由和充分流动,可使产业结构、部门结构趋于均衡化、合理化。

(4)促进技术进步。市场在推进技术进步方面具有其他机制不可替代的功能。其原因主要出自市场竞争的外在强制力。在市场经济条件下竞争机制迫使经济当事人要不断地、积极主动地在科技投入、研究开发、引进吸收消化先进的技术设备等方面努力进取,以便在竞争中以性能更好、质量更高、价格最廉、成本最低的商品扩大市场占有份额,获取更多的利润,从而在激烈的竞争中使劳动者和管理者不断地自觉接受培训、学习、掌握和运用现代科技知识等,这也有助于推进科技进步。

(5)促进效率提高。从理论上讲,完全竞争的市场机制能够实现帕累托最优状态,即最优经济效率的状态。尽管现实的市场达不到完全竞争市场严格假设的种种条件的要求,因而也就达不到资源配置的最有效率的状态,但是,这并不否认市场经济具有提高经济效率的客观功能。市场通过竞争机制和价格机制引导资源的合理流动和充分有效利用,为生产者和消费者提供及时、客观的信息和货币刺激,使经济当事人能对个别情况的千变万化做出迅速的反应。在市场经济国家中,所谓"市场解决效率问题,政府解决公平问题"的大致分工,在一定程度上说明市场机制具有促进经济效率不断提高的功能。

2. 市场失效分析

由于在现实经济生活中,很难满足完全竞争性市场所严格假设的种种条件,退一步说,即使满足了这些条件从而使市场机制能够实现帕累托效率,它也不能解决诸如收入和财富分配不公、自发竞争导致的经济波动等问题。与市场有效一样,市场失效(失灵)也是一种客观存在。现代市场经济理论已经揭示,市场失效有以下表现:

(1)不能提供公共产品和公共服务。公共产品具有联合的、共同的、公用的消费性质,其产权无法清晰地界定,特定的个人和他人能够同时消费(消费的非排他性),新增消费者不会减少既有的公共产品的数量和效用,也不增加公共产品的消费成本(消费的非对抗性),并且不能把拒绝为公共产品付费的人排除在消费范围之外(消费的非拒绝性),这就难以形成市场价格,以通过市场机制引导必要数量和质量的社会资源配置于公共产品的供应上,如国防、治安安全、防洪排涝设施等。

(2)存在外部性。包括外部经济和外部不经济(正的和负的外部效应)即某个经济主体生产和消费物品或服务的行为,不以市场为媒介而对其他经济体产生的附加效应。由于"不以市场为媒介"，具有外部性的产品的市场价格是不完全的市场价格，是扭曲的市场价格，人们从事具有外部性的活动，是不通过市场价格信号实现社会资源的有效配置的，这就产生了市场失效状态。

（3）自然垄断。由于资源的稀缺性和规模经济性的作用，市场由一个或数个卖者垄断。这是一种由于规模报酬递增的特点所决定的天然垄断，从而排斥充分竞争，破坏符合帕累托效率的资源配置。

（4）信息不对称。市场经济行为主体的独立性和分散性，使之不能在任何时候，任何情况下都获得充分和全面的信息，这将导致市场活动的盲目性。常见的现象是：交易主体的一方（往往是卖方）掌握更多的信息，从而使交易的另一方陷入不确定的环境中。尤其是在最终消费品市场上，消费者对商品不具有充分知识时，往往不能实现效用最大化。

（5）风险和不确定性。市场经济是以无数人的自发活动为基础的，是通过市场机制的自发作用而实现社会资源的配置的，市场经济就是风险经济。事业风险与各种不确定性，造成某种类型的投资活动不能达到社会所要求的状态。

此外，从道德伦理规范的角度看，即使在竞争性市场机制能够实现资源上的帕累托效率的情况下，单靠市场机制调节也有可能出现诸如收入分配不公、经济波动和宏观经济总量失衡及与此相关的失业和通货膨胀等问题。

第二节 旅游市场的分类

对任何一个国家、地区或旅游企业来说，旅游市场的划分及占有率状况都直接影响经济效益，任何一家旅游企业、一个旅游目的地、旅游景点都不可能满足所有旅消费者的所有需求，一方面是市场经济本身的性质使然，另一方面，任何一家企业的资源是有限的，不可能满足所有旅游消费者的所有类型的需求。否则很难适应旅游市场激烈的市场竞争。所以，对于任何一家旅游企业或旅游机构来说，在开发建设及旅游经营过程中，旅游市场的调研、细分、确定自身的目标市场就显得十分重要。一般来说，旅游市场有多种分类方法：如按地域范围分为国际和国内旅游市场；按旅游者的年龄和性别特征分为老、中、青、儿童和妇女旅游市场；还可按旅游者的社会地位、文化程度和经济支付能力划分。按旅游活动类型分为观光、度假、会议、购物、体育、探险和科学考察旅游市场；按旅游接待量和地区分布划分为一级市场、二级市场和机会市场；等等。通过旅游市场的研究可确定旅游需求的现状和变化趋势，包括估计国际、国内旅游市场发展的总趋势，供需状况和竞争形势，并据此确定本地区的目标市场，进行市场规划；研究影响市场的各种因素，更好地满足旅游消费者的需要，进而在激烈的市

第五章 旅游市场结构与竞争策略

场竞争中获得相应的市场份额。

下面我们就几种主要的旅游市场细分方式进行分析。

一、旅游市场的分类

(一) 按国境划分旅游市场

按国境划分旅游市场,一般分为国内旅游市场和国际市场。前者是指一个国家国境线以内的市场,即主要是本国居民在国内各地进行旅游;后者是指国境线以外的市场,即指某一个国家接待境外旅游者到本国各地旅游,或者组织本国居民到境外进行旅游。通常,在国内旅游市场上,旅游者是本国居民,主要使用本国货币支付各种旅游开支,并自由地进行旅游而不受国界的限制,因而大力发展国内旅游不仅容易可行,而且可以对国内商品流通、货币回笼等起促进作用。在国际旅游市场上,由于旅游者是其他国家或地区的居民,使用其他国家的货币支付旅游开支,往往涉及货币兑换、旅游护照、目的地国家的签证许可等问题,因而国际旅游市场与国内旅游市场相比较要复杂。

(二) 按地域划分旅游市场

按地域划分旅游市场,是以现有及潜在的客源发生地为出发点,根据对旅游者来源地或国家的分析而划分旅游市场。世界旅游组织根据世界各地旅游发展情况和客源集中程度,将世界旅游市场划分为六大区域市场,即欧洲市场、美洲市场、东亚及太平洋地区市场、非洲市场、中东市场和南亚市场,这一划分反映了世界区域旅游市场的基本状况,并便于进行深入的比较研究。20世纪90年代初,62.6%的国际旅游者在欧洲流动,仅有21.5%在东亚及太平洋地区。国际旅游收入的分配是欧洲占了51.9%,美洲占了26.1%,东亚及太平洋地区仅占12.3%。自2000年以来,随着国际旅游业的全球化发展,国际旅游市场开始发生了一些新的变化。近十年来,东亚及太平洋地区旅游业迅速崛起。2005年,东亚及太平洋地区的客流量占全球总量的18.81%,2007年增至21.14%;同期旅游收入由17.18%增至24.36%,与各大区相比,东亚及太平洋地区两项指标的增长率是最高的。而这十年间,欧洲的流量份额由58.86%减至52.62%,收入份额由48.47%降至42.69%,美洲大体持平。据国际旅游业的专家预测,未来十年,仍将是东亚及太平洋地区旅游业蓬勃发展的时期,到2020年,该地区占世界总流量的份额将增至28%,外汇收入将占到36.5%,同期欧洲的市场份额将再有较大幅度的减少,美洲仍基本持平。见表5-1、5-2。

表 5-1　　　　1950—2020 年世界六大旅游市场接待国际旅游者比重(%)

年份	全世界	非洲	美洲	东亚太	欧洲	中东	南亚
1950	100	2.1	29.6	0.8	66.4	0.9	0.2
1960	100	1.1	24.1	1.0	72.5	1.0	0.3
1970	100	1.5	23.0	3.0	70.5	1.4	0.6
1980	100	2.5	21.3	7.3	66.0	2.1	0.8
1990	100	3.3	20.5	11.5	62.4	1.6	0.7
1995	100	3.3	19.7	14.8	59.4	2.0	0.8
2000	100	3.8	18.6	16.0	57.8	2.9	0.9
2020	100	5.0	18.0	27.0	45.0	4.0	1.0

表 5-2　　　　1990—2010 世界旅游和区域旅游的前景

地区	到达游客人数(百万)			平均增长率(%)
	1990	2000	2010	(1990—2010)
欧洲	283	372	476	2.6
美洲	94	147	207	4.0
东亚太	53	101	190	6.6
非洲	15	24	36	4.5
中东	8	11	18	4.1
南亚	3	6	10	6.2
全世界总计	456	661	937	3.7

资料来源：国家旅游局。

（三）按旅游目的划分旅游市场

传统对旅游市场的划分往往是根据旅游目的的性质，划分为观光旅游市场、文化旅游市场、商务旅游市场、会议旅游市场、度假旅游市场、宗教旅游市场等。当前，除了以上传统旅游市场外，又出现了一些新兴的旅游市场，如满足旅游者健康需求的体育旅游市场、疗养保健旅游市场和狩猎旅游市场等；满足旅游者业务发展需求的修学旅游市场、学艺旅游市场等；满足旅游者寻求刺激心理需求的探险与冒险旅游市场、秘境旅游市场，以及海底、火山、沙漠旅游市场、惊险游艺旅游市场。总之，由于旅游者的旅游目的不同，对旅游产品的需求不同，从而可划分为不同的旅游细分市场。

（四）按消费划分旅游市场

根据旅游者的消费水平，一般可将旅游市场划分为豪华旅游市场、标准旅游市场和经济旅游市场。在现实经济中，由于人们的收入水平、年龄、职业以及社会地位、经济地

第五章 旅游市场结构与竞争策略

位的不同,其旅游需求和消费水平也不同,从而对旅游产品的质量要求也不一样。通常,豪华旅游市场的市场主体是社会的上层阶层,他们一般对旅游价格不敏感,而是希望旅游活动能最大限度地满足他们的旅游需求。如参加团体旅游,他们更喜欢和具有相同社会和经济地位的人在一起旅游。标准旅游市场的主体是大量的中产阶级,他们既注重旅游价格,又注重旅游活动的内容和质量。经济旅游市场的主体是那些收入水平较低或没有固定收入者,他们更多的是注重旅游价格的高低。因此,旅游经营者应根据其提供的旅游产品的等级,科学地进行市场定位,以选择合适的目标旅游市场,并努力增强对旅游市场的吸引力和扩大市场占有率。

(五)按旅游组织方式划分旅游市场

根据旅游的组织方式,可将旅游市场划分为团体旅游市场和散客旅游市场。团体旅游一般是指人数在十五人以上的旅游团,其旅游方式以包价为主,包价的内容通常包括旅游产品基本部分,如吃、住、行、游、购、娱,也可以是基本部分中的某几个部分。旅行社往往以优惠的旅游价格分别购买各单项旅游产品,然后组织成旅游线路产品再出售给旅游者,因而旅游者参加团体包价旅游,其旅游价格一般较便宜;由于团体包价旅游往往提前安排好活动日程,使旅游者能够放心地随团旅游;而且,包价旅游的内容灵活多样,可以根据旅游者的偏爱而自由选择。团体旅游的缺点是行动上不能自由灵活,时间上受旅行团的约束。

散客旅游主要指个人、家庭及十五人以下的自行结伴的旅游活动。散客旅游者可以按照自己的意向自由安排活动内容,也可以委托旅行社购买单项旅游产品或旅游线路中的部分项目,因而比较灵活方便。散客旅游的主要缺点是旅游者自己要考虑每一站的抵离接送及住宿、就餐等问题,其所购买的各单项旅游产品的价格之和比旅行社同样内容的团体包价旅游的价格也要昂贵得多。由于散客旅游灵活方便,随着现代旅游业的发展,散客旅游迅速增加,而团体旅游比重大幅度下降,散客旅游已成为一种国际旅游市场发展的新趋势。另外,散客旅游的快速增长是旅游市场日趋成熟的一种表现,它是合乎旅游市场需求规律的。当前,来华散客市场迅速增长的原因可归结为:第一,旅游者日趋成熟。随着国际旅游业的发展,许多旅游者经常出国而见多识广,阅历经验丰富,已经具有独立完成旅游活动的能力,不需要依赖旅游中介机构。第二,旅游需求日趋个性化。团队旅游与散客旅游相比,最大的缺点便是在旅游线路安排、住宿、就餐条件等方面不够自由。当今许多旅游者倾向于在外出旅行时自由自在地按自己的意愿去寻求与众不同的经历,以满足个人求新、求奇的需求。第三,我国交通、住宿、通信等基础条件的不断改善,旅游服务质量的提高等。第四,随着全球经济一体化的进程,商务客人越来越多,商务带观光、探亲访友带观光的客人也充实了散客旅游市场,并且,商务客人出行的特点是时间不易把握，无法形成出行旅游团，所以商务旅游大多属于散客旅游。

除上述旅游市场分类外，划分旅游市场的方法还有很多，如根据旅游线路的季节性划分的淡旺季旅游市场；根据国别划分为不同的客源国市场；等等。总之，旅游市场划分是为了更好地把握细分市场的需求特点，使旅游企业能够根据这些特点更好地满足旅游消费者的需求。

二、旅游市场的特点

旅游市场作为旅游经济运行的轴心，与一般商品市场、服务市场和生产要素市场相比，具有不同于其他市场的季节性、波动性、多样性和世界性等特点。

（一）旅游市场的季节性

由于旅游者闲暇时间的不均衡和旅游目的地国家或地区自然条件、气候条件的差异，造成旅游市场具有突出的季节性特点。例如，某些与气候有关的旅游资源会因季节不同而产生淡旺季的差别；某些利用带薪假日出游的旅游者，也是造成旅游淡旺季的主要原因；某些旅游目的地直接受气候影响，而具有明显的季节差异性，如海滨旅游、漂流旅游等。因此，旅游目的地国家或地区应根据旅游市场淡旺季的不同特点做出合理安排，努力开发淡季旅游市场的需求，把大量的潜在旅游需求转化为现实的旅游需求；合理组织好旺季旅游市场的供给，以减少或消除季节性的影响，使旅游市场向淡旺季均衡化方面发展。

（二）旅游市场的波动性

旅游产业是以需求为主导的产业，而影响旅游需求的因素又是多种多样的，从而使旅游市场具有较强的波动性，任何一个因素的变化都会引起旅游市场的变动。对于某一个具体的旅游市场，任一意外事件或者重大活动都会在一段时间内改变旅游客源的流向，从而使旅游市场呈现出较大的波动性。"非典"使中国等一些国家的旅游业极大受挫；"9·11"也使美国乃至全球旅游业一度下滑；东南亚金融危机则直接影响该地区的旅游业发展。可见，旅游市场比较容易受外部因素的影响，呈现一定的波动性。不过，从长期考察来看，旅游市场呈现出一种持续向前发展的态势。

（三）旅游市场的多样性

旅游市场的主体是旅游者，而旅游者的需求是多种多样的，从而形成的旅游市场具有多样性。这种多样性主要表现在以下几个方面：一是表现为旅游购买形式的多样性，即包价旅游、散客旅游、包价与散客旅游相结合的旅游购买方式等；二是表现为旅游产品种类的多样性，即不同国家、不同地区的自然风光和人文景观的不同，必然形成不同的旅游产品，从而使旅游者从中获得的经历与感受也不同；三是表现为交换关系的多样性，即旅游者可以直接购买单项旅游产品,也可以通过客源地旅行社购买旅游线路产品,还可以通过目的地旅行社购买综合性旅游产品。看来,旅游市场的多样性不仅反映了旅游市场发展变化的特点,而且在很大程度上决定着旅游经营的成败。

(四)旅游市场的世界性

当今旅游市场是一个开放的统一市场,具有世界性。自第二次世界大战以来,随着生产力的提高、交通条件的改善和社会经济的发展,使国际旅游市场经历了一个由国内向国外的发展历程,使旅游活动由一个国家扩展到多个国家,使区域性旅游市场发展成为世界性旅游市场。旅游市场的世界性,使人们可以以较少的时间、较少的支出获得更多旅游需求的满足,使旅游者的足迹遍布世界各个地区和大部分国家,促进了世界各国旅游业的发展,丰富了人们的旅游活动。

第三节 旅游市场的竞争

一、旅游市场竞争概述

所谓市场竞争是市场经济中同类经济行为主体从自身利益角度出发,以保持和扩大自身的市场份额为目标,压制和排斥同类竞争主体的行为表现。市场竞争的内在动因在于各经济主体自身的利益最大化,以及为保持自己的物质利益不被侵犯的考虑。市场竞争的方式可以有多种多样,比如,有产品竞争、广告竞争、价格竞争、产品式样和类型竞争等,这也就是通常所说的市场竞争策略。通常我们按市场竞争的程度把市场竞争划分为完全竞争和不完全竞争两大类。而不完全竞争又包括完全垄断、垄断竞争、寡头垄断三种类型。

竞争是市场经济运行的核心机制之一,是市场经济的本质所在,旅游企业为了生存,就必须参与竞争,在旅游市场上,竞争机制是与价值规律共生共存的,竞争是价值规律得以实现的必要条件,利润最大化是旅游企业追求的最终目标,为了实现这个目标,旅游企业要不断地提高效率,使产品生产所投入的个体时间尽可能地低于社会必要劳动时间,扩大利润空间。关于这一点,马克思曾做过精确的表述:"只有通过竞争的波动从而通过商品价格的波动,商品生产的价值规律才能得到贯彻,社会必要劳动时间决定价值这一点才能成为现实。"(《马克思恩格斯全集》第21卷,第215页)

随着旅游业的发展,旅游市场由卖方市场转向买方市场,无论是国际旅游市场还是国内旅游市场,竞争都日趋激烈。

二、旅游市场竞争的类型

竞争是市场存在的条件,没有竞争,就没有市场经济,但不同国家、不同地区、不同市场的竞争程度也有很大的差别。一般来说,我们根据竞争程度的差异,将市场竞争分为四种类型,即完全竞争市场和不完全竞争市场(垄断竞争市场、寡头垄断市场和完全垄断市场)。

(一)完全竞争市场

完全竞争市场又称纯粹竞争,是指一种不受任何外界阻碍和干扰的市场,在此类市场中,不存在足以影响价格的企业或消费者。是经济学中理想的市场竞争状态,也是几个典型的市场形式之一。可以证明,完全竞争的结果符合帕累托最优。一般地,如果市场中的买者和卖者规模足够大,并且每个人(包括买者和卖者)都是价格接受者,而且不能单独影响市场价格时,这样的竞争性状态就被称为完全竞争。同时,也称这样的市场为完全竞争市场。完全竞争是这样一种市场结构,完全竞争的市场结构具有以下特点:一是市场上存在许多彼此竞争的旅游者和旅游经营者,每个旅游者和旅游经营者所买卖的旅游产品数量在整个市场上占有的份额都很小,没有一个卖者或买者能控制价格,进入很容易并且资源可以随时从一个使用者转向另一个使用者;二是各旅游经营者生产经营的同种旅游产品和相应的交易条件是完全相同的;三是包括劳动力在内的所有生产要素资源能够在各行业间完全自由流动,旅游经营者可以自由地进入和离开。具体来说,包括以下几个方面:

第一,劳动者可以毫无障碍地在不同地区,不同部门、不同行业、不同企业之间无障碍流动。

第二,任何一个生产要素的所有者都不能垄断要素的投入。

第三,新资本可以毫无障碍地进入,老资本可以毫无障碍地退出。

第四,市场上的买卖双发都具有充分的市场信息,不存在市场信息不对称的情况。

只有具备以上四个条件的市场才能称为完全竞争的市场,然而,在现实的经济运行中,此类市场结构是不存在的。完全竞争市场实际上只是一种理想化的市场。

第五章 旅游市场结构与竞争策略

☆补充阅读：

五种竞争动力模式

一般来讲有五种竞争动力模式，如图5-1所示。

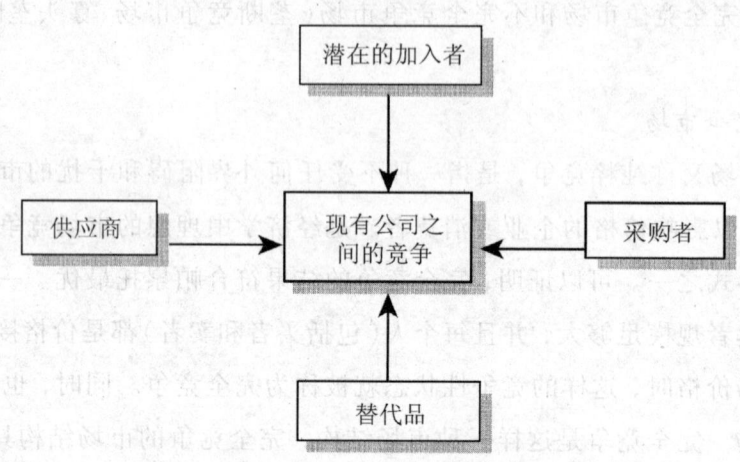

图5-1 五种竞争动力模式

1. 直接竞争者

直接竞争者就是现存的一些竞争者直接参与所产生的竞争。像中国国旅、中青旅等同类旅行社都在互相竞争，他们是直接竞争者。

2. 潜在的加入者

潜在的加入者是将来可能还要进来的人或公司。随着中国加入WTO，将来还有更多的旅游机构和企业要加入进来，展开竞争，叫作潜在的加入者。

3. 供应商

除了面对现存竞争者以外，还要看看原料供应商。例如旅行社为了提供给旅游消费者完整的旅游产品和服务，必须向食、住、行、游、购、娱等单项旅游产品供应商进行产品采购。这中间形成一种供应之间的竞争，称为供应商竞争。为什么旅行社具有开发它上游企业的动机，生怕上游控制在别人的手上，没有办法形成一条龙，这其实是供应商对自己的竞争。旅游企业运作时就该想想，自己有多少生产要素，半成品或者单项产品是否被别人掌控。

4. 替代品

由于旅游行业的技术门槛较低，行业壁垒较少，一个旅游产品或一条旅游线路出现以后，很快就会有替代品，这种替代极为迅速，形成了旅游行业的重要竞争内容。

5. 采购者

采购者，即旅游消费者。随着外界环境和消费者个体情况的变化，旅游消费者的偏好随时都会转换,所以采购者又给自己带来一种压力,至少在价钱上讨价还价。

(二)完全垄断市场

所谓完全垄断市场,是指整个行业中只有一个厂商的市场结构,一个企业控制了整个行业的供给,并且这个企业生产的产品没有任何替代品,因而完全垄断企业对其产品的价格和产量具有很大的控制权,它可以根据市场的需求状况来完全控制产品的价格。此外,完全垄断行业的资源流动受到严格的限制,其他企业不能进入该行业。

完全垄断市场也属少见,只见于某些国家特许的独占企业,如公用事业(包括邮政、电话、自来水等企业),对某种产品拥有专利权或拥有独家原料开采权的企业。在旅游经济中,某些独有的旅游资源开发成的旅游产品会形成垄断产品,从而成为一定的完全垄断市场。

值得注意的是与完全垄断市场具有密切联系的经济现象:价格歧视。

所谓价格歧视(Price Discrimination)是指一个旅游企业在同一时间内对同一种旅游商品实行两种或两种以上的价格。在经济学理论中,一般将价格歧视分为三种:

1. 一级价格歧视

是指旅游企业对每一单位的产品索取了最高价格,垄断企业获得了全部的消费者剩余。

2. 二级价格歧视

是指旅游企业对产品的不同(阶段)消费量索取不同的价格,垄断企业获得了部分的消费者剩余。

3. 三级价格歧视

是指旅游企业对不同的旅游消费者(或旅游子市场)实行不同的销售价格。

(三)垄断竞争市场

垄断竞争是一种介于完全竞争和完全垄断之间的市场组织形式,在这种旅游市场中,既存在着激烈的竞争,又具有垄断的因素。垄断竞争旅游市场是指一种既有垄断又有竞争,既不是完全竞争又不是完全垄断的旅游市场。一般来说,垄断竞争市场具有以下特点:

1. 市场中存在着较多数目的竞争者,彼此之间存在着较为激烈的竞争

由于每个旅游企业都认为自己的产量在整个市场中只占有一个很小的比例,因而各旅游企业竞争者会认为自己改变产量和价格,不会招致其竞争对手们相应的报复行动。

2. 旅游企业所提供的产品和服务是有差别的,或称"异质商品"

不同的旅游经营者生产的同一类旅游产品存在着一定的产品差别,而这种差异性使质量或销售条件处于优势的旅游产品在价格竞争、市场份额的占有上略优于其他经营者的产品。至于产品差别是指同一产品和服务在价格、外观、功能、档次、形象、品牌、服务等方面的差别以及旅游消费者想象为基础的虚幻的差别。由于存在着这些差别,使得各

第五章 旅游市场结构与竞争策略

旅游企业所生产的消费品成了带有自身特点的"唯一"产品了,也使得旅游消费者有了选择的必然,使得旅游企业对自己独特产品的生产销售量和价格具有控制力,即具有了一定的垄断能力,而垄断能力的大小则取决于它的产品和服务区别于其他旅游生产商的程度。产品差别程度越大,垄断程度越高。

在西方经济学中,这一条件是决定垄断竞争市场中存在垄断性的重要原因,因为产品的差异造成了无穷多的独特的产品市场,企业在其独具的市场中具有控制能力,形成对各个独特产品市场的垄断。

3. 旅游企业进入或退出该行业都比较容易,资源流动性较强

垄断竞争市场是常见的一种市场结构,如旅游行业易耗品市场、餐馆、旅馆、成熟的旅游线路等服务业市场,都属于此类。另外,此类市场结构的进入和退出壁垒也相对较低。当该行业利润提高,各生产要素可以相对自由地进入,反之,可以自由退出。

(四)寡头垄断市场

寡头垄断市场是介于完全垄断旅游市场和垄断竞争旅游市场之间的一种旅游市场结构,是一种少数几家旅游供应商控制了行业绝大部分旅游供给的市场结构。每个寡头企业在行业中都占有相当大的份额,以致其中任何一家经营者的经营政策变动都会影响旅游产品的价格和其他经营者的销售量。在现实市场经济中,寡头垄断比完全垄断更为普遍。

具体来说,寡头垄断旅游市场结构具有以下特点:

1. 旅游供应商极少

市场上的旅游企业只有一个以上的少数几个(当旅游供应商为两个时,叫双头垄断),每个供应商在市场中都具有举足轻重的地位,对其产品价格具有相当的影响力。

2. 各旅游供应商相互依存

任一供应商寡头进行决策时,必须把竞争者的反应考虑在内,因而既不是价格的制定者,更不是价格的接受者,而是价格的寻求者。

3. 旅游产品和服务同质或异质

当寡头之间的产品没有差别,彼此依存的程度很高,我们称为纯粹寡头,大多存在于工业类产品行业;产品具有差别,彼此依存关系较低,叫差别寡头,旅游产品和服务大多属于此类产品。

4. 行业壁垒较高,资源的进出难度大

其他竞争者进入相当困难,甚至极其困难。因为不仅在规模、资金、信誉、市场、原材料供应商、专利等方面,新进供应商难以与原有供应商匹敌,而且由于原有企业相互依存、休戚相关,其他企业不仅难以进入,也难以退出。

具体来看,寡头垄断是现代社会大规模生产的客观需要,寡头垄断组织具有综合优势:

在资金筹集方面，由于有强大的经济实力，破产风险相对较小，因而它能得到利息较低、数额较大的贷款，使资金成本节约，资金有保证。

在生产方面，由于生产规模巨大，在大多数情况下，都能获得规模效益，使单位产品成本大大降低。

在收集市场信息、进行广告宣传和运用销售渠道等方面，比其他企业有更多的优势。

在企业内部管理方面，可通过实行统一指挥，分工负责的内部管理体制，节约管理成本，提高管理效率，还可以节约交易费用。

由于一般实行多样化经营，所以企业总体风险较小，可在各种业务、各个方面平衡盈亏，因而具有较强的应变能力和生存能力。

三、旅游市场竞争的策略

旅游企业在面对旅游行业的激烈竞争时，必须根据市场环境和企业自身的条件因素，采取合适的市场竞争策略，才能在市场上获得自身的一席之地。总的来说，旅游竞争策略可以分为两大类：一类是价格竞争，是同类型的旅游企业，为获得超额利润而进行的竞争。进行价格竞争的条件就是成本的降低。价格竞争的主要手段就是降价。另一类是非价格竞争，非价格竞争是通过产品差异化进行的竞争。非价格竞争手段的采用必然导致企业生产经营成本增加。

具体来说，从国内外旅游市场竞争的状况看，旅游竞争策略可分为四种，即低成本策略、产品差别化策略、专营化策略及价格策略等。

（一）低成本策略

低成本竞争战略是指旅游企业以低成本作为主要竞争手段，企图使自己在成本方面比同行的其他旅游企业占有优势地位，然后采取低价格策略扩大市场占有率。实现低成本战略的关键是发挥规模经济的作用，使生产规模扩大、产量增加，使单位产品固定成本下降。在扩大生产规模的过程中，争取做到：

1. 以较低的价格取得生产所需的原材料和劳动力。

2. 对旅游产品生产各环节采取合理化设计，在不增加投入的前提下，增加产量，提高生产效率。

3. 加强成本与管理费用的控制等。

实现低成本战略，可以低于竞争者的价格销售产品，提高市场占有率；也可以与竞争者同价销售产品，取得较高利润。低成本战略流行于20世纪70年代，对于当前，旅游企业都采用相对同质化的组合策略，线路设计方案，这一战略就失去实际意义了。

（二）产品差别化策略

所谓产品差别化策略是指在开发旅游产品时，要形成本企业旅游产品的特色，使之与同行业其他产品相比，在旅游产品的组合设计、服务、推销方式等方面具有明显的特征,希望在与竞争对手的差异比较中占有优势地位,便形成差异优势策略。这里的差异包括:产品和服务的功能、质量、类型、档次以及售前售后服务、销售网点等方面的差异。

产品差别化策略是在各个企业大批量生产同一无差异产品并出现销售困难时提出来的一种战略。因为在上述情况下,解决问题的出路是使企业在经济实力、创新能力、生产要素采购、经营经验等方面获得优势,成功地转化为产品、服务、宣传、网点等方面独具特色的差异优势。减少与竞争对手的正面冲突,并在某一领域取得竞争的优势地位。

在行业内,旅游对具有特色的产品可能并不计较价格或无法进行价格比较,从而可以高于竞争者的价格销售产品,而取得更多利润;在行业外,具有特色的产品又可以阻碍替代者和潜在加入者进入和提高与购买者、供应商讨价还价的能力。但实施这一策略可能要付出较高的成本代价。

(三)专营化策略

专营化策略要求企业致力于某一个或少数几个特殊的细分市场提供服务,力争在局部市场中取得竞争优势。本策略可以赢得较高的利润率,应着力开发针对某些细分市场的旅游产品——特种旅游,促进旅游市场占有率的提高。所谓集中,就是企业并不面向整体市场的所有消费者推出产品和服务,而是专门为一部分消费者群体(局部市场)提供服务。集中精力于局部市场,仅需少量投资,这对中小型企业特别是小企业来说,正是一个在激烈竞争中能够生存与发展的空间。同时这一策略既能满足某些消费者群体的特殊需要,具有与差别化策略相同的优势;又能在较窄的领域里以较低的成本进行经营,兼有与低成本策略相同的优势。但它也有一定的风险:当所面对的局部市场的供求、价格、竞争等因素发生变化时,就可能使企业遭受重大损失。

(四)价格策略

旅游价格是衡量旅游产品价值的主要指标之一,旅游产品价格制定是否合理,直接影响产品的销售和旅游企业的经营。根据旅游产品的价格需求弹性大小,结合行业竞争的状况,通常可采用以下的价格竞争策略。

一般来说,在制定旅游产品价格时,旅游企业决策者可以遵循以下步骤:1.定价目标;2.确定旅游市场的需求;3.估计成本;4.选择定价方法;5.选定最终价格。

1.定价目标

旅游企业的定价目标是以满足旅游市场需要和实现旅游企业盈利为基础的,它是实现旅游企业经营总目标的保证和手段。同时,又是旅游企业定价策略和定价方法的依据,见表5-3。

表 5-3　　　　　　　　　　旅游企业定价目标

企业定价目标	扩展目标	维持企业生存
		扩大企业规模
		多品种经营
	利润目标	最大利润
		满意利润
		预期利润
	销售目标	销售量增加
		扩大市场占有率
		争取中间商
	竞争目标	稳定价格
		应付竞争
		质量优先
	社会目标	社会公共事业
		社会市场营销概念

2. 确定旅游市场的需求

对任何商品，价格会影响市场需求。一般情况下，旅游市场需求与价格成反比。价格上升，需求减少；价格降低，需求增加，所以旅游商品需求曲线是向下倾斜的（如图 5-2 所示）。

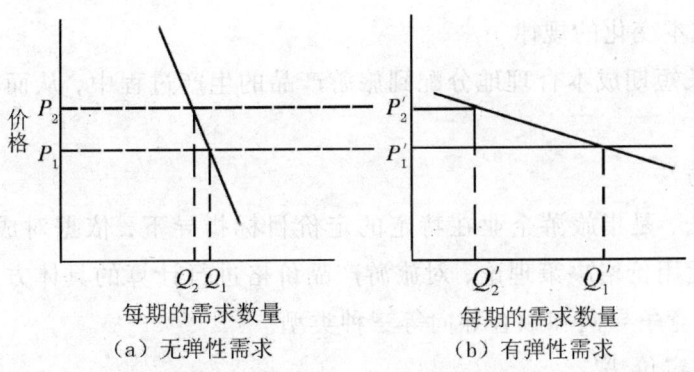

图 5-2　无弹性和有弹性需求

在图 5-2(a)中，价格从 P_1 上涨至 P_2 导致需求量的增加幅度明显小于(b)图的变化幅度，表明对于符合(a)图特征的产品不适合使用降价策略，(b)图产品则适合使用降价策略。

旅游企业定价时必须依据需求的价格弹性，即了解市场需求对价格变动的反应。价格变动对需求影响小，这种情况称为需求无弹性；价格变动对需求影响大，则叫作需求有弹性。需求的价格弹性由价格变动的百分比和需求量的变化百分比决定。

在以下条件下，需求可能缺乏弹性：

第五章 旅游市场结构与竞争策略

（1）替代品很少或没有，没有竞争者；

（2）买者对价格不敏感；

（3）消费者改变购买习惯较慢和寻找较低价格时表现迟缓；

（4）消费者认为产品质量有所提高，或认为存在通货膨胀等，价格较高是应该的。

如果某产品不具备上述条件，那么产品的需求有弹性，而对于旅游产品来说，很明显不能完全满足上述条件，所以，旅游产品是具有弹性的，旅游企业应采取适当降价，以刺激需求，促进销售，增加销售收入。

3.估计成本

旅游需求在很大程度上为旅游企业确定了一个最高价格限度，而成本则决定着旅游产品的最低价格。旅游产品的最低价格应包括所有生产、分销和推销该产品的成本。

（1）成本类型

旅游商品的成本可以分为固定成本和可变成本，所谓固定成本是指在短期内不随旅游企业接待数量和销售收入的变化而变化的生产费用。如办公场所和办公设备的折旧费、场地租金、利息、行政人员薪金等。此类成本与旅游企业的生产规模和销售规模无关。

而可变成本则是指直接随着生产、销售规模变化而变化的成本。如食、住、行、游、购、娱等单项旅游产品的采购费用、导游人员的工资等，旅游企业不接待游客时，可变成本等于零。

（2）长短期成本变化的规律

将旅游企业长短期成本合理地分配到旅游产品的生产过程中，从而得到一个合理的成本分担。

4.选择定价方法

所谓定价方法，是指旅游企业在特定的定价目标指导下，依据对成本、需求及竞争等状况的研究，运用价格决策理论，对旅游产品价格进行计算的具体方法。定价方法主要包括成本导向、竞争导向和顾客导向等三种类型。

（1）成本导向定价法

以旅游产品单位成本为基本依据，再加上预期利润来确定价格的成本导向定价法，是中外企业最常用、最基本的定价方法。成本导向定价法又衍生出了总成本加成定价法、目标收益定价法、边际成本定价法、盈亏平衡定价法等几种具体的定价方法。

①总成本加成定价法。在这种定价方法下，把所有为生产某种旅游产品而发生的耗费均计入成本的范围，计算单位产品的变动成本，合理分摊相应的固定成本，再按一定的目标利润率来决定价格。

②目标收益定价法。目标收益定价法又称投资收益率定价法，是根据旅游企业的投资总额、预期销量和投资回收期等因素来确定价格。

③边际成本定价法。边际成本是指每增加或减少单位产品所引起的总成本变化量。由于边际成本与变动成本比较接近，而变动成本的计算更容易一些，所以在定价实务中多用变动成本替代边际成本，而将边际成本定价法称为变动成本定价法。

④盈亏平衡定价法。在销量既定的条件下，旅游企业产品的价格必须达到一定的水平才能做到盈亏平衡、收支相抵。既定的销量就称为盈亏平衡点，这种制定价格的方法就称为盈亏平衡定价法。科学地预测销量和已知固定成本、变动成本是盈亏平衡定价的前提。

从本质上说，成本导向定价法是一种卖方定价导向。它忽视了市场需求、竞争和价格水平的变化，有时候与定价目标相脱节。此外，运用这一方法制定的价格均是建立在对销量主观预测的基础上，从而降低了价格制定的科学性。因此，在采用成本导向定价法时，还需要充分考虑需求和竞争状况，来确定最终的市场价格水平。

（2）竞争导向定价法

在竞争十分激烈的市场上，旅游企业通过研究竞争对手的生产条件、服务状况、价格水平等因素，依据自身的竞争实力，参考成本和供求状况来确定商品价格。这种定价方法就是通常所说的竞争导向定价法。竞争导向定价主要包括：

①随行就市定价法。在垄断竞争和完全竞争的市场结构条件下，任何一家旅游企业都无法凭借自己的实力而在市场上取得绝对的优势，为了避免竞争特别是价格竞争带来的损失，大多数企业都采用随行就市定价法，即将本企业某产品价格保持在市场平均价格水平上，利用这样的价格来获得平均报酬。此外，采用随行就市定价法，企业就不必去全面了解消费者对不同价差的反应，也不会引起价格波动。

②产品差别定价法。旅游产品差别定价法是指企业通过不同营销努力，使同种同质的产品在消费者心目中树立起不同的产品形象，进而根据自身特点，选取低于或高于竞争者的价格作为本企业产品价格。因此，产品差别定价法是一种进攻性的定价方法。

③密封投标定价法。在国内外，许多大宗商品、原材料、成套设备和建筑工程项目的买卖和承包以及出售小型企业等，往往采用发包人招标、承包人投标的方式来选择承包者，确定最终承包价格。一般来说，招标方只有一个，处于相对垄断地位，而投标方有多个，处于相互竞争地位。标的物的价格由参与投标的各个企业在相互独立的条件下来确定。在买方招标的所有投标者中，报价最低的投标者通常中标，它的报价就是承包价格。这样一种竞争性的定价方法就称密封投标定价法。

竞争导向定价法，是以竞争者的价格为导向的。它的特点是：价格与商品成本和需求不发生直接关系；商品成本或市场需求变化了，但竞争者的价格未变，就应维持原价；反之，虽然成本或需求都没有变动，但竞争者的价格变动了，则相应地调整其商品价格。当然，为实现企业的定价目标和总体经营战略目标，谋求企业的生存或发展，企业可以在其他营销手段的配合下，将价格定得高于或低于竞争者的价格，并不一定要求和竞争

第五章 旅游市场结构与竞争策略

对手的产品价格完全保持一致。

（3）顾客导向定价法

现代市场营销观念要求企业的一切生产经营必须以消费者需求为中心，并在产品、价格、分销和促销等方面予以充分体现。根据市场需求状况和消费者对产品的感觉差异来确定价格的方法叫作顾客导向定价法，又称"市场导向定价法""需求导向定价法"。需求导向定价法主要包括理解价值定价法、需求差异定价法和逆向定价法。

①理解价值定价法。所谓"理解价值"，是指消费者对某种商品价值的主观评判。理解价值定价法是指企业以消费者对商品价值的理解度为定价依据，运用各种营销策略和手段，影响消费者对商品价值的认知，形成对企业有利的价值观念，再根据商品在消费者心目中的价值来制定价格。

②需求差异定价法。所谓需求差异定价法，是指产品价格的确定以需求为依据，首先强调适应消费者需求的不同特性，而将成本补偿放在次要的地位。这种定价方法，对同一商品在同一市场上制订两个或两个以上的价格，或使不同商品价格之间的差额大于其成本之间的差额。其好处是可以使企业定价最大限度地符合市场需求，促进商品销售，有利于企业获取最佳的经济效益。

③逆向定价法。这种定价方法主要不是考虑产品成本，而是重点考虑需求状况。依据消费者能够接受的最终销售价格，逆向推算出中间商的批发价和生产企业的出厂价格。逆向定价法的特点是：价格能反映市场需求情况，有利于加强与中间商的良好关系，保证中间商的正常利润，使产品迅速向市场渗透，并可根据市场供求情况及时调整，定价比较灵活。

顾客导向定价法，是以市场需求为导向的定价方法，价格随市场需求的变化而变化，不与成本因素发生直接关系，符合现代市场营销观念要求，企业的一切生产经营以消费者需求为中心。

旅游企业定价方法很多，应根据不同经营战略和价格策略、不同市场环境和经济发展状况等，选择不同的定价方法：

5. 选定最终价格

旅游企业最后拟定的价格必须考虑以下因素：

（1）最后价格必须同企业定价政策相符合。企业的定价政策是指：明确企业需要的定价形象、对价格折扣的态度以及对竞争者的价格的指导思想。

（2）最后价格还必须考虑是否符合政府有关部门的政策和法令的规定。

（3）最后价格还要考虑消费者的心理。利用消费者心理，采取声望定价，把实际上价值不大的商品的价格定得很高（如把实际上值10元的香水定为100元），或者采用奇数定价（把旅游线路的价格定为1 299元），以促进销售。

（4）选定最后价格时，还须考虑企业内部有关人员（如推销人员、广告人员等）对定价的意见,考虑经销商、供应商等对所定价格的意见,考虑竞争对手对所定价格的反应。

（五）价格调整策略

价格是企业竞争的主要手段之一,旅游企业除了根据不同的定价目标,选择不同的定价方法,还要根据复杂的市场情况,采用灵活多变的方式确定产品的价格。

1. 新产品定价

（1）撇脂定价法。新产品上市之初,将价格定得较高,在短期内获取厚利,尽快收回投资。就像从牛奶中撇取所含的奶油一样,取其精华,称之为"撇脂定价"法。

这种方法适合需求弹性较小的细分市场,其优点:①新产品上市,顾客对其无理性认识,利用较高价格可以提高身价,适应顾客求新心理,有助于开拓市场;②主动性大,产品进入成熟期后,价格可分阶段逐步下降,有利于吸引新的购买者;③价格高,限制需求量过于迅速增加,使其与生产能力相适应。缺点是:获利大,不利于扩大市场,并很快招来竞争者,会迫使价格下降,好景不长。

（2）渗透定价法。在新产品投放市场时,价格定得尽可能低一些,其目的是获得最高销售量和最大市场占有率。

当新产品没有显著特色,竞争激烈,需求弹性较大时宜采用渗透定价法。其优点:①产品能迅速为市场所接受,打开销路,增加产量,使成本随生产发展而下降;②低价薄利,使竞争者望而却步、减缓竞争,获得一定市场优势。

对于旅游企业来说,采取撇脂定价还是渗透定价,需要综合考虑市场需求、竞争、供给、市场潜力、价格弹性、产品特性、企业发展战略等因素。

2. 心理定价

心理定价是根据消费者的消费心理定价,有以下几种:

（1）尾数定价或整数定价。许多商品的价格,宁可定为0.98元或0.99元,而不定为1元,是适应消费者购买心理的一种取舍,尾数定价使消费者产生一种"价廉"的错觉,比定为1元反应积极,促进销售。相反,有的商品不定价为9.8元,而定为10元,同样使消费者产生一种错觉,迎合消费者"便宜无好货,好货不便宜"的心理。

（2）声望性定价。此种定价法有两个目的:一是提高产品的形象,以价格说明其名贵名优;二是满足购买者的地位欲望,适应购买者的消费心理。

（3）习惯性定价。某种商品,由于同类产品多,在市场上形成了一种习惯价格,个别生产者难于改变。降价易引起消费者对品质的怀疑,涨价则可能受到消费者的抵制。

3. 折扣定价

大多数企业通常都酌情调整其基本价格,以鼓励顾客及早付清货款、大量购买或增加淡季购买。这种价格调整叫作价格折扣和折让。

（1）现金折扣。是对及时付清账款的购买者的一种价格折扣。例如"2/10 净30",表示付款期是30天,如果在成交后10天内付款,给予2%的现金折扣。许多行业习惯

第五章 旅游市场结构与竞争策略

采用此法以加速资金周转，减少收账费用和坏账。

（2）数量折扣。是企业给那些大量购买某种产品的顾客的一种折扣，以鼓励顾客购买更多的货物。大量购买能使企业降低生产、销售等环节的成本费用。例如，顾客购买某种商品100单位以下，每单位10元；购买100单位以上，每单位9元。

（3）职能折扣，也叫贸易折扣。是制造商给予中间商的一种额外折扣，使中间商可以获得低于目录价格的价格。

（4）季节折扣。是企业鼓励顾客淡季购买的一种减让，使企业的生产和销售一年四季能保持相对稳定。

（5）推广津贴。为扩大产品销路，生产企业向中间商提供促销津贴。如零售商为企业产品刊登广告或设立橱窗，生产企业除负担部分广告费外，还在产品价格上给予一定优惠。

4. 歧视定价（差别）

旅游企业往往根据不同顾客、不同时间和场所来调整旅游产品价格，实行差别定价，即对同一旅游产品或劳务定出两种或多种价格，但这种差别不反映成本的变化。主要有以下几种形式：

（1）对不同顾客群定不同的价格。

（2）对不同的花色品种、式样定不同的价格。

（3）对不同的部位定不同的价格。

（4）对不同时间定不同的价格。

实行歧视定价的前提条件是：市场必须是可细分的且各个细分市场的需求强度是不同的；商品不可能转手倒卖；高价市场上不可能有竞争者削价竞销；不违法；不引起顾客反感。

☆ 补充阅读：

旅游市场价格恶性竞争的成因及对策

收入的增加，生活水平的提高，引发的是人们追求生活质量步伐的加快，旅游已经普遍平民化。然而，旅游作为一项消费活动，必然会被人们作为商机而瞄准，这一段段商机的背后又隐藏着什么隐患呢？那就是我国旅游市场已经渐渐被不良习气所侵蚀，笔者认为，我国旅游市场的过度价格竞争是影响其最主要的原因之一。

1. 我国旅游市场过度价格竞争的概说及危害

1.1 过度价格竞争的概说

过度价格竞争是一种恶性循环的价格竞争，它包括垄断、不正当竞争和不正当价格行为三个主要方面，还包括政府价格决策不规范、公用事业公益性服务和中介服务组织滥收费乱涨价、销售回扣、倾销和补贴等。垄断，排除公平的市场竞争，独占某种商品的市场供给；不正当竞争，主要是假冒他人企业名称、注册商标、名称包装、认证标志、质量标志，做虚假广告宣传、侵犯他人商业秘密、捏造散布虚假信息等；不正当价格行为，主要是利用相互串通、操纵市场价格、捏造散布涨价信息、哄抬价格、利用虚假的或容易使人误解的价格等方式诱骗消费者，违反法律法规规定牟取暴利。

1.2 过度价格竞争的危害

价格竞争本是市场经济的必然现象，适度的价格竞争不仅可以抑制价格上涨，而且给旅游企业以压力和动力，促使其努力提高产品质量。而过度价格竞争，由于是采用不正当竞争手段进行价格竞争，避开了市场对价格的调节作用，因而不正当价格竞争的结果不是市场运行的结果，只是不正当竞争手段的结果，这样一来，不正当价格竞争所产生的价格只能是虚假的价格，它会对市场经济的运行发展产生极大的危害：

（1）使商品丧失市场信号功能

过度价格竞争所产生的价格是人为操纵的虚假价格，如果把这种虚假的价格看作商品供求关系的晴雨表，并依据这样的价格信息进行产品生产的调整和产品结构的调整，则会使商品供与求的关系、产品生产的调整和产品结构的调整出现更为严重的失衡。这样一来，过度价格竞争就会使商品市场价格丧失市场信号功能，从而破坏市场秩序，阻碍市场经济的正常运行，造成市场经济的混乱局面。

（2）使商品价格丧失调节功能

过度价格竞争产生的价格是虚假价格，它只能使那些不正当价格竞争者获利，而正当价格竞争者根据这种虚假价格调整自己的生产和产品结构，则会使其产品的生产和产品结构的调整背离市场需求的方向，从而导致社会生产和再生产的混乱。这样一来，过度价格竞争就使商品价格丧失其应有的调节功能，使社会生产和再生产失去了正确的方向。

（3）破坏市场经济原则和市场规则

市场经济的正常运行发展，是市场经济原则和市场规则引导制约市场主体经济行为和众多市场主体用市场经济原则和市场规则指导约束自己经济决策与经济行为的结果。但是，过度价格竞争者不遵守市场经济原则和市场规则，不去生产经营适应市场需求的产品，而采用不正当竞争手段去获利或获得更高的经济利益，这种后果会诱导更多的人去采用不正当竞争手段获利，这样，不仅严重地破坏了市场经济原则和市场规则，而且严重地污染了市场经济环境，进而导致社会生产再生产以至整个市场经济运行产生严重的混乱。

2. 我国旅游市场过度价格竞争的成因分析

我国旅游行业所处的环境十分复杂，这在一定程度上决定着我国旅游市场过度价格竞争的原因也复杂多样，但笔者认为，以下几个方面的原因尤其值得强调：

2.1 供需不匹配是我国旅游市场过度价格竞争的直接诱因

第五章 旅游市场结构与竞争策略

根据价值规律,商品的价格随市场供求状况围绕商品的价值上下波动。供大于求时,买方在市场交换中处于有利地位,卖方为了售出其产品,不得不向买方做出让步,降价以求。所以供大于求时价格背离其价值向下跌落,直到供求关系重新获得平衡时为止。

再作进一步分析,可得出供需失衡的深层次原因是较宽松的进入壁垒所导致的旅游市场的过度进入。旅游产品是公共性产品,无高技术含量,亦无专利,行业壁垒较小。在"大旅游"的召唤下,各行各业纷纷涉足旅游业。

2.2 市场不完善、管理体制不严整

我国目前尚处于社会主义经济转型时期,旅游市场机制发育不成熟,又是在传统计划体制的基础上生成,管理的空白点较多,摩擦冲突相应比较激烈。过度的价格竞争所反映的是市场机制的扭曲,其深层原因在于现实中畸形的利益关系和利益格局。

2.3 总体规模小、网络化水平较低和秩序混乱

目前,我国旅游业已跻身世界旅游大国行列,还稳步向世界旅游强国迈进,但与此极不相称的是还没有一家能与其匹配的旅游企业。目前,单体规模稍微大的旅行社主要是在计划经济条件下靠垄断经营形成的,真正成网络的旅行社有几十家成员就算大的了,这种规模,由于缺乏国际竞争力,要想获得生存和发展,只有在国内采取不同手段竞争。

在旅行社的行业管理方面,尽管有审批上的许可制度、质量保证金制度、年检和旅行社排行的处理等,可以说规则较多但市场秩序还是较为混乱,无证导游、野马旅行社依然存在,各种逃汇、套汇的行为仍然大面积发生,这都是旅游企业为盈利的表现。可见,我国旅游企业不仅总体规模小、网络化水平较低,而且旅游市场秩序混乱。

2.4 我国旅游从业人员复杂,素质有待提高

与世界上其他的旅游大国相比,我国旅游产业从业人员较复杂。在所有旅游从业人员中,尽管有经过正规院校培训出来的专门旅游人才,但这部分人员所占比重较小,而大部分是从社会招聘的人员,还有社会闲散人员及第二职业方式,这些人员没有接受正规的专门旅游训练,而且是利用业余时间从事旅游相关事业,使得旅游服务水平参差不齐,旅游服务质量不高,进而影响旅游产业的健康发展。这在很大程度上为我国旅游市场过度价格竞争问题埋下了隐患。

2.5 旅游产品本身不可储存的特性促使降价行为的产生

由于旅游产品具有不可储存的特性,旅游企业只是在规定的时间交付旅游产品的使用权,旅游产品的效用是不能积存起来留待日后出售的,随着时间的推移,其价值将自然消失,并且永远不复存在。旅游企业为最大限度地减少损失将尽一切努力销售自己的产品,因此,降价相应成为促销的重要手段。另外,旅游产品的同质化也是发动价格战的主要理由。

3. 抑制我国旅游市场过度价格竞争的对策

3.1 严格把守入市资格，规范市场行为，把旅游市场管理纳入法制化轨道

在市场经济条件下，应用法律手段来规范和约束市场上经济主体的行为。法律对不规范行为的惩戒可改变企业的收益矩阵，迫使企业交易行为趋于规范化。对旅游市场的价格竞争行为，应按《价格法》有关条款尽快出台相应政策法规予以约束，内容包括价格竞争要遵循的基本原则、行为方式以及运作规则等。针对旅游市场的供需失衡状况，旅行社管理应按照《旅行社管理条例》和相关实施细则，切实做好业务年检和审计工作，及时取缔不够开办条件或违法经营的旅行社，让进入市场的企业有一个良好的竞争环境。同时，笔者建议，立法部门可以考虑制订一部统一的《旅游饭店管理条例》，严格饭店建设的立项申报、会签工作，控制饭店规模的增长幅度。

3.2 建立行业自我保护机制，发挥行业协会的监督、协调、引导作用

政府对行业的监督成本太高，而且不可能面面俱到。最了解情况的始终是同行，可考虑成立行业价格协会，政府赋予其相应价格管理职权，帮助其建立同行业价格协议制度。协会及时收集行业价格信息，确定相应的价格浮动标准，供同行参照执行。同时，可实行降价申报制度，对一次性降价幅度较大的定价行为经协会批准后方可实施。另外，协会定期的价格信息发布也可促进企业间的沟通与合作，使企业实现合作博弈，达到收益帕累托最优化。

3.3 综合运用多种竞争策略，提升企业竞争层次

企业经营者应跳出简单价格竞争的桎梏，综合研究产品、品牌、信誉、质量、企业形象等多种影响市场的因素，不仅考虑"如何分到大蛋糕"，还应着眼于"如何把蛋糕做大"。应仔细研究市场需求的趋势，找准目标市场，准确市场定位，同时进一步更新改造现有产品，积极设计开发新产品，开拓新的经营领域，以质量竞争、产品和服务的差异竞争、附加值竞争等全方位的竞争取代单一的价格竞争。唯有如此，企业才可避免陷入价格战的恶性循环而两败俱伤。

4. 结论

要使我国旅游市场稳定持续发展，企业经营者应跳出简单价格竞争的桎梏，合理开发利用和保护新的旅游产品，维护旅游者和旅游经营者的合法权益，促进旅游业的发展，根据有关法规结合实际，制定相关法律，加强产品宣传力度，促进旅游与相关产业的协调发展。

资料来源：巅峰智业网。

第四节　旅游市场的开拓

一、旅游市场开拓的必要性

随着世界经济一体化进程的不断深入，旅游业的国际性越来越明显，主要体现在国内旅游市场的国际化，和国际旅游市场的国内化。旅游产业在国民经济中的地位越发重要。在这样的大背景下，开拓旅游市场显得尤为重要。

旅游市场开拓是旅游企业经营活动十分重要的有机组成部分，必须给予高度重视。

1. 旅游业自身的特点，决定了它对市场有更强的依赖性，离开了市场的依托，旅游业的生存和发展就失去了起码的条件。我们一再强调，旅游业是一个服务行业，旅游产品具有不可转移性和不可贮存性的特点，因此，它比其他行业对市场具有更强的依赖性，市场对于旅游业是须臾不可离的。只有不断开拓市场，不断进取，才能使旅游企业获得发展的必要条件。

2. 对于旅游企业而言，无非面对两种市场——现有市场和潜在市场。现有市场是企业已经进入和占领的市场，企业要生存，至少要维持住现有市场规模，但这仅仅能解决维持生存的问题，解决不了发展的问题。企业不能安于现状，在激烈竞争的旅游市场上，企业若不积极进取，努力寻求开拓新的市场，只是消极防御，不仅发展问题解决不了，而且现有市场也难以维持。因此，企业必须积极挖掘市场潜力，扩大市场销售，提高市场占有率。

3. 旅游市场是竞争激烈的买方市场，在这个市场上，一切都不是静止不变的，旅游者的需求在不断变化，竞争对手在不断变化，旅游企业由于自身的发展也在不断变化。面对这个动态的市场，企业只有不断开发新产品，开拓新市场，才能满足旅游者的需要，适应不断变化的市场环境。谁僵化、保守、凝固不变，谁将必然要被激烈的市场竞争淘汰。同时，正因为旅游市场处在不断变化之中，从而为旅游市场开拓提供了机会和可能。旅游企业应当看准机会，把可能的、潜在的市场转变为现实的市场。

二、旅游市场开拓的含义

所谓旅游市场的开拓，就是指为了实现旅游产品的价值而进行的一系列与旅游市场的开发、占有和扩大密切联系的活动。旅游市场的开拓包括两个方面，一是充分挖掘现有市场的潜力，提高在现有市场的占有率；二是开发新的旅游市场。旅游市场开拓首先要进行市场调研和预测，了解市场需求状况和行业竞争情况；在此基础上，结合本企业所具有的优势和劣势，采用一定的分析工具进行市场细分，并在市场细分的基础上，选择目标市场；然后针对目标市场，设计相应的市场营销组合，最大限度地满足旅游消费者的需求，进而实现企业自身的经济目标和社会目标。

进行旅游市场开拓，必须完成的工作是进行准确的旅游市场调查和市场预测。

三、旅游市场调查

（一）旅游市场信息系统

信息是一种客观存在的事物。所有表达一定意义的讯号都是信息。信息可分为自然信息、生物信息和社会信息等。旅游市场信息，属于社会经济信息，是指以多种方式表达的旅游经济活动中有意义的讯号，如消息、指令、数据、情报等。旅游市场信息是旅游整体活动各要素间联系的媒介，是一种可开发的资源。

旅游市场信息系统，是指旅游企业根据其营销活动及管理的需要，用一种程序和方法，收集、选择、分析评析及贮存、传输有效的旅游市场信息而构成的系统。旅游市场信息系统处于外部环境与旅游市场决策者或管理人员（即信息使用者）之间。它由四个子系统构成，如图5-3所示。

旅游企业内部报告系统，是由反映企业内部运作中市场状况和动态的内部报表、统计数据、会议纪要、口头汇报等所组成。

旅游企业市场市场情报系统，是由对企业和企业市场机会、市场实绩有影响的数据、统计定性推论、专家意见、公众印象等所组成。

旅游企业市场市场研究系统，是对收集的数据、资料等进行综合分析、评估、推断，并写成有关报告的过程，其研究成果作为企业决策人进行决策的依据。

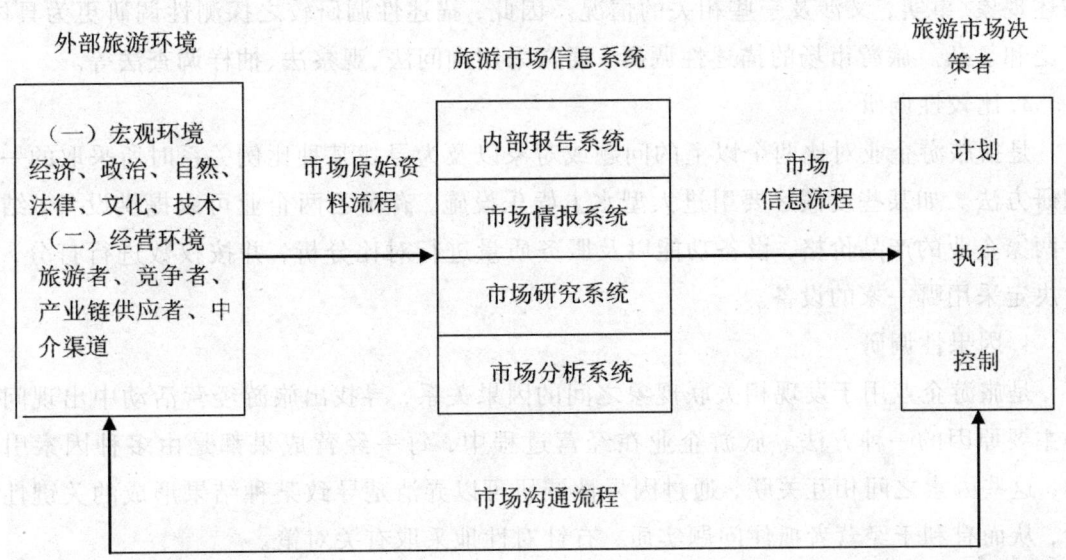

图5-3　旅游市场信息系统

第五章 旅游市场结构与竞争策略

（二）旅游市场调研及其类型

旅游市场调研，是指旅游企业对其所面临的特定旅游环境的有关资料，以及可能对企业产生影响的信息进行系统的涉及、收集、分析、归纳、整理，为旅游企业的经营决策和未来发展提供可靠依据的一系列活动的总称。

开展旅游市场调研之所以必要，是因为：第一，它是企业认识和把握旅游市场供求规律的有效方法和手段；第二，它是企业进行旅游市场预测和制定正确的经营策略的依据；第三，它有利于企业提高竞争能力和生存能力。

根据旅游市场调研的不同指向，可分为四种类型：

1. 探测性调研（或称试探性调研）

是指市场人员对所面临的问题产生的原因及问题的关键尚不明了，尚未确定调研内容以及是否有必要进行大规模、深层次调研时，而预先采取的一种试探性调研活动。如饭店在一段时间内，客房出租率突然下降。出现这种情况是饭店市场中的失误呢？还是竞争对手的竞争策略的变化呢？经过调查，发现与饭店有固定业务关系的某家旅行社高层管理人员更换，使原有的客源减少。因此，没有必要再进行更深入的调研工作。

2. 描述性调研

是指旅游企业对所要调查的问题通过有目的的、系统的收集资料，运用各种调研方法对事物的现象及基本特征进行全面的描述。描述性调研注重事实资料的记录，在调研中获得的各种资料主要是对某一问题进行描述性说明。如"中国国内旅游抽样调查"，这一调查是大范围的、大规模的、较全面的国内旅游市场调查。其中包括客源构成、旅游动机、平均出游时间、旅游目的地选择、出游方式、旅游花费构成等数据。描述性调研既描述现象、事实，又涉及一些相关的情况。因此，描述性调研较之探测性调研更为具体、广泛和复杂。旅游市场的描述性调研，通常采用询问法、观察法、抽样调查法等。

3. 比较性调研

是指旅游企业对比两个以上的问题或对象以及为寻找某种比例关系时所采取的一种调研方法。如某些度假区要引进大型水上娱乐设施，有甲乙两企业可以提供设备，结果对两家企业的产品价格，设备功能以及服务质量进行对比分析，并按权数进行打分，最后决定采用哪一家的设备。

4. 因果性调研

是旅游企业用于发现相关联现象之间的因果关系，寻找出旅游经营活动中出现问题的主要原因的一种方法。旅游企业在经营过程中，每一经营成果都是由多种因素引起的，这些因素之间相互关联，通过因果性调研可以弄清楚导致某种结果形成的关键性因素，从而有利于经营者抓住问题实质，有针对性地采取有关对策。

因果性调研一般是以描述性调研及比较性调研的结果为基础，进一步采用统计分析、逻辑推理等市场研究技术来探寻并验证旅游市场活动中有关活动的因果关系。

以上四种调研方法是相互联系着的,其相互关系可由图5-4表示。

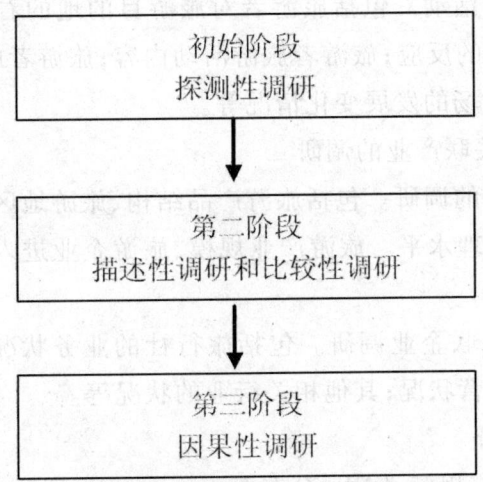

图5-4 旅游市场营销调研研究工作

探测性调研是市场研究工作的初始阶段,提出有创意和预见性的假设;在第二阶段的描述性调研和比较性调研,对这个假设进行证明;在第三阶段因果性调研中,找到解决问题的方法。

(三)旅游市场调研的内容

旅游市场调研的内容涉及宏观、微观两大方面,包括对企业销售产生影响的可控因素和不可控因素。调研是一种手段,应为目的服务。市场调研的根本目的是把握旅游市场的现状及其发展的动态。围绕这一根本目的,旅游调研内容可大致分为五类:

1. 宏观旅游环境调研

(1)经济环境:包括企业所在地以及客源地的宏观经济发展状况,人们的收入、消费水平、消费结构、物价、汇率等。

(2)政治法律环境:包括旅游目的地政治局势,与旅游有关的法律、法规、产业政策,海关出入境手续等。

(3)社会文化环境:包括旅游目的地的风俗习惯、价值观念、教育程度、语言文字、宗教信仰、生活方式、商业习惯等。

(4)技术环境:包括对本行业有影响的科技发展情况,电脑预订及结算系统相关的科学技术等。

(5)人口地理环境:包括人口结构及其分布、就业构成、人口流量,旅游企业的地理环境、客源国(地区)的地理位置等。

(6)自然环境:包括气候条件、环境状态、自然灾害发生概率及影响程度等。

2. 旅游者市场的调研

(1)旅游者总体市场特征及个体细分市场的特征。包括旅游客源构成、旅游者需求程度及被满足程度、旅游行为心理及旅游者偏好等。

（2）旅游者的态度与活动。包括旅游者对旅游目的地的看法和态度；对旅游目的地形象的反应；对销售策略的反应；旅游者旅游活动内容；旅游者旅游花费的构成等。

（3）各个旅游细分市场的发展变化情况等。

3. 对旅游产业及相关联产业的调研

（1）对旅游产业状况的调研。包括旅游产品结构、旅游地区结构、旅游企业的所有制结构、旅游企业技术及管理水平。旅游产业规模、旅游企业进入和退出障碍、企业利润潜量等。

（2）对旅游业务相关联企业调研。包括旅行社的业务状况；旅游景区（点）状况；旅游交通状况；旅游饭店经营状况；其他相关行业的状况等。

4. 对竞争对手的调研

（1）竞争对手的数量、规模、实力、分布等。

（2）各主要竞争对手的市场占有率，接待、服务的人次数，客源结构状况等。

（3）竞争对手的市场策略、服务质量、市场定位、市场形象等。

（4）竞争对手的最新动态，经营战略、投资动向及对新产品的开发状况等。

5. 对旅游资源开发利用的调研

（1）对现有旅游资源的分类、评估。

（2）各种旅游资源对旅游者的吸引力、发展变化趋势和发展潜力。

（3）待开发旅游资源的可开发性和约束性等。

（四）旅游市场调研方法

1. 询问法

询问法是调研人员按照事先拟定好的问题对被调查人提出询问，要求做出回答并记录答复的一种调研方法。按照调研过程中，调研人员和被调查对象的不同接触方式，又可分为面谈法、电话询问法、信函询问法和留置问卷法四种。

面谈法是调查者和被调查者直接见面，由调查者当场提出问题，请被调查人员依次回答。根据调研的不同目的和要求，可进行一次面谈、多次面谈。个别访谈、小组访谈等。

电话询问法是按前期所列问题，利用打电话的形式向被调查对象提出问题、请其回答。这种调研方法，进行起来有一定的难度。

信函询问是调研人员将所需回答的问题制成一定的表格或问卷，向被调查者邮寄，或放置在被调查者住宿的地方，要求其回答。

留置问卷调查是调研人员当面将问卷交给调研对象，要求其回答，并在规定时间内取回问卷。是介于面谈法和信函法之间的一种调研方法。

2. 观察法

观察法是调查人员直接采取一定的设备观察调查对象的行为、反应,从中获取调查资料的一种方法。如饭店市场调研人员在餐厅派置人员观察顾客对饭店服务的满意程度,根据顾客的表情、语言等得出一定的结论。观察法由于只是观察调研对象的表面情况,无法了解其内心活动及做出某种反应的真实原因,有时会出现误差。

3. 实验法

实验法是把调查对象置于一个特定的市场环境中,通过改变市场条件来观测这些变量对调查对象的影响及其所做出的反应。实验法是进行因果性调研的主要方法,如测量新价格策略的市场反应,广告促销活动的效果等。

此外,调研方法根据调研对象范围大小的不同,又可分为全面调查、重点抽查和抽样调查几种。

四、旅游市场预测

（一）旅游市场预测及其作用

旅游市场预测,是指通过对企业内外环境的调研,凭借充分的信息资料和经验,用科学的方法和逻辑推理,对旅游市场未来变化及趋势作出定性和定量的判断,从而为旅游市场决策提供可靠依据。

旅游市场预测有五个构成要素:

人——预测者,是预测工作的主体;

信息——预测的依据;

手段——预测方法技术;

预测对象——旅游市场的未来或未知状况;

预测结果——推定或判断结论。

这五个要素是相互联系、相互依赖的不可分割的有机整体。旅游市场预测的过程及组成要素,如图5-5所示。

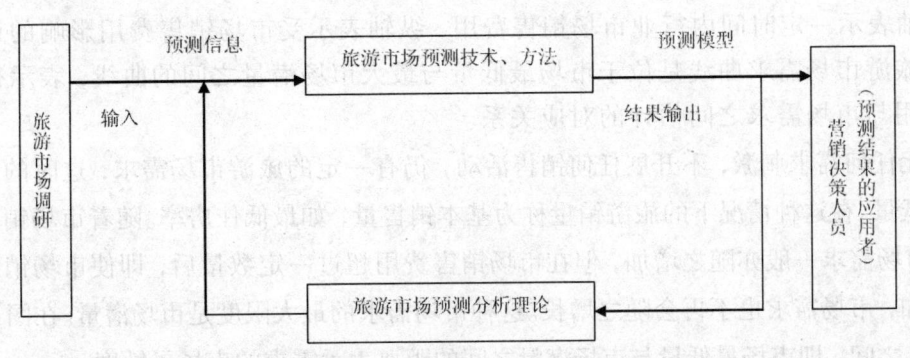

图5-5 旅游市场预测过程及组成要素

第五章 旅游市场结构与竞争策略

旅游市场预测对旅游企业的经营具有很大的作用。

首先，旅游市场预测是企业科学决策的前提和依据。通过预测可以提高旅游决策的科学性，把决策从经验、技术阶段提高到科学阶段。

其次，是提高旅游企业经济效益和经营管理水平的先决条件。通过预测可以增加企业的主动应变能力和竞争能力。

再次，是旅游企业取得超前信息的手段和工具。

预测和决策之间是密不可分的，调查是预测的基础和前提，决策是进行预测的目的，而预测的精确度是进行决策和制订计划成败的关键。旅游市场需求对其影响因素的反应十分敏感，变化也较复杂。同时，旅游产品的供给又有生产和消费的同时性以及不可贮存性，一个旅游企业能否搞好市场预测，不仅会涉及它的市场对策、生产经营活动的正确性、经营风险的承担，还会影响到它的经营效益，甚至关系到企业的生存。

（二）旅游市场预测的内容

在旅游市场的旅游供给和旅游需求的两个方面中，对旅游企业来说，旅游需求是主导方面的问题，因而，对旅游需求的预测，是旅游市场预测的主要内容。旅游企业研究旅游需求的目的，是为了更好地供给。任何一个旅游企业在开发新产品和新市场时，必须分析是否存在新的需求，需求程度能否给企业带来预期收益？新的市场规模是否足够大？需求未来趋向及其状态如何等。旅游市场预测涉及很多内容，主要包括以下三个方面。

1. 环境预测

对旅游环境发展的预测，主要是对旅游供求关系影响的外部宏观因素预测。包括：国际国内政治、经济形势及有关方针、政策的变化，国民经济发展水平问题等的预测；自然环境和资源变化的预测；科学技术进步和发展对旅游业所产生的影响的预测；社会文化及生活方式变化和人们消费水平变化的预测；旅游业相关行业变化可能对旅游业带来的有利和不利影响的预测等。

2. 旅游行业市场需求预测

旅游行业市场需求可以用需求函数或市场反应函数，它受市场环境和销售费用两方面的影响。如图 5-7 所示。

横轴表示一定时间内行业市场销售费用，纵轴表示受市场销售费用影响的市场需求大小。旅游市场需求曲线是位于市场最低量与最大市场潜量之间的曲线，表示行业市场销售费用与市场需求之间估计的对应关系。

在无任何需求刺激，不开展任何销售活动，仍有一定的旅游市场需求，这时的需求量即市场最低量。在这种情况下的旅游销量称为基本销售量，如最低住房率。随着市场销售费用的增加，市场需求一般亦随之增加，但在市场销售费用超过一定数量后，即使市场销售费用进一步增加，市场需求也不再会随之增长。这种市场需求的最大限度是市场潜量。在图 5-6 中，Q_0 到 Q_1 之间，即市场最低量与市场潜量之间的距离表示需求的市场灵敏度。

对旅游市场潜量的测量，常采用的公式是：

$Q = n \cdot q \cdot p$

式中，Q——旅游市场总潜量。

n——特定条件下购买旅游产品和服务的购买者人数。

q——旅游商品购买者的平均购买数量。

P——旅游商品的单位平均价格。

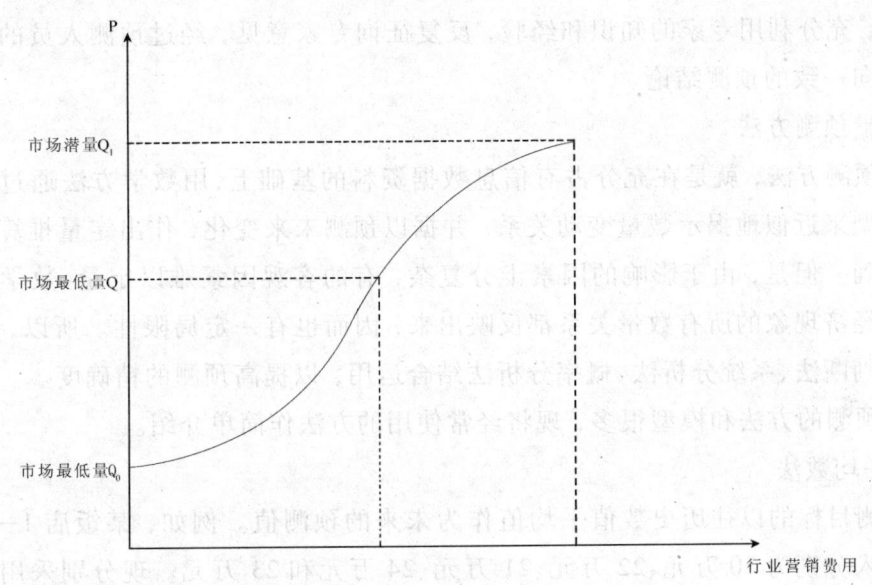

图 5-6 预期营销费用

3. 旅游企业需求量预测

旅游企业需求是指单个企业在旅游全行业市场需求中所占的市场份额。用数学公式表示为：

$Qi = Si \times Q$

式中，Qi——市场对企业 i 的产品的需求。

Si——企业 i 的市场占有率。

Q——市场总需求。

企业的市场需求量也是一个函数，同样受到旅游市场需求量的各种因素的影响。

（三）旅游市场预测的方法

1. 定性预测方法

定性预测法，是指在市场调查的基础上，凭借预测者的经验和智慧，通过分析、推理、判断，对市场未来的情况及其发展变化作出预测的方法。

定性预测法常用的有以下几种：

（1）集合意见法

亦称集体意见法。通过会议的形式，让与会者，如企业的决策人员、专家技术人员、销售人员、直接用户等各抒己见，充分讨论，找出问题的焦点，最后得出完整的预测结论。这种预测方法简便易行，但是，易受主观因素及一些心理因素的影响，适合用于企业方向性问题的粗略预测。

（2）特尔菲法（专家调查法）

是一种专家函询调查法。按照预测课题所列出的项目，以匿名方式向有关专家进行多次调查，充分利用专家的知识和经验，反复征询专家意见，经过预测人员的分类和分析得出趋向一致的预测结论。

2. 定量预测方法

定量预测方法，就是在充分占有信息数据资料的基础上，用数学方法通过数据分析和数学模型来近似地揭示数量变动关系，并据以预测未来变化，作出定量推算。这种方法客观准确。但是，由于影响的因素十分复杂，有的客观因素难以定量、数学模型不可能将客观经济现象的所有数量关系都反映出来，因而也有一定局限性。所以，还需要同定性主观判断法、系统分析法、概率分析法结合运用，以提高预测的精确度。

定量预测的方法和模型很多，现将经常使用的方法作简单介绍。

（1）平均数法

以预测目标的以往历史数值平均值作为未来的预测值。例如，某饭店1—5月的每月销售收入分别为20万元、22万元、21万元、24万元和23万元。现分别采用简单平均法、移动平均法、加权移动平均法来预测6月份的销售预测值：

简单平均法的所得是：

$$6月份销售预测值 = \frac{20+22+21+24+23}{5} = 22(万元)$$

移动平均法的公式为：$F = \frac{\sum_{t=1}^{t} D_1}{t}$

式中，D_t——为第 t 期的实际数。

t——为移动资料期。

假定采用3、4、5月为移动资料期，则：

6月份预测量为 $F = \frac{21+24+23}{3} = 22.67(万元)$

加权移动平均法：对近三个月的资料，分别采用1、2、3的权数，则：

6月份预测量为 $F = \frac{21 \times 1 + 24 \times 2 + 23 \times 3}{1+2+3} = 23(万元)$

（2）指数平滑法

指数平滑法是从移动平均法发展而来的，在提高近期资料对预测值的影响作用时，不是采用加权的办法，而是将前期的实际资料用平滑系数加以调整，来求得预测值的一种方法。该方法有一次、二次和多次的指数平滑法,现仅介绍一次指数平滑法。

公式为:$F_t = aD_{t-1} + (1-a)F_{t-1}$

式中,F_t——下期预测值。

D_{t-1}——本期实际数。

F_{t-1}——本期预测值。

a——平滑系数$(0 < a < 1)$。

平滑系数a系经验值,由预测者给定。a值越大,则近期变动趋向对预测值的影响越大,反之则越小。一般取$0.1 \sim 0.3$,变动幅度较大的数据,a取大些。

例如,某企业预测本月销售额是180万元,而实际销售额为160万元。若采取$a = 0.2$的平滑系数,则下月的预测值应为:

$0.2 \times 160 + (1-0.2) \times 180 = 176$(万元)

(3)趋势外推法(最小二乘法)

以预测目标时间数列为因变量,按自然顺序编码的时间为自变量,运用最小二乘法建立起线性方程,然后将预测期的时间编码顺序代入方程求得预测值。

当市场销售量随时间移动,其变化是明显呈直线上升或下降趋势时,最小二乘法依据预测直线上各点的预测值与相对应的实际值之差的平方和为最小的原则,利用微分学中的极值原理,建立起直线方程并求解系数 a 和 b,得到有倾向性的趋势直线(或称回归直线),其最能代表实际资料的变动趋势,延长此趋势线便可预测未来时期的销售额。

假设时间序列统计资料的各期观察值呈线性增长趋势,各期观察值为 Yi,时间序列 $ti = 1, 2, 3, \cdots, n$,a 为直线起点,b 为直线斜率,$\overline{Yi}$ 为 i 期的预测值,则得到直线方程为:

$\overline{Yi} = a + bti$

a, b 两个未知数是回归系数,可用最小二乘法求得,计算公式为:

$$\begin{cases} a = \dfrac{\sum yi}{n} - b \cdot \dfrac{1}{n} \sum ti \\ a = \dfrac{\sum yi}{n} - b \cdot \dfrac{1}{n} \sum ti \end{cases}$$

$$b = \dfrac{\sum ti \cdot yi - \dfrac{1}{n} \sum ti \sum yi}{\sum ti^2 - \dfrac{1}{n} (\sum ti)^2}$$

两式中都有 $\sum ti$,为简便计算,设法使 $ti = 0$ 方法是:

当资料期数为奇数时,将 $t = 0$ 置于资料期的正中间,间隔为1,往前后分另各为 $-1, -2, \cdots, -n$ 与 $+1, +2, \cdots, +n$。

当资料期数为偶数时,将中间的一对 t 值取为:"$+1$"和"-1",然后顺次以正的和负的奇数向两个方向分别展开。

于是当 $\sum ti = 0$ 时，a，b 的简化公式为：

$$\begin{cases} a = \dfrac{\sum yi}{n} \\ b = \dfrac{\sum yi \cdot ti}{\sum ti^2} \end{cases}$$

五、旅游市场细分与目标市场选择

（一）旅游市场细分

1. 旅游市场细分的原则

为了使经过细分后的细分市场能为制定有效的市场战略和策略提供依据，更好地适应旅游消费者的需求，旅游目的地或旅游企业在细分市场时，必须遵循以下原则：

（1）可衡量性。可衡量性是指进行市场细分的标准和细分后的细分市场的规模、潜力等是可以衡量的。从中找出真正相似的消费行为；从旅游消费者那里得到有关的旅游信息，并能对其进行定量分析；细分后的市场的范围、规模、容量、购买力、潜力等是可以评估的。

（2）可达性。可达性是指经过细分后的市场是旅游目的地或旅游企业可以利用其现有的人力、物力和财力去占领的。它包括两层含义：一是指细分后的市场值得去占领。细分后的市场的范围不能太小，必须有一定规模的人口和购买力。二是指经过细分后的细分市场对旅游目的地或旅游企业来说，能够利用其人力、物力和财力去占领，能够通过各种渠道使细分市场的消费者了解和购买自己的产品。

（3）经济性。经济性是指旅游目的地或旅游企业能在细分后的市场上取得良好的经济效益。经营具有一定程度的稳定性，细分后的市场必须在规模上能适应旅游目的地或旅游企业旅游业发展的要求。即细分后的市场不仅在短期内能为其带来经济效益，而且具有进一步开发的潜力，从而也能在较长时期内保持稳定的收益。

2. 旅游市场细分的标准

旅游市场是由购买者或者有支付能力的需求者所构成的，即由现实和潜在旅游者构成。在这些众多的购买者或需求者中，一些人往往具有某些相同的特点或共同之处。这些相同的特点或共同之处就是对旅游市场进行划分或细分的标准。

可用于对旅游市场进行划分的标准很多，这些标准可归纳为三大类，即地理因素、旅游者人口统计特征、旅游消费者的购买心理和行为特点。由于其中具体的划分标准很多，不同的旅游目的地，特别是不同的旅游企业，应根据自己的实际情况和需要，选择对自己的经营工作具有实际意义的划分标准。常见的旅游市场划分方法简述如下：

（1）以地理因素为标准进行细分

用作旅游市场划分标准的地理因素包括多种形式。人们常常以旅游客源产生的地理区域或行政区域为标准,对整体旅游市场进行细分。如通常用洲别、世界大区、国别或地区等地理因素标准对国际旅游市场进行细分;用地区、省(州)、市等行政区域地理因素标准细分国内旅游市场;另外还用居住地经济状况、与接待国距离、纬度带等标准进行细分。

例如,世界旅游组织出于自己研究和开展工作的需要,将全世界国际旅游市场按照地理区域划分为六大市场,即欧洲市场、美洲市场、东亚及太平洋市场、非洲市场、中东市场和南亚市场。

(2)以旅游人口统计特征为标准进行细分

即以人口统计特征因素为标准进行旅游市场细分。人口统计特征即人口统计变量,包括国籍、民族、人口数、性别、年龄、职业、受教育程度、宗教信仰、收入状况、家庭人数、家庭生命周期,等等。

例如,根据性别可将旅游市场细分为男性和女性旅游市场;根据年龄可分为老年、中年和青年市场。每个细分市场都有一定的特点和与其他市场不同的需求,旅游经营者可以根据不同旅游者的特点,提供适合其需求的产品。

(3)按旅游者心理因素和购买行为特征为标准进行划分

旅游者心理因素包括社会阶层、生活方式、性格等。购买行为特征包括追求利益、购买目的与动机、品牌偏好、使用者地位、使用频率等。同样性别、年龄、相同收入的消费者,因其所处的社会阶层、生活方式或性格不同,往往表现出不同的心理特征。例如,有的消费者愿意购买高档旅游产品,不仅是追求其质量,而且具有显示其经济实力和社会地位的心理需要。根据旅游者外出旅游目的可将旅游市场细分为休闲、度假、娱乐、探亲访友、商务、会议、健康医疗、宗教朝觐旅游等。因此,旅游地或旅游企业应根据旅游者的不同心理需求和购买行为,不断推出专门设计的新产品,采用有针对性的市场组合策略,满足他们的旅游需求。

(二)旅游目标市场的选择

旅游目标市场的选择是在市场细分的基础上进行的。旅游企业在根据自身经营条件和外部环境选择目标市场时可应用的策略一般有三种:无差异性市场策略、差异性市场策略和密集性市场策略。

1. 无差异性市场策略。是指旅游企业把整个经济体市场看成一个整体,认为所有旅游消费者对其产品和服务的需求是一样的,整个市场就是一个大目标市场。采用单一的市场市场组合满足整个市场需求,无差异性市场策略主要适应于一般的大众旅游观光者及其旅游观光的需求。

2. 差异性市场策略。是指旅游企业在市场细分的基础上选择部分细分市场作为自己的目标市场,针对每一细分市场的需求特点,设计和组合不同的旅游产品组合,并采取不同的旅游促销策略分别进行促销,以差别性产品和促销方式满足不同目标市场的旅游需求。目前,旅游发达国家的旅游企业大多采用差异性市场策略。

3. 密集性市场策略。是指旅游企业在市场细分化基础上,只选择一个细分市场作为目标市场,确定一种营销组合来适应其需要。这种策略适用于资源条件有限的中小型旅游企业。这些旅游企业追求的不是在较大的市场上占有较小的份额,而是在较小的细分市场上占有较大的份额。

六、旅游市场开拓策略

一般来讲,影响旅游市场开拓的因素有很多,归结起来,主要有两类:一类是外部环境因素,它包括人口环境、政治环境、法律环境、经济环境、文化环境、自然环境以及科学技术环境等宏观环境因素;也包括市场竞争者、中间商、供应商、社会公众、社区公众等微观环境因素。这些外部环境因素是影响旅游市场开拓的不可控因素,只能通过环境分析,以发现有利的市场机会,克服不利的环境威胁,尽可能适应微观和宏观市场开拓环境。另一类是可以控制的因素,即旅游市场开拓策略,它是指旅游企业为实现利润最大化的最终目标,在选定的目标市场上,在一定时期内,有计划地综合运用各种可能的市场营销策略和手段,进行旅游市场的开拓。

旅游市场开拓策略,就是把旅游产品、价格、促销和分销等组合起来,结合市场环境和企业自身条件,推进旅游业营销工作,确保实现旅游市场战略目标的实现。

具体来说,旅游市场开拓策略类型有:

(一)旅游产品策略

产品策略是市场营销组合的核心,是价格策略、分销策略和促销策略的基础。对于旅游企业而言,首要的问题是决定用何种产品和服务来满足目标市场需求,它包括旅游产品组合、旅游产品生命周期、旅游新产品开发等方面。旅游产品开发是目前旅游市场开发的关键因素。目前我国的旅游产品开发面临的问题是:产品结构单一,基础设施不完善,相关的法律法规缺失、供给不适应需求等问题。针对旅游产品开发存在的问题,可采取以下的对策措施,一是加速旅游产品的开发和更新换代,满足旅游需求的不断变化;二是积极开拓专项旅游产品,适应市场细分化的需求;三是积极加强环境保护,加大基础设施建设的投入,提升接待设施的标准。

(二)旅游价格策略

在旅游产品的销售策略中,产品的价格策略是很重要的组成部分。价格策略又包含两部分:定价策略和价格调整策略。旅游产品定位之后,就要根据目标市场上的旅游者需要和市场竞争状况,制定一个合理的有竞争力的旅游价格。旅游价格策略有新产品定价策略、心理定价策略和折扣与让价策略等。旅游价格制定的基础是成本,价格是由成本和盈利构成的。当旅游市场处于卖方市场形势下,可采用以成本为中心的定价方法;在买方市场形势和市场竞争比较激烈的情况下应采用以需求为中心的定价方法和以竞争为中心的定价方法。

（三）旅游促销策略

旅游产品销售是联系旅游产品供给与旅游市场需求最为重要的环节，它把我们规划、开发的旅游产品推向市场，销售出去，最终使旅游者的旅行变为现实。旅游产品销售涉及的工作要素较多，但主要由旅游产品促销行动和销售渠道两部分组成。

所谓促销是旅游目的地政府或企业为激发旅游者的购买欲望，通过一系列宣传、报导、说服等促进工作影响旅游者的消费行为，扩大产品的销售而进行的。促销的过程就是信息沟通的过程。促销策略就是对促销对象、促销技术、促销方法、促销效果进行科学的选择、配置、控制和评价的过程。促销手段有广告、营业推广、公共关系、人员推销等。目前，我国国际旅游市场促销面临的问题是促销投入太少，不适应市场开拓需要；地方旅游企业自己出国推销的机会增多，参加联合促销的积极性减弱。针对上述问题拟采取下述对策：增加促销投入，利用旅游基金解决企业参展和促销的部分费用，进一步提高企业参展和联合促销的实效，并超前制订与布置旅游促销计划，加强旅游宣传品的针对性等。

而旅游产品销售渠道是指旅游产品供应商（旅游企业或其他经济实体）将旅游产品转移到旅游者手中的整个流通框架。选择合适的销售渠道，使我们的目标市场人群（潜在的消费者）能够以最便捷的方式购买旅游产品，使其旅游动机转化为实际购买行动。

销售渠道有直接销售和间接销售两种形式。旅游产品供应商选择何种销售渠道主要与产品的性质、档次、目标人群特征及供应商自身实力有关。直接销售是由供应商直接在确定的目标市场开设销售网点，有利于强化推销，控制旅游价格，改进服务工作，树立旅游目的地形象，但销售成本较高；间接销售由中间商介入，简化了旅游供应商的销售工作，节约了销售进程的人力、物力，同时大大扩展了销售网点的数量，缺点是旅游产品供应商对销售的控制力度不足。

1. 直接销售

在旅游企业确定了明确、清晰的旅游目标市场之后，可以做到有的放矢，开设销售网点，直接将产品销售给消费者。同时，外驻销售网点也是旅游信息发布与反馈的主要机构，这两种类型是目前直接销售的主要方式，可以很好地提高旅游企业面对市场变化的应对能力。

2. 间接销售

间接销售是目前旅游产品销售的主要渠道，运作模式成熟，市场的认可度高。以下是可供选择的旅游产品销售中介：

※旅行社

※航空公司机票代理处

※知名网站及网络公司

※铁路、公路、航空等公共客运企业

※其他行业大型公司的旅游部

第五节 旅游市场体系

一、旅游市场体系的概述

旅游市场体系是一组具有一定市场关联度的子市场所组成的统一体。旅游市场体系的结构由主体结构、客体结构、时间结构和空间结构复合而成。一般来说,旅游商品市场和要素市场是市场体系最常见的基本构成。

任何一个现代经济体都是统一的有机体,其中的各种商品市场和要素市场都有着千丝万缕的联系。一个有效的和健全的旅游市场体系是市场经济作为资源配置有效手段的必要前提,也是形成完善旅游市场机制,全面发挥市场功能的必要条件。

二、旅游市场体系的特点

(一)旅游市场体系是一个多维的综合体

旅游市场体系不仅包括一般的旅游商品市场,还包括经济要素市场,如从事资金融通,证券经营的金融市场,同时也包括生产要素市场,如人力资源市场、资本市场、技术信息市场和房地产市场等。另外按照商品销售渠道来划分,还可分为批发市场和零售市场。总的来说,旅游市场体系是个复杂的综合体。

(二)旅游市场体系是一个统一的有机整体

旅游市场体系不是各个市场的简单相加,而是在社会总体交换过程中,相互依赖、相互渗透、相互作用的整体。旅游市场中的各要素市场分别承担不同的经济职能,各自发挥作用,又互相影响,共生互动而发挥功能。所以,不能有地方封锁和部门分割,不允许因地方或部门利益而设置市场壁垒,各种商品和要素在全国统一的市场上自由流动,使资源得到优化配置。

(三)旅游市场体系是充满竞争的

竞争是旅游市场经济的内在要求,是旅游市场机制运行的基本要素。在构成旅游市场体系的各类子市场上,在价值规律、供求规律、竞争规律的作用下,各种交换行为的主体按照自愿交换和自由契约原则进行竞争,不断排除由竞争本身和行政干涉造成的垄断,确保优胜劣汰和社会资源自由流动,促使旅游市场主体不断创新,推动旅游产业不断向广度和深度发展。

(四)旅游市场体系是发展的

随着生产力的发展,随着买者和卖者、生产者和消费者等旅游市场主体关系的发展,随着各类旅游商品供给与需求关系的发展变化,旅游市场体系从内涵上要不断完善,从外延上必然不断扩大,市场体系的功能、机制、结构一定会越来越健全。

(五)旅游市场体系是开放的

市场经济是开放的,旅游市场体系也必须是开放的,向国内开放,也必须向国外开放,积极参与国际旅游市场的竞争,充分运用国际旅游市场提供的价格信息配置资源,并按照国际通行规则和国际惯例进行生产和经营活动。

(六)旅游市场体系是有序的

旅游市场经济是法制经济。旅游市场体系的各个行为主体的活动,应按照市场规则的要求有序进行。所谓市场规则,是指由立法机关、政府和旅游行业协会按照市场运行的客观要求制定的或沿袭下来的由法律、法规、制度所规定的行为准则,主要有旅游市场进入规则、市场竞争规则和市场交易规则。

总之,旅游市场体系是个结构复杂,统一性、开放性、竞争性和有序性相统一的完整的体系。在培育旅游市场体系的过程中,要全面考虑,统筹规划,不能顾此失彼。

三、消费品市场

消费品市场,也称生活资料市场,是指消费者个人及其家庭为了满足生活需要而购买的直接用于最终消费的商品的市场。消费品市场涉及人们的衣食住行以及娱乐、旅游等各方面的生活消费,包括各类农副产品及日用工业品,是人类自身赖以生存的物质基础。消费品市场可以分为消费品批发市场和消费品零售市场。

消费品市场的特点主要有:

消费品市场具有广泛性。全社会的每个成员,不分男女老少都是消费者。它要面对社会一切成员,遍及城乡各地,涉及千家万户。

另外,消费品市场还具有多样性和多变性。由于社会成员的情况和需求是千差万别的,这就要求消费品市场必须具有多样性,消费品市场上的商品在花色、品种、规格、款式、质量、性能、价格以及销售和服务等方面表现为复杂多变的特点。而由于生产的发展和消费者收入的增长,消费需求总量和需求结构也必然要发生变化,从而使消费品市场本身也经常变化。

消费品市场交易批量小,交易金额不大,交易次数繁多,购买人数多,市场分散,市场总体规模大。

消费品的购买者一般来说多数人是没有掌握各种专门商品知识的。对于商品的性能、使用、保管及维修方法,有待经营者的宣传和推销,使消费者掌握使用。同时,消费品更新换代快,性质相近的商品替代性较强。比如当肥皂供应短缺时,可以推荐使用洗衣粉;当没有赤金钢笔时,可以宣传推荐使用钇金笔。

消费品市场的购买流动性大。人们对日常消费品的要求,一般来说是对商品的质量、款式、花色、价格等进行反复比较挑选;同时,人口流动形成购买力在不同地区之间、不同商业部门之间的流动。

消费品市场上的商品是社会最终产品，体现社会再生产过程最终的市场实现，消费品市场的变化反映消费者需求的变化，所以需求与消费品市场相关的市场也要发生相应的变化。

消费品市场是联结生产与生活的桥梁和纽带。组织和开拓消费品市场是满足消费需要，实现社会生产目的的重要前提，也是保证社会再生产顺利进行的必要条件。消费品市场直接影响和制约生产资料市场的发展。

四、生产资料市场

生产资料也称为资本货物或投资品，它是人们在物质生产过程中使用的劳动资料和劳动对象的总和，其用途是满足生产消费的需要。生产资料市场就是满足社会再生产过程中对生产资料的消费而设置的商品交换的场所。在生产资料市场上进行交换的产品，有的是生产工具，如各种机械、设备等；有的是劳动对象，如各种原材料等。

生产资料市场的特点主要有：

生产资料市场交换的产品大部分是中间产品，而不是最终产品，主要用于生产过程。

生产资料市场交换的商品一般价值高，经济技术性强，专业性强。生产资料一般要求"成龙配套"进行供应，也就是说，要主件、部件和零件同时经营供应。参加生产资料买卖的一般都是行家里手。同时，生产资料市场要求良好的技术服务。

生产资料市场上的商品需求属于引发性需求。对工业品的需要是基于对消费品的需要而引起的。比如，生产资料市场上对钢铁的需要，是由于消费品市场上对汽车、缝纫机等的需要而引起的。

生产资料市场需求主要受生产结构和生产发展速度的影响和制约，交易关系比较稳定。

生产资料市场上的购买者多数是生产性企业和从事生产资料经营批发的企业，每次购买批量大，金额多，购买频率低，市场集中。

生产资料市场因各地区资源情况、生产布局、发展水平和其他经济条件不同，在市场分布、规模结构等方面差异很大。

生产资料市场是联结生产与消费的桥梁和纽带。生产资料作为生产的结果进入市场，通过买卖转移到另一个生产单位，被当作生产物质要素消耗，然后创造出新的生产物品，有的是最终产品进入个人消费，但有的仍然是中间产品，再经过市场转入到生产过程，通过价格改制后又创造出一种更符合社会需要的新产品，再回到市场进入消费领域。

生产资料市场在社会再生产过程中起着中介作用，它在市场体系中处于支柱地位。生产资料市场发育良好，运行效率高，社会再生产的运行便顺畅。

☆补充阅读：

生产资料市场在社会再生产过程中的地位如何？

答案：社会再生产过程得以持续进行的必要条件是：再生产过程所必需的生产资料能够在生产资料市场得到补充。因而生产资料市场是生产和在生产过程的中介。

五、经济要素市场

经济要素市场是整个市场体系必不可少的组成部分。经济要素市场的充分发育能影响和促进商品市场的发展。市场经济的资源配置功能主要是依靠经济要素市场的有效运行来发挥的。经济要素市场包括金融市场、劳动力市场、技术市场、信息市场和房地产市场，是生产过程所需要的各种要素的交换场所及关系。

（一）金融市场

金融是指资金的融通，也就是指资金的集聚与流通，包括货币发行、流通和回笼，存款的吸收与提取，贷款的发放与收回，投资的筹集等与货币流通有关的一切活动。

金融市场是实现货币借贷，办理各种票据和有价证券买卖或交易的场所。它可以是有固定地点和设施的场所，也可以是由参与者利用电讯手段进行联系、洽谈以完成交易。

金融市场是一个复杂的体系，包括短期金融市场、长期金融市场、黄金市场和外币市场。

1. 短期金融市场

短期金融市场也称货币市场，是指专门融通短期资金的市场。其特点是融通时间短（一般期限为一年），被融通的资金主要用于解决再生产过程中所需要的流动资金。其基本职能主要是调剂各市场主体之间的短期资金余缺和调节货币供应量。短期金融市场的主要业务有以下几种：

（1）短期拆借市场

短期拆借市场也称同业拆借市场，主要解决商业银行间资金不足或多余资金的调剂问题。短期拆借一般为1～3日，利息按日计算，称为拆息。

（2）票据贴现市场

所谓贴现，是指票据持有人持未到期的票据到银行申请贴现，银行根据票据的代偿期扣除一定利息，给原执票人贷款，此票据到期，银行再以债权人的身份执据向原债务人索回款项。贴现业务所使用的信用工具有支票、汇票、本票和短期国库券。

（3）票据承兑市场

所谓承兑，是指汇票上所记载的付款人接受出票人的要求，在票据上签名并写上"承兑"字样，表示承认到期给予兑付。票据承兑市场是承兑方用自己的信用担保，承诺付款，便于票据贴现和转让，开拓票据范围，缩短清算时间，提高资金的使用效率。

（4）短期债券市场

短期债券市场是指期限在一年以内的有价证券的发行和流通的市场。信用工具是短期国库券和其他短期债券。短期国库券是国家为弥补国家预算收支不平衡而发行的一种有价证券，期限在一年以内，大多为三个月，是政府的直接债务，政府可用来调度国库收支和调节货币信用资本的流通量。国库券可以转让和贴现。

2. 长期金融市场

长期金融市场也称为资本市场，是指从事一年期以上融资活动的市场，主要通过证券投资和银行的长期放款业务，为各经济单位提供长期资金。其基本功能是促进资本的形成和有效配置资源。长期金融市场可以分为以下两大类：

（1）直接融资市场

直接融资市场是指不经过银行等金融中介，由资金需求者通过直接发行有价证券，直接筹资的金融活动，其信用工具主要有股票和公司债券。融资活动的主要场所是证券市场。证券市场按其职能作用来说，可以分为证券发行市场和证券转让市场。

证券发行市场，也叫一级市场或初级市场，所有上市的证券，包括建立股份公司时发行的股票和扩大股份公司时增发的股票，以及企业债券和政府债券等，都要通过发行市场上市。

证券转让市场，也叫二级市场，是债券和股票持有人转让自己已购买的证券的市场，是指证券买卖和流通的市场。证券转让市场可以分为两部分：证券交易所市场和场外交易市场。

（2）间接融资市场

间接融资市场是指通过银行向社会吸收存款，再贷款给生产经营企业的资金融通方式，是以银行为中介所进行的信贷活动。银行信贷资金的主要来源是银行存款。在间接融资市场上，银行处于中心地位。

金融市场是市场经济的动脉，是市场配置资源的主要形式，因为在市场经济中，货币是所有资源的代表形式，资源的分配首先是资金的分配。在经济要素市场中，金融市场处于核心地位，金融市场的存在是劳动力等经济要素成为商品并进入市场的前提。

由于金融市场地位和作用的重要性以及金融市场体系的内在复杂性，当前发展金融市场既要积极又要稳妥。具体来说，包括：①要更好地发挥现有银行的作用，发展和完善间接融资市场。②资本市场要积极稳妥地发展债券、股票融资。建立发债机构和信用评级制度，促进债券市场的健康发展。规范股票的发行和上市，规范股市的运行操作，如坚持信息披露公开和公平的原则等。③货币市场要发展规范的银行同业拆借和票据贴现业务。④中央银行要开展国债买卖等公开市场业务。⑤要加强金融立法和金融市场监管力度，防范和化解金融风险，打击金融投机行为，坚决制止和纠正违法违章的集资、拆借等融资活动。

（二）劳动力市场

劳动力市场是指实行劳动力资源配置的场所，这是市场体系中的主体构成部分。各国的劳动力市场，由于其经济体制、经济运行机制、经济政策的不同，而显示出差异性，具有其自身的特征。而这一特征，又明显地表现在其就业制度、工资形式及保险福利等方面。就中国而言，与上述其他市场形式相吻合，作为三大市场之一的劳动力市场也具有其特点。它是中国现有经济制度的必然产物，是长期实行其经济政策的必然结果，亦与中国的文化传统和社会环境紧密相联。在社会主义市场经济条件下，劳动力必须通过市场机制进行配置。劳动力市场调节劳动力的供求矛盾，以实现劳动力与生产资料相结合。它反映了社会主义市场经济条件下劳动力流动的社会形式和客观要求，表现为具有劳动能力的个人与在社会生产过程中使用这些劳动力的经济主体之间的交换关系。劳动力合理流动是历史的进步，是发展商品经济的需要，是社会化大生产的客观要求。

1. 工资

劳动力价格就是工资。在资本主义条件下，劳动力成为商品，通过劳动力商品交易实现劳动者与资本的结合，体现着资本主义雇佣劳动关系。劳动力价值取决于生产和再生产劳动力所必需的生活资料价值，工资的实质是劳动者生产和再生产劳动力所必需的生活资料价值的货币表现。在社会主义公有制经济中，劳动力作为生产要素进入市场，通过市场供求双方的契约合同关系，实现劳动者与公有生产资料的结合。社会主义公有制经济实行按劳分配的原则，工资的实质是劳动者按劳分配个人消费品价值的货币表现。

2. 劳动力市场分类

劳动力市场可以分为一般劳动力市场和特殊劳动力市场，而特殊劳动力市场又可以进一步划分为技术人才市场和管理人才市场（即经理人才市场）。

3. 劳动力市场的特点

（1）劳动力的需求方在取得劳动力的支配权后，仍然要通过劳动力的供给方即劳动者来使用其劳动力。劳动力的让渡发生在劳动力市场，但要延续到生产过程。

（2）在劳动力市场上，劳动者让渡的只是劳动力的使用权，而不是所有权的转让，并且让渡方式是一次一次的进行，而不是单次完全转让。

（3）劳动力的流动速度会因劳动者本身的速度和行业特点而有所不同，一方面，劳动力掌握某种专业技术需要一定的时间，以及由于职业习惯，居住习惯，人际关系等因素的影响，劳动者居住的地区相对稳定；另一方面，生产部门对专业技术有一定的要求，语言上存在着一定的障碍。

（4）劳动力市场的交易对象的无形性，劳动力是看不见、摸不着的，质量的好坏只能通过劳动者劳动效果进行考察。

第五章　旅游市场结构与竞争策略

4.劳动力市场的作用

(1)有利于实现劳动力的优化配置。

(2)有利于实现产业结构调整。

(3)有利于减轻就业压力。

(4)有利于合理工资水平的合理形成,可以减弱工资攀比倾向。

我国劳动力资源充足,同时也存在着较大的就业压力,要把开发利用和合理配置人力资源作为发展劳动力市场的出发点。要建立工资主要由劳动生产率和劳动力供求关系决定的机制,实现用人单位和劳动者的双向选择、自由流动的格局。要加快劳动立法及其配套措施的制定,维护劳动力市场的正常运转,加强劳动力市场的管理,维护劳动者的合法权益,制定劳动力资源开发规划,科学检测试验水平,实行劳动力资源的总量控制,规划社会保险的总水平。

另外,由于我国第三产业将保持较快的发展速度,而第三产业就业弹性2008年为0.53,将拉动总体就业弹性的升高;加上加入WTO后,依据国际比较优势发展生产,我国的劳动密集产业还将进一步得到发展,也拉动总体就业弹性的升高。如果我国能够进一步推动第三产业的发展,加快城市化步伐,经过努力,实现劳动力市场的供求平衡是完全可以做到的。如图5-7所示。

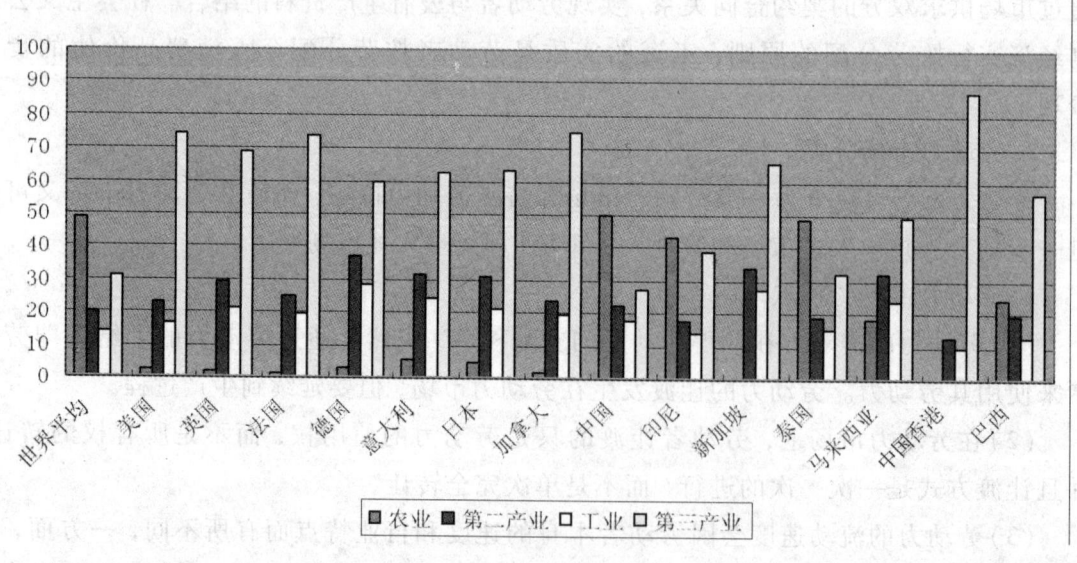

图5-7　相关国家和地区劳动力就业概况

☆补充阅读:

劳动力黑市(关于劳动力买卖的理论)

徜徉于城市街头,在某些地方,我们常常可以看到三五成群的人们,一些人手中提着"木工""瓦工""厨师"等的木牌或木片、纸片,另外有一些人正在跟他们讨价还价。当管理部门的执法人员一来,那些人就作鸟兽散;执法人员一走,他们又卷土重来。有关部门伤透了脑筋,想尽了办法,各级劳动部门和工商管理部门进行了多次的协商、研究和讨论,先后使用过驱赶、清理、劝说等办法对其进行解决,可以说是软硬兼施,但均未见效。后来,有关部门提供各种优惠的政策,希望通过降低加入正规劳动力市场的成本,吸引劳动力离开黑市。即使如此,民工们仍然在黑市上寻找活干。为什么在全国范围内普遍存在着这种现象,而且长期得不到解决;劳动力黑市的存在在产生一些副作用的同时,有什么必然性和合理性,应该如何采取正确的对策对其进行有效的引导,将其纳入正常的轨道,使劳动力市场健康有序地发展,这是值得人们深思的一个问题。

案例评析:

1. 劳动力市场作为劳动力资源配置的场所、渠道和领域,自然而然地形成了。但是,由于人们受传统思想的影响,观念还比较陈旧、落后,束缚了劳动力市场的正常发展,即劳动力市场的发展严重滞后,从而使劳动力黑市就不可避免地存在并发生作用。在制约劳动力市场发展的诸多因素中,除观念问题外,主要是体制因素和信息问题。

2. 劳动力市场存在着流动性障碍,首先是由体制性的原因造成的。体制性的原因导致劳动力市场的交易成本太高。这里的劳动力交易成本太高,主要不是指职业介绍费,而是指行政性限制太多。比如在南京,你要在职业介绍所找工作,除了要有身份证以外,还必须有户籍所在地政府发放的外出务工证,结婚的还要有计划生育证,诸多证件必须齐全。办证成本不仅包括办证的价格,也包括办证的"交易成本",比如劳动力在办证过程中因为主管部门人员"寻租"而额外支付的费用。在许多地方层层加码,甚至连村委会也要前来收取务工费。最后,旨在"规范"农村劳动力流动和就业的证件,成了某些部门和人员"寻租"的手。在办证成本非常高的情况下,仅仅降低职业介绍费而不取消证件限制,要吸引黑市劳动力复归到正规劳动力市场,是十分困难的,甚至是不可能的。劳动力市场存在流动性障碍的另外一个原因是信息方面的原因。信息的对称性、流畅性、准确性是劳动力市场发展的必要条件。我国目前一方面存在着劳动力市场的信息严重不对称的问题。由于通信、信息基础设施不完善,以及劳动者的知识层次差异,存在着较大的信息不对称,导致交易费用较高。劳资双方难以达成稳定、公正的就业协议。比如,对大量农村打工者,由于相关经济、法律等知识的欠缺,大量非法的、损害劳动者利益的就业契约出现,造成劳动力市场混乱。而另一方面,存在着信息不流动的问题。缺乏相应的流动机制和设施,信息流动空间狭窄,获取信息的成本高,导致劳动力市场的信息,如供求状况、价格信号难以迅速有效地传播到雇主和雇工,使得企业难以及时补充,同时,人才滞留在低效的地方,得不到利用。比如,在许多地方,求职渠道单一,仅靠就业中心求职,而许多就业中心受到利益驱使,提供的信息却往往是虚假的、过时的信息,这样使得求职者难以分辨企业的优劣。另外,信息不准确的情况也比较严重。由于信息在传递过程中存在着人为的扭曲,地方就业指导部门在信息方面没有纠正措施,导致信息不正确、不全面。这就使得企业错误估计供求状况,制定不合理的工资价格,而供给者也错误地判断需求状况,盲目流动。比如,近年来农村的打工潮,受到错误信息的驱使,就有盲目流动的趋势。

3.我国劳动力黑市出现,并有不断蔓延的趋势。关键在于,在劳动力流动的限制得到解除的同时,并没有消除对劳动力相关权利的限制。一方面,试图通过市场机制调节劳动力供求;另一方面,却对劳动力行政限制不加以解除。这样,劳动力黑市自然难免。我国之所以要对劳动力市场实行管制,主要不是因为劳动力市场失灵,而是源自计划经济的惯性。而要解决劳动力黑市问题的唯一出路,就是彻底消除一切不正当的管制,开放市场,自由竞争。市场经济是开放式的,劳动力作为市场中最活跃的要素必然要流动起来,雇主对劳动力成本的价格更加促进了这种流动。打工的要找饭碗,雇工的要尽量减少雇工成本,这一切都要通过劳动力自由流动和劳资双方双向选择来实现。另外,在劳动力供过于求的现状下,限制劳动力自由流动(户籍的限制)也收不到实际效果。所有的用人单位无不想降低雇工成本,使用外来民工比使用本地工省钱还省事。再说,雇工单位在一座城市成千上万,谁用外来工、谁用本地工,政府根本无法统计。有人担心,放开管制会带来无序,实际上并非如此,劳动力会从切身利益考虑问题,不断地调整自己的行为,使劳动力的盲目性流动逐渐消失。事实正好相反,黑市是因管制而生,因放弃管制而亡的。保障秩序的条件不是管制,相反,是充分自由的选择。所有这一切都应从转变观念入手,引导企业和劳动者向市场观念转变,培养新型就业择业观念,改革就业和相关体制,规范就业指导,拓宽信息基础渠道,保证信息的对称性、流畅性和准确性,强化市场配置劳动力资源的主导作用,促进劳动力市场的健康发展。

案例讨论:
1.请列举一两个事例,说明如何发挥劳动力市场对人力资源的配置作用。
2.你认为当前政府应该如何对劳动力市场进行引导?
资料来源:扬州大学社会发展学院网。

本章小结

☆所谓定价方法，是指旅游企业在特定的定价目标指导下，依据对成本、需求及竞争等状况的研究，运用价格决策理论，对旅游产品价格进行计算的具体方法。定价方法主要包括成本导向、竞争导向和顾客导向等三种类型。

☆具体来说，从国内外旅游市场竞争的状况看，旅游竞争策略可分为四种，即低成本策略、产品差别化策略、专营化策略及价格策略等。

☆竞争是市场存在的条件，没有竞争，就没有市场经济，但不同国家、不同地区、不同市场的竞争程度也有很大的差别。一般来说，我们根据竞争程度的差异，将市场竞争分为四种类型，即完全竞争市场和不完全竞争市场（垄断竞争市场、寡头垄断市场和完全垄断市场）。

☆所谓旅游市场的构成要素，就是指能发挥各自的作用并且各自的作用能互相协调配合从而共同促成旅游市场正常有序运行的因素。

☆旅游市场体系是一组具有一定市场关联度的子市场所组成的统一体。旅游市场体系的结构由主体结构、客体结构、时间结构和空间结构复合而成。一般来说，旅游商品市场和要素市场是市场体系最常见的基本构成。

☆旅游企业在根据自身经营条件和外部环境选择目标市场时可应用的策略一般有三种：无差异性市场策略、差异性市场策略和密集性市场策略。

☆旅游市场是由购买者或者有支付能力的需求者所构成的，即由现实和潜在旅游者构成。在这些众多的购买者或需求者中，一些人往往具有某些相同的特点或共同之处。这些相同的特点或共同之处就是对旅游市场进行划分或细分的标准。

☆旅游市场预测，是指通过对企业内外环境的调研，凭借充分的信息资料和经验，用科学的方法和逻辑推理，对旅游市场未来变化及趋势作出定性和定量的判断，从而为旅游市场决策提供可靠依据。

☆旅游市场信息系统，是指旅游企业根据其营销活动及管理的需要，用一种程序和方法，收集、选择、分析评析及贮存、传输有效的旅游市场信息而构成的系统。旅游市场信息系统处于外部环境与旅游市场决策者或管理人员（即信息使用者）之间。它由四个子系统构成。

☆主要概念

定价方法　旅游竞争策略　寡头垄断　完全垄断市场　旅游市场体系　密集性市场策略　差异性市场策略　无差异性市场策略　旅游市场信息系统　旅游市场预测

第五章　旅游市场结构与竞争策略

☆复习题

1. 旅游市场在旅游经济发展中有何特点和作用？
2. 如何对旅游市场进行科学的分类？
3. 何为旅游市场竞争？其有哪些类型？
4. 旅游市场竞争的内容是什么？可采取何种策略？
5. 为什么要进行旅游市场细分？
6. 如何确定旅游市场的目标？
7. 结合实际，阐述如何开拓旅游市场。

第六章 旅游收入与分配

◇ 学习目标：

一、了解旅游经济效益、旅游收入、旅游乘数效应、旅游漏损、旅游成本等概念；

二、掌握旅游经济效益的特点及其影响因素，旅游收入的分类、指标和再分配，旅游乘数效应与旅游漏损的现实意义，旅游成本的意义与分类，旅游经济效益的评价原则；

三、熟悉提高旅游微观、宏观经济效益的途径。

第一节 财产制度

实践证明，市场经济更加符合我国的基本国情，也在过去的经济发展过程中起到了促进我国经济快速、健康发展的重要作用。经济制度是国民经济正常运行的前提条件，而财产和收入分配制度又是经济制度的核心内容，所以，正确理解产权制度和收入分配制度将有助于我们理解旅游产业的现行机制，以及未来改革的方向。

一、财产与产权

所谓财产是对具有金钱价值并受到法律保护的权利的总称。一般来说，财产有三种，即动产、不动产和知识财产（即知识产权）。财产具有以下特点：

（一）财产所有人依法对自己的财产享有占有、使用、收益和处分的权利；

（二）任何人未经财产所有人的许可不得使用该财产，否则就是非法侵犯权利；

（三）财产所有人可以是自然人，也可以是诸如公司这样的法人。

而产权又称为财产权，是指以财产利益为内容，直接体现财产利益的民事权利。财

第六章 旅游收入与分配

产权是可以以金钱计算价值的,一般具有可让与性,受到侵害时需以财产方式予以救济。财产权既包括物权、债权、继承权,也包括知识产权中的财产权利。

财产权是人身权的对称。它具有物质财富的内容,一般可以货币进行计算。财产权包括以所有权为主的物权、准物权、债权、继承权以及知识产权等。在婚姻、劳动等法律关系中,也有与财物相联系的权利,如家庭成员间要求扶养费、抚养费、赡养费的权利,夫妻间的财产权,和基于劳动关系领取劳动报酬、退休金、抚恤金的权利等。财产权是一定社会的物质资料占有、支配、流通和分配关系的法律表现。不同的社会,有不同性质的财产权利。在资本主义国家,奉行的是私有财产神圣不可侵犯的原则。在社会主义国家,公共财产是神圣不可侵犯的。在不同的社会和国家里,对作为财产权客体的财物种类的限制也不同。在资本主义国家,除已宣布为国有的财产外,几乎所有的财物都可作为私人财产权的客体。在中国,财物则依其属于生产资料或生活资料,依其地位与作用,分别属于国家、集体经济组织或个人。

财产权的特点有:1.财产权的主体限于现实地享有或可以取得财产的人。它既不像人格权,为一切人所享有,也不像亲属权,只要与他人发生亲属关系即享有亲属权。财产权的客体限于该社会制度下法律允许私人(自然人和法人)可得享有的。例如在我国社会主义制度下,土地属于国有(全民所有),不得为私有,因而土地即不得为作为民事权利的私人财产权的客体。即债权也有这种情形,所谓不融通物即指不得为交易客体从而不得为债权客体之物。因此,财产权的情形常因各个国家的社会制度而有所不同。历史上奴隶制下与资本主义制、现代资本主义制与社会主义制下的财产权的情况很不相同。在这一点上,财产权是与社会制度密切相关的权利,与人格权亲属权大不相同。2.财产权除极少的例外情形以外都是具有财产价值的,这种经济价值又是可以金钱计算的。通常讲到这一点,都以私人信函、爱人遗物(如头发)等也可为所有权的标的为例。就在这种情形下,当这些东西成为交易标的时也是有经济价值的。3.财产权原则上都是可以处分的,不具专属性。可以处分,指可以转让、可以继承;可以抛弃。不具专属性,因而可以由他人代为行使。在一般情形下,权利的归属与权利的行使是可分的,例如未成年人的权利由法定代理人行使、破产人的权利由破产管理人行使、失踪人或禁治产人的权利由管理人行使等。当然,财产权中也有具专属性的。

财产权包括物权与债权两大类。

物权是直接支配物的权利,物也包括某些权利。物权具有排他性、优先性与追溯性。物权包括所有权与限制物权;和物权不同的是,债权是一种典型的相对权,只在债权人和债务人之间发生效力,原则上债权债务关系不能影响第三方。

二、产权制度与资源配置效率

产权制度是所有制的具体化。所有制具体化为产权制度,从总体上说,并非人们的随意安排或选择,它是由特定所有制的产生、发展的内在逻辑和需要等因素构成的。因为生产资料必须在经营过程中才能实现增值,那么为了有效经营,不同主体(所有者、经营者)就必须有明确的权责利,做到各行其权,各负其责,各得其利。这些权责利等关系可以是所有者的,也可以是经营者的,也可以是所有者与经营者之间的。对这些复杂关系的界定规则就构成产权制度。正因为这些关系的复杂性,仅靠所有制性质的界定无法处理,所有制具体化为产权制度才显得十分必要。

1. 产权制度

产权是泛指对一切财产的权利,因而产权制度也包括关于一切产权关系的制度。但是,一方面,由于生产资料的外延广泛而且是动态的,其他财产可以转换为生产资料,消费资料的消费可以与劳动力生产等同,因而从一定意义上看,消费资料与劳动力都可以纳入生产资料或生产要素范畴,从而其产权制度也可以纳入生产资料产权制度和生产要素产权制度;另一方面,由于生产资料室所有财产中最重要、最主要的财产,它的所有制性质决定整个社会经济制度的限制,因而生产资料产权制度就具有代表性意义,基本上把所有的产权制度包括了。

简言之,产权制度就是制度化的产权关系或对产权关系的制度化,是划分、确定、界定、保护和行使产权的一系列规则。制度化的含义就是使既有的产权关系明确化,相对固定化,依靠规则使人们承认、尊重合理行使产权,如果违背或侵犯它,就要受到相应的制约和制裁。制度变革就是通过规则改变,调整产权关系,改变产权格局。对产权的规则或指导可以分为两类:一类是正式规则,包括法律(广义的法律)规则、社会契约、组织机构的构造和确定;另一类是非正式规则,包括人们的文化传统、习惯或约定俗成和道德规范等。以上两类规则及第一类规则中的具体规则,都可以在这一范围内单独起作用——规范产权关系。但是,事实上,它们往往可以,而且经常是综合的发生作用。例如,契约的签订和履行得到有关法律的约束、认可和保护,就是契约化、法制化两种规则的综合运用。

一般来说,一种产权关系能够存在,是因为有相应规则的支持。理论上讨论产权时,也基本可以假定产权都是获得了某种制度形式的。

2. 适应市场经济要求的产权制度安排

在人类社会的不同发展阶段,产权制度具有不同的内容。在现代市场经济条件下,能保证资源最优配置的产权制度应具有怎样的内在规定性,这正是产权理论所要解决的问题。我们知道,市场交易的本质是在交易者平等和自愿基础上的追求效用函数最大化的产权交易。在交易费用大于零的条件下,与现代市场经济相适应的一套法律上强有力的产权制度至少应包括以下内容:

(1)为了使市场交易顺利进行,必须确定排他性的产权,即通过产权界定,确定谁有权做什么,并确立相应的产权规则。现代产权经济学认为,权利应让与那些最具有生产性使用动机的人,从而可降低权利让渡的资本,提高合作的效率。具体来说:

①交易主体对交易对象应拥有明晰的、唯一的产权,而且产权具有可分离的特性,即产权在量上是可以度量的(通过市场价格反映出来),而且是可以分解的;

②职业产权的拥有者不违反法律及不损害他人的利益,产权行使应该不受任何

第六章　旅游收入与分配

限制；

③产权具有可交换性；

④产权拥有者必须对产权行使的后果承担完全的责任。

（2）企业产权结构的安排

为了克服企业内部各种要素所有者之间在团队生产中的偷懒和搭便车行为，就需要形成一套能提高企业产权结构效率的激励约束规则，以降低交易费用。具体来说：

①明确出资人、经营者与生产者之间的权利和义务关系；

②出资人通过设置一个最优化的激励约束机制监控经营者的行为，使经营者对个人效用的追求转化为对企业利润最大化目标的追求；

③确立法人财产权企业法人对法人资产拥有完整的支配、转让和收益权，并对企业债务承担清偿责任；

④经营者与生产者的利益和动机不能雷同，以提高经营者的监督动机。

（3）有效的产权保护

有效的产权保护包括合约各方可通过行使退出权保护自己的权益，以及法律制度通过强制惩罚一切破坏现有产权关系的行为和由此产生的威慑力量来实现对产权的保护。

3. 产权制度在市场经济中的功能

产权制度的最主要功能在于它能降低经济活动中的交易费用，从而提高资源配置效率。根据现代产权理论，经济制度的不同决定着交易费用的大小，并根据交易费用的大小来选择经济制度。制度选择的含义是广泛的，既包括契约、规则、权利安排的选择，又包括社会体制、经济组织的选择。

一个在法律上强有力的血汗钱制度之所以能够有效地节约交易费用，其关键在于产权制度具有以下功能。

（1）界定交易界区的功能

交换本质上是产权的交换，如果没有对财产权利本身的界定，就会模糊交易界区，从而不存在真正意义上的市场交易。一个在法律上强有力的产权制度可以通过法律体系等形式界定和保护排他性的产权，使交易者既能在市场上展开公平的现货交易，又可以与其他交易者缔结具有法律保障的契约关系，形成多样化的财货交易方式和财产转让方式，如借贷、租赁拍卖、期货交易等。由此可见，排他性产权的确定是市场机制有效协调微观决策的必要条件。

（2）规范交易行为的功能

在现代市场经济中，财产的实际占有关系具有复杂性和多样性，一个在法律上强有力的产权制度一方面通过法律等形式界定财产的最终归属，保护所有者的权益，另一方面对财产实际占有主体精心定位和对其拥有的权限进行界定。明确的产权关系既有助于交易主体的交易行为，也有助于经济运行的规范。

三、旅游企业的财产组织形式

旅游企业是现代社会经济活动中旅游产业最重要的组织之一，考察旅游企业的财产组织形式是旅游产业财产关系的重要内容，从产权关系的角度看，旅游企业的财产组织形式是企业出资者所有权的具体存在形式，它所反映的经济关系，主要是旅游企业出资者之间的关系。

（一）企业财产组织形式的类型

旅游企业财产的组织形式，是指旅游企业的资本金（它是由企业的出资者以资金、设备、技术、专利、品牌等形式对企业出资而形成的）的组织形式，它所涉及的只是企业资本金的构成问题。它所要说明的是旅游企业的资本金究竟来自一个出资者，还是来自多个出资者的问题。依据旅游企业出资者的构成状况，旅游企业财产的组织形式可以区分为一个出资者独资，两个出资者合资以及众多出资者出资的股份制等不同类型。

1. 独资的旅游企业财产组织形式

由一个出资者出资的独资旅游企业财产组织形式，意味着旅游企业的资本金仅有一个所有者。这个所有者既可以是一个自然人，也可以是一个法人。当一个旅游企业采取独资的财产组织形式时，因为只有一个出资者，因此，在出资者之间达成一致意见的成本在所有旅游企业财产组织形式中是最低的。但是，旅游企业的这个出资者是自然人，还是法人（或政府机构），其出资者之间达成一致意见的成本有所不同，当旅游企业的这个出资者是自然人时，旅游企业出资者之间达成一致意见的成本为零，因为形成出资者的一致意见，不需要任何协商活动，而当旅游企业的这个出资者是法人（或政府机构）时，在法人（或政府机构）的组织内部，需要通过一定的协商活动达成一致意见，因而，或多或少需要一定的协商成本。

由于独资的旅游企业财产组织形式形成出资者的一致意见的成本较低，因此，在这种企业财产组织形式下，旅游企业的出资者进行资本经营的决策，具有较高的效率。同时，在对旅游企业实施控制时，不存在如何对旅游企业进行控制方面产生意见分歧，因而不会发生控制力的内耗，由此使得控制成本也相对较低。但是，由于这种企业财产组织形式只有一个出资者，因此，旅游企业的财产风险及由此导致的财产损失，只能由这个出资者独自承担。同时，与由多个出资者出资的其他企业财产组织形式相比，一个出资者（除了国家作为出资者的情况）的财力总是相对较少的，因而会影响企业的规模。在现代经济中，具有这种财产组织形式的企业，通常是一些中小型旅游企业。

2. 合资的旅游企业财产组织形式

由两个或两个以上出资者共同出资的企业财产组织形式，意味着企业的资本金有不止一个所有者。现代的合资旅游企业，其财产组织形式都是以合资为特征。由于这种旅游企业财产组织形式的特殊性，其合资者不能太多，通常只有几个，最多十几个。目前我国《公司法》所称的"有限责任公司"，就其财产组织形式而言，应属于合资的企业财产组织形式。对它的出资者的数量，《公司法》明确规定不超过50个。作为这种企业财产组织形式中的资本金所有者，同样既可以是自然人，也可以是法人。不过，在有些国家，以出资人中是否有法人出资者为区别，将合资企业分为两类。从一般情况来看，亚洲一些国家，如我国和日本，有法人出资者的合资企业较多，而欧美的一些国家，由自然人作为出资者的合资企业较多。

合资的企业财产组织形式,其特点不仅在于出资者的数量有限,并且是以具体的数量来确定每个出资者的出资额,而且在于每个出资者的权益不能直接在市场进行交易,而是必须先转让给其他合资者。只有在其他合资者都不愿意购买的情况下,经合资各方的统一,方可出售给原出资者各方以外的企业和个人。

当一个企业采取合资的财产组织形式时,出资者之间达成一致意见的成本要高于独资的企业财产组织形式。但由于其出资者的数量有限,出资者之间仍然有可能达成一致意见,而且达成一致意见的成本也不会太高。也正是由于这种情况,才使得这种企业财产组织形式得以存在。

合资的企业财产组织形式,虽然在出资者之间,对资本经营和对企业实施控制方面达成一致意见的成本要大于独资的企业财产组织形式,但它通过合资的方式,解决了独资形式的资金局限问题,而且,在若干出资者之间形成了利益共享、风险和损失共担的机制。因此,如果从发展的角度看,合资的企业财产组织形式具有比独资的企业财产组织形式更多的优越性。实践证明,无论在早期的市场经济中,还是在现代市场经济中,合资企业的规模通常都大于独资企业。

3. 股份制的企业资产组织形式

有众多出资者的股份制的企业财产组织形式,意味着企业产权的社会化。马克思把以私人资本为基础的股份制形式,称作"私人资本的社会化"形式。股份制这种企业财产组织形式的出现,最终打破了企业发展方面的资金和企业积累规模方面的约束,为巨型企业的出现奠定了物质基础。正如马克思所指出的,如果没有股份制的出现,"恐怕直到今天世界上还没有铁路"。与此同时,股份制的企业企业财产组织形式也为企业的所有权与经营权的分离创造了条件。

股份制的企业财产组织形式,是以等额的股份为单位,计算企业的出资者对企业的出资额。企业出资者的资本所有权是以股权的形式存在的。作为股权凭证的股票的持有者,既可以是自然人,也可以是法人,在人数上只有最低限,而无最高限。在有些国家,则不允许一个人持有一个企业的全部股份,如果出现这种情况,则公司将被依法解散。

企业的股票,按其承担风险和享受收益的不同状况,区分为普通股股票和优先股股票。所谓普通股股票,是企业股票中承担风险最大,持股者所获收益与企业的经营状况直接联系的一种股票。在股份制企业设立时,大量发行的主要就是这种普通股股票。普通股股票持有者拥有参与企业经营决策和决定企业收益分配的权力,他们是股份制企业中权力最大的出资者。每个普通股股票的持有者所享有的权利与他们所持有的股票份额成正比。所谓优先股股票,是相对于普通股股票而言的,它是股份制企业发行的具有代表性的一种特种股票。优先股股票的持有者拥有通常由企业章程所规定的优先权。这些优先权主要包括:优先于普通股股东取得股息和红利,而且优先股股票的股息通常是事先规定的,不受企业经营状况的影响;在企业解散或破产时,优先于普通股股东分取企业的剩余资产等。根据优先股股票发行时的有关规定,企业可以回购其发行在外的优先股股票。在一般情况下,优先股股票的持有者无权参与企业的经营决策和收益分配情况。

在股份制的企业财产组织形式下,企业的股权可以自由流动而不需征得其他股东的同意。企业股权的自由流动,使得企业的出资者对企业的影响具有两种方式:一是通过直接行使表决权的方式,影响企业的重大决策;二是通过"退出机制"影响企业的经济活动。前一种方式俗称"用手投票",后一种方式俗称"用脚投票"。随着股份制的发展,企业产权社会化的程度和股权分散化的程度日益提高,对于数量众多的股东而言,达成一致意见的成本之高,已到了难以承受的程度。在这种情况下,企业出资者影响企业经济活动的方式,逐步从"用手投票"转向"用脚投票"。

(二)选择企业财产组织形式的原则

在现代经济生活中,同时并存着多种企业财产组织形式,各种财产组织形式的功能又有所不同。因此,对于一个企业来说,存在着企业财产组织形式的选择问题。选择企业的财产组织形式,应该遵循一定的原则。这些原则可以分为两类:一类是应该遵循的一般原则;另一类是应该遵循的具体原则。

概况来说,一般原则包括两个方面:一是符合企业实际的原则;二是可能实现的原则。前者反映其必要性,后者分析其可能性。综合二者考虑,实际上是实现目标与约束条件的关系问题。

所谓具体原则,是在具体选择企业财产组织形式时,针对企业的具体情况对上述的一般原则的细化。比如,一般来说,大中型企业应选择合资或股份制的企业财产组织形式,中小企业应选择独资的或合资的企业财产组织形式,但具体到某一个企业究竟应该选择什么样的企业财产组织形式,还要考虑企业的经营方式的特点,企业发展的要求等因素。同是大企业,当它在经营中需要大量流动资金,并且又能以较低成本获得银行贷款时,则有可能选择独资的财产组织形式,而一些中小企业在急需发展或经营风险较大时,只要有可能,还是会选择合资或股份制的企业财产组织形式。

(三)企业的财产组织形式与企业的所有制性质

任何一个企业都具有一定的所有制性质,而这种所有制性质通过企业的财产组织形式反映出来。从这个意义上说,企业的财产组织形式是企业所有制的表现形式。但是,如果说某一种企业财产组织形式必定是某一种所有制的表现形式,则是没有道理的。这是因为,企业的财产组织形式虽然也同企业的所有制性质一样,能说明谁是企业的出资者或者企业的所有者,但它们的着眼点不同。企业的财产组织形式只关注企业出资者数量和出资方式上的差别,而不涉及这些出资者的身份,个人、集体或者国家都是合法的出资人,所以也就不会涉及公有和私有之分。但是企业的所有制性质则会关注出资人的身份及其性质。所以财产组织形式与所有制之间无必然联系。任何一种财产组织形式都可以是私有制,也可以是公有制,或者二者结合。

在现代经济社会中,股份制作为一种越来越普遍的财产组织形式,它的所有制性质与合资企业大致相同,主要取决于两个方面:股东主体和控股者。在我国改革开放初期,这两者基本是一致的,即股东主体与控股者身份重合,故而毫无争议地决定了企业的所有制形式。但是如今,控股者在企业中的股份份额有明显下降的趋势,也即越来越多的控股少于50%的股东掌握着控股权,也即控股者与股东主体身份的背离,例如一个出资主体持有企业30%的股份,但是其他70%的股份都在广大中小股民手中,那么这一30%股份的持有者理所当然的成为控股者,这一现象在现代经济生活中越来越普遍。

我们考虑旅游企业的产权问题及财产关系主要是因为,不论资金,还是物产抑或是技术、信息等都可以作为生产要素参与旅游产业收入的分配,产权问题的界定直接影响收入分配的结果。在包括劳动力在内的生产要素追求自身利润最大化的过程中,都必须在遵循市场运行的规律的前提下,实现这一目标,并且实现了这一目标也即在"看不见的手"的引导下完成了对资源的有效配置。

四、旅游产业结构合理化的影响因素

旅游产业结构的合理化是实现我国旅游经济强国的必由之路,在此之前,必须要解决的首要问题是分析影响旅游产业结构及其变化的因素。一般来说,可从以下几方面进行考虑。

(一)需求因素

需求市场经济中最为重要的因素之一,是决定产业结构并影响其变化的主要因素。不能满足旅游消费者需求的生产,不适应消费结构的产业结构都不能使社会生产形成良性循环。旅游企业虽然同样是追求利润最大化为自己的最终目标的,但是要实现利润目标必须通过满足人们的需求来实现,因而旅游需求的变化,旅游需求的发展趋势和规模水平,不仅决定着旅游经济的发展方向和水平,也决定和影响着旅游产业结构的变化及发展。

需求因素对旅游产业结构的决定和影响主要反映在国民经济的消费需求和投资需求两大方面。从消费需求方面看,旅游者的消费需求直接影响旅游产业结构的变化。因为,旅游者对某种旅游产品的需求增加,必然相应引起该产品供给的增长,从而影响到旅游产业部门内部结构的变化,促使旅游生产经营者尽力形成适应旅游消费需求的产业结构,最终在实现自身利益的同时,也完成了对经济发展的贡献。从投资需求方面看,投资结构的变化是直接影响旅游产业结构变化的重要因素,因为对于产业结构的主要衡量指标之一便是资本存量。投资结构作为一种流量结构,在旅游消费需求的引导下,对旅游产业的资本存量结构产生直接影响,从而影响到旅游产业结构格局和未来发展。

(二)资源因素

旅游资源对旅游产业结构的影响同样是极其重要的。一般来说,旅游资源主要分为自然旅游资源和人文旅游资源。然而这只是从旅游客体的角度上进行考虑,实际上,完整的旅游资源概念还应包括人才、信息、智力、资金等诸多内容。通常,一个国家生产力水平越低,则本国的自然资源对产业结构的决定及影响作用就越大。因此,许多发展中

国家的旅游产业结构，在很大程度上取决于该国的旅游资源状况，尤其是自然旅游资源和人文旅游资源的状况和结构。而许多发达国家，则不仅能有效地利用本国资源，而且能采取种种方法去利用其他国家的旅游资源，提高本国旅游产品的市场吸引力和竞争力。分析资源因素对旅游产业结构的决定和影响作用，首先应分析一国所拥有的自然旅游资源和人文旅游资源的状况，分析这些旅游资源的规模、品位及特点，以开发具有特色的旅游产品。其次，要分析资金和劳动力的状况，不仅分析资金和劳动力拥有的数量对旅游产业结构的影响，还要分析劳动力质量对旅游产业结构的影响，提高对资金、劳动力资源要素的投入。再次，要分析智力和信息资源的状况。旅游是一种满足人们身心需求的高层次活动，因而智力资源的开发不仅能更广泛地利用自然与人文旅游资源，还能创造出新的资源，组合成颇具吸引力的旅游产品。智力资源的开发越好，则旅游产品的形象就越好，吸引力就更大。而要有效地开发智力资源，就离不开充分的信息资源。特别是在瞬息万变的国际旅游市场中，及时、准确地掌握市场信息及相关信息，不仅对形成合理的旅游产业结构具有重要的影响作用，而且对旅游经济的良性循环发展也是非常重要的。

（三）科技因素

科学技术是第一生产力，这一规律在任何经济产业部门都是适用的，对旅游产业同样如此。科学技术的进步是旅游产业结构演进的主要推动力，主要体现在两个方面：一方面，科技进步直接决定和影响着旅游产业结构的变动及发展，例如技术进步改变了对旅游资源开发和利用的具体方式和效果；促进了交通工具和通信手段的现代化，为旅游活动的有效进行提供先进的工具和手段；加快了旅游设施的建设和改善了旅游服务的质量，丰富了旅游活动的内容；提高了旅游产出的经济效益，从而直接对旅游产业结构发生影响作用。另一方面，技术进步也促使需求结构的变化，激发新的旅游需求，现代的工业旅游、太空旅游等高科技旅游项目的崛起对旅游产业结构也具有重要影响。这些都对旅游消费需求和投资需求结构产生影响，增强了对旅游产业结构的拉动力，促使旅游经济在科学技术进步的基础上实现质的飞跃，充分有效地利用现代科学技术。此外，科学技术的进步还表现在对旅游业的经营、管理和组织模式等方面的"软"技术支持。特别是在我国建立社会主义市场经济的过程中，在各种旅游"硬"技术逐渐完善的条件下，经营、管理和组织等"软"技术将在旅游产业结构的合理化中发挥着十分重要的作用。

（四）政策和体制因素

政策和体制是旅游产业健康发展的重要宏观环境，不仅影响着旅游产业结构的变化，而且直接为旅游产业结构的合理化创造条件。从政策角度讲，国家对旅游产业的重视和相应的政策、法规，不仅对旅游经济的发展具有促进和制约作用，同时也对旅游产业结构的变动及发展具有影响和调控作用。特别是目前国家按照经济发展与产业结构演进规律所制定的加快发展第三产业的改革和大力发展旅游业的政策，都将促进旅游产业结构的合理化。从体制角度看，作为国民经济的新兴产业，我国旅游经济体制是最早适应市场经济要求，与国际旅游市场接轨的，许多经营方式和管理模式已大量借鉴了国

第六章 旅游收入与分配

际惯例和适应现代市场经济的要求。但也要看到传统经济体制的弊病及其影响也对旅游经济发展和旅游产业结构的变化产生着影响。因此，加快旅游经济体制的改革，实现旅游产业结构的合理化，对旅游经济持续稳定地发展都具有十分重要的作用。

第二节 旅游收入概述

一、旅游收入的重要地位

随着社会的发展，旅游业已成为全球经济中发展势头最强劲和规模最大的产业之一，日益凸显它在国民经济中的重要地位。旅游收入是指旅游目的地国家或地区在核算周期内，从旅游产品及服务的交易活动中所得到的全部货币收入。由于旅游产品是一种综合产品，涉及国民经济多个领域，从而决定了旅游收入的多样性：既包括像旅行社这样提供整体旅游产品所获得的收入，也包括其他为旅游者提供单项旅游产品的企业。如住宿、餐饮、购物、娱乐等。旅游收入直接反映了旅游经济对一个地区和国家经济发展的贡献，是衡量旅游经济在国民经济中地位的重要指标之一，也是某一国家或地区旅游业发达与否的重要标志。旅游业的外汇收入对减少逆差，平衡国际收支具有重要意义，曾一度被认为是绿色创汇，因为其绕开了传统经济行业所必须面对的贸易保护壁垒，是不出国门的劳务输出。当前，各个国家都将旅游收入作为创汇的重要手段之一。

旅游收入对国民经济发展的重要意义可以从以下几个方面加以考虑。

(一) 增加资金积累和外汇收入

发展国内旅游业，有助于拓宽货币回笼渠道，加快货币回笼速度，扩大货币回笼量，因此能够加快资金周转，增加资金积累和国民收入，为国际旅游业发展创造了坚实的物质基础和提供了难得的经营管理经验。通过开展国际旅游业务活动，努力销售本国各类旅游产品，取得旅游外汇收入，对减少国家外贸逆差、平衡外汇收支、增强国家外汇支付能力以及增加国家外汇储备做出贡献。旅游者必须要来旅游产品生产地进行消费，节省了商品外贸过程中的运输、仓储、保险等费用，降低了换汇成本；另外，旅游出口不受客源国或地区贸易保护的限制，不受关税影响；旅游业创汇方便，无须产品包装、储运和其他繁杂的进出口手续。

(二) 为社会提供大量就业机会

旅游业是一个综合性经济产业，涉及社会许多相关产业，包括交通、建筑、通信、贸易、餐饮服务、文化娱乐等产业。旅游业也是劳动密集型产业，就业门槛低，就业范围广，就业层次多，吸纳了大量因人口自然增长新增加的劳动力以及因产业结构调整升级从第一、第二产业转移出的大量富余劳动力。旅游的发展可以增加区域内的人流、物流、资金和信息流的流动，因此发展旅游业能为社会提供大量的就业机会。根据加拿大学者的系统模型理论，旅游业收入每增加3万美元，就将增加1个直接就业机会和2.5个间接就业机会。世界旅游组织研究报告也指出,旅游业每增加一个从业人员,相关行业就增加5个就业机会。

(三)促进我国产业结构调整和优化

在我国,巩固第一产业、提高第二产业、发展第三产业是经济结构调整的总体部署和思路。旅游业是一个综合性产业,具有十分突出的关联带动作用,发挥着带动其他产业发展的核心作用,不仅直接给航空、交通、饭店、餐饮服务、商业网点、景区、经典等带来了客源和市场,而且间接地带动和影响了农村和城市建设、加工制造、文化体育等行业的发展。旅游业发展将增加旅游业在第三产业中的比重,有利于第三产业内部结构的调整;同时还增加了第三产业在整个国民经济中的比重,加快一、二、三产业之间结构的调整,促进我国国民经济健康发展。新时期我国产业结构调整的成功有赖于旅游业的快速发展。

(四)提高人们的物质文化生活水平

由于大量本地居民从事旅游业或相关行业,个人和家庭的收入大大增加;另外,旅游业发展促进了设施建设和环境改善,居民的生活质量不断提高,生活环境不断改善。大量旅游者的来访和城市市民的大量出游,开拓了眼界,丰富了地理、文史和风俗民情等知识,提高了对生活的要求。旅游业的发展往往会带来城市居民素质和文化素养的提高。旅游作为一种实践活动,其发展能满足人民群众日益增长的文化需要,对弘扬民族文化、提高国民文明素质都将发挥积极的作用。

(五)加快社会主义新农村建设步伐

国家旅游局2006年的旅游宣传主题为"2006中国乡村游",并提出了"新农村、新旅游、新体验、新风尚"的鲜明口号。这为我国乡村旅游的发展带来了新的机遇。乡村旅游点所聘用的服务人员主要来自家庭成员和当地居民,在经营旅游服务的同时积极推销花卉、花果农作物产品,既降低了经营风险,又增加了农作物附加效益。在开发乡村旅游的同时,将会加快小城镇建设步伐,积极进行"村村通"道路建设和旅游区内道路建设,以及村社环境整治活动。以农家乐为主的乡村旅游对于拓宽农民增收渠道、增加农民就业机会和提升农村精神文明发挥了重要作用,促进了农民向非农领域转化,加快了传统的农村种植经济向服务经济转变,推动了社会主义新农村建设进程。

(六)改善投资环境,促进招商引资

许多外国投资者都是通过旅游来认识中国、了解中国的投资环境以及丰富的旅游资源和潜在的旅游市场。旅游的宣传效应率为1:8,即一个旅游者对当地的印象可影响8个人。旅游业一般不受贸易壁垒干扰和出口配额的限制。因此,国际上普遍认为旅游业是最优秀的出口产业。发展旅游业可带来大量的人流、物流、信息流、资金流,大量的企业家、专家和学者通过旅游带来了最新的技术、信息和先进的经营管理理念,有利于我们低成本地学习和借鉴别人有用的东西,加快观念更新,促进本地区扩大对外开放及与国际接轨。据不完全统计,从1978年至今,全国利用外资进行旅游开发建设的资金已超过200亿美元,其中150亿美元用于旅游饭店建设,20亿美元进行旅游景观建设。

二、旅游收入的分类

旅游收入综合反映了旅游企业的生产经营活动的成果。为了明确地认识旅游收入的内涵，更好地分析旅游经营活动过程，指导旅游企业的经营决策，提高旅游经济发展水平，可以从不同角度对旅游收入进行分类研究。

（一）按照旅游收入的性质，可以将其分为基本旅游收入和非基本旅游收入

1. 基本旅游收入是指旅游部门和交通部门向旅游者提供旅游设施、旅游物品和旅游服务等所获得的货币收入的总和，即旅游者在旅游过程中必须支出的费用，包括交通费、食宿费、游览费等。通常，基本旅游收入与旅游者的人次数、停留时间成正比例变化，由此可以大致估量一个国家或地区旅游业的发达程度。

2. 非基本旅游收入是指其他相关部门向旅游者提供其设施、物品和服务所获得的货币收入，即旅游者在旅游过程中可能发生的消费支出，如邮电通信费、医疗保健费、修理费、咨询费及购物的费用等。非基本旅游收入具有较大的弹性，它既取决于旅游者的支付能力，也取决于他们的兴趣和爱好。非基本旅游收入也受旅游者人次数和停留天数的影响，但并不表现为相同的正比例关系。

基本旅游收入的刚性特点和非基本旅游收入的弹性特征，使我们可以通过两者的比例关系来了解某一地区的社会经济水平和旅游业的发达程度。一般来说，非基本旅游收入所占的比重越大，说明该国或该地区的社会经济水平和旅游业的发达程度越高，特别是旅游商品收入，最能反映一个国家或地区旅游业的发展水平。

（二）按照旅游收入的来源，可以将其分为国内旅游收入和国际旅游收入

1. 国内旅游收入是指经营国内旅游业务所获得的本国货币，是旅游目的地国家或地区的旅游经营部门和企业，因经营国内旅游业务，向国内旅游者提供产品和服务而取得的本国货币收入。它来源于国内居民在本国的旅游，实质上是一部分产品价值的实现过程，属于国民收入的再分配范畴，一般不会增加国民收入的总量。

2. 国际旅游收入是指经营入境旅游业务所获得的外国货币，通常被称为旅游外汇收入，国际旅游收入来源于国际旅游者在旅游目的地国家或地区的入境旅游消费支出，也是旅游目的地国家或地区向外出口旅游产品和劳务所取得的收入，其实质上是旅游客源国的一部分国民收入转移到了旅游目的国，是社会财富在不同国家之间的转移。它表现为旅游目的国或地区社会价值总量的增加，相当于旅游目的国或地区对外输出产品，是特种形式的对外贸易。国际旅游业从外国旅游者那里获取的外汇收入，扣除物化劳动和活劳动价值后的差额，就是国际旅游业的利润。因此，国际旅游业同其他生产性行业一样，为社会创造或增加了新价值，这部分新价值就构成了一国国民收入的一部分。所以，它属于国民收入的初次分配。

关于国际旅游收入和国内旅游收入，还应注意以下几个问题：

第一，国内旅游收入与本国居民的国内旅游消费支出在数量上是相等的。而国际旅游收入在数量上要小于国际旅游者在旅游过程中的消费支出。国际旅游消费者的支出

总额应等于旅游目的地国家或地区的收入加上其用于支付由旅游客源国或地区至旅游目的地国家或地区的国际交通费,以及国外旅游组团社的佣金等。

第二,在计算国际旅游收入时,必须考虑汇率的影响。由于汇率会随着国际汇率市场条件的改变而持续波动,同量的旅游外汇收入在不同时期用不同货币单位衡量,旅游收入的数量会产生较大的差别。因此,在衡量一国旅游收入时,必须剔除货币汇率的变化因素。

第三,国内旅游收入被旅游目的地国家或地区计入国内生产总值(GDP),国际旅游收入计入旅游目的地国家或地区国民生产总值(GNP),在衡量旅游目的地国家或地区的旅游业对本国国民经济的贡献时,需要考察由旅游业创造的收入占整个国民生产总值的比例。

(三)按旅游收入的构成,旅游收入可分为商品性收入、劳务性收入和资源性收入

1. 商品性收入:指向旅游者提供实物形式的商品而得到的收入,包括商品销售收入(如销售各种旅游商品、生活用品、工艺品、药品、书报等)和饮食销售收入。

2. 劳务性收入:指向旅游者提供劳务服务而得到的收入,包括旅行社旅游业务费收入、住宿、交通、邮电、文娱、医疗及其他服务而得到的收入。

3. 旅游资源性收入:指凭借旅游吸引物向旅游者收取的费用收入,如各景区景点的门票收入等。

(四)按时间长短,将旅游收入划分为年度和季度收入

这种分类方法的优点是:时间概念强,便于及时掌握经营数据,以便在第一时间了解旅游者的需求动向,调整相关经营方案,更好地适应市场环境;便于比较各个不同时期的旅游收入增减变化情况,有利于发现影响旅游收入变化的各种因素,寻求增加旅游收入的新途径;便于企业开展经济活动分析,根据供求变化,协调各类经济活动。总之,从时间角度划分旅游收入,有利于加强旅游企业的经济核算,加速资金周转,改善经营管理,提高劳动效率和经济效益。

三、旅游收入的指标

旅游收入指标是了解、分析旅游经济状况的重要手段和依据,一般以货币单位来表示。旅游收入指标是反映旅游经济现象数量方面的指标,说明旅游经济现象的实质,反映旅游经济现象的水平、规模、速度和比例关系。旅游收入指标是用货币单位计算和表示的价值指标,是补偿劳动消耗、实现旅游业再生产的先决条件,也是旅游目的地国家或地区的旅游企业和有关部门掌握和分析旅游经济活动的重要工具。在旅游业工作中,经常使用的旅游收入指标主要有以下几类:

(一)旅游收入总额

旅游收入总额是指一定时期内旅游目的国或旅游目的地销售旅游产品所获得的货币收入的总额,它反映了某一国家或地区旅游业总体规模和发达程度,是一项重要的综合性指标。在国际旅游业中,旅游收入总额用外国货币表示,也叫旅游外汇收入总额。在

国内旅游业中，旅游收入总额用本国货币表示，仍叫旅游收入总额。

（二）人均旅游收入

人均旅游收入是指一定时期内每个旅游者在旅游目的国或旅游目的地的平均支出额，即某一时期旅游收入总额与旅游者人次数之比，它反映了旅游者的平均消费及停留时间，是我们了解某国或某地旅游业发展水平的一项重要指标。在国际旅游业中，人均旅游收入用外国货币表示，仍叫人均旅游收入。

（三）旅游收汇率

旅游收汇率是指一定时期内旅游外汇纯收入与旅游外汇总收入的比率，用公式表示为：

$$R_E = \frac{(R-E)}{R}$$

其中：R_E——旅游收汇率；

R——旅游外汇收入总额；

E——发展旅游业所花费的外汇。

需要说明的是，发展国际旅游业可以赚取大量的外汇，但也需要支出一定数量的外汇，这些外汇支出主要包括：进口必要的设备和原材料、旅游宣传和促销的费用、外方管理人员的工资、偿还外汇借贷款的本息等。外汇支出过大，即表现为外汇漏损。旅游收汇率的高低同一个国家或地区的总体状况紧密相关，反映了某国或某地区旅游业的生产力水平和社会化程度。

（四）旅游换汇率

旅游换汇率是指旅游目的国或旅游目的地向国际旅游市场提供单位旅游产品所能够换取的外汇数量及其比例。通常，旅游换汇率与某国或某地区的汇率相一致，不同时期的外汇汇率不同，旅游换汇率也不同。其计算公式如下：

$$H_r = \frac{R_f}{R_s} \times 100\%$$

H_r：旅游换汇率，R_s：单位旅游产品本币价格，R_f：单位旅游产品外汇收入。

（五）旅游创汇率指标

根据旅游收入的性质，旅游收入可分为基本收入和非基本收入，旅游创汇率指标就是指旅游目的地国家或地区在一定时期内经营国际旅游业务所取得的非基本旅游收入与基本旅游收入量的比率。国际旅游者来到旅游目的地国家或地区购买基本旅游产品，由于旅游行业强大的产业带动效应，会引起对非基本旅游产品的购买，使旅游目的地国家和地区增加了外汇的收入。其计算公式如下：

$$C_r = \frac{R_f - E_f}{R_f} \times 100\%$$

C_r：旅游创汇率。R_f 旅游外汇收入，E_f 旅游外汇支出。

旅游创汇率与非基本旅游收入成正比，与基本旅游收入成反比。非基本旅游收入越多，旅游创汇率就越高。这一指标数值的高低，既反映了旅游目的地国家或地区产业结构、经济体系的完善程度，也反映了该国家或地区旅游业的发达程度和创汇的能力与潜力。因此，旅游主管部门应及时关注该指标，并根据数据变化不断调整产业政策，扩大旅游者对非基本旅游商品的消费支出，发挥本国或本地区的旅游资源特色优势，推出各种有特色的旅游产品和服务，吸引旅游者，扩大旅游者的消费，提高创汇率，优化和完善产业结构。

通过上述指标，结合一定时期内接待旅游者的数量、构成、消费水平等统计数据，可以为旅游经营者及旅游行业管理者掌握旅游发展的规模、速度、结构和水平，制定旅游发展规划，选择最佳旅游市场提供依据和信息，从而不断提高旅游业的经营管理水平和旅游经济的发展水平。见表6-1。

表6-1　　　　中国主要城市2010年1—5月接待外国人数量及增长率

	接待人数 （人天） nights	同比增长 （%） growth(%)	接待人数构成（人天）break down of nights			
			外国人 foreigners	香港同胞 Hongkong	澳门同胞 Macau	台湾同胞 taiwanprovince
总计 total	54288372	20.42	34560724	12555710	784061	6387877
北京	7838810	26.32	6854430	605490	16761	362129
天津	2662429	18.84	2218707	219416	13950	210356
沈阳	429197	7.51	373103	28287	892	26915
大连	1418270	17.38	1251634	80209	2596	83831
长春	232927	32.11	202076	21340	963	8548
哈尔滨	166600	-30.26	140479	13245	533	12343
上海	9330405	25.84	7669777	648482	34224	977922
南京	1885016	13.70	1247601	222119	9115	406181
无锡	987042	27.66	736280	90381	2334	158047
苏州	2278990	21.70	1582694	147127	3613	545556
杭州	2897681	12.86	1857713	354177	12705	673086
宁波	1104476	9.11	648848	178305	60640	216683
黄山	428660	29.63	213692	78429	4108	132431
厦门	1814372	8.54	851731	231098	8541	723002
济南	117256	-3.16	77698	23717	353	15488
青岛	1087312	8.10	879613	94763	24187	88749
武汉	736571	56.79	541888	110445	1495	82743
广州	6096072	19.56	2306076	3000952	335674	453370
深圳	7242128	24.73	1269471	5567593	33158	371906
珠海	845341	-5.69	172523	305227	133652	233939

续表

	接待人数 （人天） nights	同比增长 （%） growth(%)	接待人数构成（人天）break down of nights			
			外国人 foreigners	香港同胞 Hongkong	澳门同胞 Macau	台湾同胞 taiwanprovince
中山	329094	2.33	130062	127335	40907	30790
桂林	935863	24.66	560051	114163	28267	233382
海口	90299	8.17	55444	14283	267	20305
三亚	577097	12.93	499815	16652	2776	57854
重庆	1170723	26.95	925848	135832	3102	105941
成都	445116	20.10	339176	51841	5380	48719
昆明	455977	12.14	356737	33164	1405	64671
西安	684648	25.04	597557	41638	2463	42990

数据来源：国家旅游局。

四、旅游收入的影响因素

旅游业是由众多部门组成，以旅游经济活动为中心，以提供旅游产品为职能的综合性行业。旅游业的这种特性，使得旅游收入的增多或减少会受到多种因素的影响。具体来讲，影响旅游收入的因素主要有：

（一）接待旅游者数量

旅游收入是旅游人数和人均旅游消费的乘积，所以旅游目的地国家或地区接待旅游者人数的多少，是影响旅游目的地国家或地区旅游收入高低的基本因素。在正常情况下，旅游收入与接待的旅游者的数量成正比。虽然旅游者的个人消费水平由于其收入水平和支付能力的不同会产生较大差异，但接待旅游者人数增加，会使旅游收入的绝对数增加；接待旅游者人数减少，旅游收入也随之减少。如公式（*）所示：

$$I = C \cdot N \quad (*)$$

I：旅游收入

C：旅游人均消费

N：接待旅游消费者数量

（二）旅游者支付能力与平均消费水平

如前述公式（*）所示，在接待旅游消费者数量既定的前提下，旅游者的人均消费水平是旅游目的地国家或地区旅游收入增减变化的另一决定因素。旅游者的平均消费水平和支付能力与旅游目的地国家或地区的旅游收入呈正比例关系变化。旅游者的平均消费水平高，旅游目的地国家或地区的旅游收入就必然增加。反之，旅游者的平均消费水平低，则旅游目的地国家或地区的旅游收入就减少。旅游者的支付能力和平均消费水平的高低与旅游者的年龄、社会阶层、家庭状况、职业、个人可自由支配的收入以及消费偏好等因素也有着密切的联系。

(三)旅游者在旅游目的地的停留时间

在旅游者人次、旅游消费水平既定的条件下,旅游者在旅游目的地的停留时间长短对旅游收入的增减有着直接的影响。旅游者人均停留时间与旅游收入之间存在着正比例变化的关系,由于旅游消费在某种角度来说,就是购买旅游吸引物及附属产品在某时间段的使用权,所以,旅游者在旅游目的地停留时间越长,其所花费支出就越大,旅游目的地的旅游收入就会随之增长。反之,旅游者在旅游目的地停留时间越短,旅游花费越少,则旅游目的地的旅游收入就越少。旅游者停留时间的长短与旅游者个人的闲暇时间、国家的节假日政策、工作单位的带薪休假制度以及旅游目的地对旅游活动的组织安排、所提供的旅游产品的吸引力以及其他消费品和服务的多样性、丰富程度等因素都有着密切的联系。

(四)旅游价格水平

旅游收入等于旅游产品价格与旅游产品销售量的乘积。这一公式表明了旅游价格与旅游收入存在着密切的依存关系。一般来讲,提高旅游产品价格会增加旅游收入,降低旅游产品价格会减少旅游收入。但是这一结论并非完全正确,这就涉及旅游产品的供求关系问题。当旅游产品供不应求时,提高旅游价格会促进旅游产品的生产,其销量也会扩大,从而大大增加旅游收入。当旅游产品供求平衡时,提高旅游价格同样会刺激旅游产品的生产,却导致了旅游需求的萎缩,旅游产品的销售量有所下降,单位旅游产品价格上涨与旅游产品销售量下降两种因素相互抵消,旅游收入不会有太大的变化。当旅游产品供大于求时,提高旅游价格不仅不能刺激旅游产品的生产,而且进一步抑制了旅游需求,使得旅游产品的销售更加困难,旅游收入会进一步减少,若适当降低旅游价格,就会刺激旅游需求,不仅可以抵消降价造成的损失,旅游收入还有可能增加。

(五)外汇汇率

汇率与币值变动对旅游目的国或旅游目的地的旅游收入有重要的影响。汇率是指两种不同货币之间的比价,即以一国货币单位表示的外国货币单位的价格。汇率的标价方法有两种,即直接标价法和间接标价法。

直接标价法是指用一定单位的外国货币为标准折算成若干单位的本国货币。例如,1美元 = 6.215元人民币。在直接标价法下,外汇汇率的升降与本国货币标价数额的增加趋势是一致的。如果用一定单位的外币兑换的本国货币数额增加了,则称外汇汇率上升,即本币币值相对下降;反之,则称为外汇汇率下降,即本币相对升值。目前世界上绝大多数发展中国家和发达国家采用的是直接标价法,我国对外公布的外汇牌价采用的也是直接标价法。

间接标价法是指用一定单位的本国货币为标准折算成若干单位的外国货币。例如,

1美元=95.26日元,对美国来说就是间接标价法。如果一定单位本国货币兑换的外国货币比原来少了,则称为外汇汇率上升,本币币值相对下降;反之,则称为外汇汇率下降,本币相对升值。目前世界上采用间接标价法的国家主要是英国和美国。

当旅游目的国的货币贬值、汇率下降时,旅游产品的卖价降低,旅游收入有可能减少,但与此同时,较低的旅游价格大大刺激了客源国的旅游需求,旅游收入反而会有所增加;当旅游目的国提高旅游产品的价格或本币升值、汇率上升时,虽有可能增加旅游收入,但也会抑制客源国的旅游需求,旅游收入反而会减少。

需要说明的是,汇率下调对旅行社、旅游饭店和旅游商店的影响有所不同。汇率下调后,可以吸引更多的旅游者,从而增加旅行社的收入,如果旅游社大幅度降低对外报价,互相削价竞争,加上出国推销成本和进口费用的上升,旅行社的实际收入就会减少。汇率下调会大大增加旅游饭店的进口费用和各项外汇开支,如果饭店能够适时争取客源,提高客房出租率,适当调整人民币卖价,其收入就不会减少甚至还有可能增加。反之,旅游饭店的收入就会大大减少。汇率下调对旅游商店的影响不大,因为旅游商品一般是在境内出售,汇率下调使本币表示的商品价格下降,虽然利润下降,但销售量却会提高,薄利多销,同样会增加旅游收入。

(六)通货膨胀

旅游价格的高低与一国的通货膨胀率有密切关系,在纸币流通的情况下,如果纸币发行量超过流通中对货币的需求量,就会发生通货膨胀。在通货膨胀下,只能通过币值下降、物价上涨来恢复货币的供求均衡,换句话说,在其他条件不变的情况下,旅游目的地通货膨胀率越高,则旅游价格越高,反之亦然。

旅游活动是一种商品性经济活动,价值规律对它起着重要的调节作用。通货膨胀直接影响货币购买力,旅游目的国通货膨胀会使旅游者购买力下降,从而影响该国旅游人次和旅游收入;反之,客源国通货膨胀会促使居民出境旅游。例如:日本在20世纪80年代中期,由于巨额贸易顺差,导致日元升值,继而引起国内通货膨胀,日本政府为缓解国内经济局势,鼓励本国居民出境旅游。

(七)旅游统计误差

旅游收入有些来自直接旅游部门,也有些来自间接旅游部门,其涉及面极其广泛,运行过程极其复杂,同时又受到诸多因素的影响,致使在很多情况下,旅游统计部门所统计出来的旅游收入并不能真实地反映旅游目的地国家或地区所取得的旅游收入。主要表现在:一是旅游部门之间、旅游部门与非旅游部门之间对旅游的收入常常会出现遗漏或重复统计的现象。二是旅游者在旅游活动中所支出的有些费用,如小费就无法统计到旅游目的地国家或地区的旅游收入中,致使该旅游目的地国家或地区的旅游收入统计出现遗漏。三是在探亲旅游过程中,某些旅游者以馈赠礼品、土特产品等方式来换取亲朋好友所提供的免费食宿,这种交换方式所产生的旅游收入也是无法进行统计的。四是由于"地下旅游经济活动"的存在,即旅游者与旅游从业人员以私下交易方式,将购买旅游服务和产品的钱直接交给餐厅服务员、导游员、出租汽车司机等,致使旅游收入减少和政府税收减少等,也增加了旅游统计中的漏统现象。旅游收入是旅游目的地国家或地区在一定时期内旅游经营成果的一个表现,旅游收入的增长能够直接提高旅游目的国家或地区的经济增长率,另外,对于旅游企业来说,旅游收入是增加其利润,实现其最终目标的重要途径之一。所以,提高旅游收入对旅游经济相关主体是至关重要的。为此,可以通过以下途径来实现旅游收入的增加。

第一,增加旅游目的地国家或地区的旅游接待者规模:利用各种条件机会,加大宣传,提升旅游目的地和旅游吸引物的知名度和美誉度,开展各类促销活动,争取吸引更多的旅游消费者。

第二,及时根据市场反馈信息,了解旅游消费者需求的变化,不断开发各类旅游资源和高质量、高品位的旅游产品、线路,使资源优势转化为经济优势,以优质的旅游产品,去赢得旅游者的喜爱,增加旅游产品的价值含量,提高接待旅游者数量和旅游消费者消费水平。

第三,通过丰富的旅游活动、精彩的节目编排、合理而舒适的旅游线路组织来延长旅游者在旅游目的地的停留时间,增加旅游者的消费支出。

第四,旅游收入是旅游经济活动的重要内容,旅游统计必须准确反映旅游经济活动的数量变化。因此,要改变旅游统计工作中许多不规范因素,提高旅游统计水平,通过使用科学的统计工具,合理的统计方法来准确估计旅游收入水平,如通过抽样调查了解旅游者的消费支出状况,来修正按法定程序统计的各种数据,为旅游部门或企业总结和预测旅游业发展状况,制定有关经营发展战略提供准确的情况和资料。

第三节 旅游收入的分配

一、国民收入循环与分配

旅游收入是国民收入的组成部分,因而要分析旅游收入的分配,必须先了解国民收入的循环与分配,一般来说,国民经济循环和分配有以下几种模式:

(一)两部门两市场模式

假定简单经济活动中只有家庭、企业两个部门和产品、要素两个市场。在简单经济运行中,要素收入即国民收入就等于消费支出,而国民产出就等于要素成本即要素支付,整个国民收入完成了循环和分配,并实现了宏观经济运行的平衡。

第六章　旅游收入与分配

（二）两部门三市场模式

家庭收入一部分通过金融市场储蓄，而金融市场则把储蓄转化为贷款提供给企业部门，企业部门用贷款购买投资品。在金融市场的中介作用下，家庭部门因储蓄而发生的漏出，又通过企业部门的投资而得到注入，从而实现了国民收入的循环和分配，保证了宏观经济运行的平衡。

（三）四部门三市场模式

在现实经济中，除了家庭部门和企业部门外，还有政府部门和外国部门参与国民收入的循环和分配。

二、旅游收入分配的概念

旅游收入分配是指按照旅游产品生产要素通过货币形式在各个经济行为主体之间进行的分配。旅游收入分配是旅游经济再生产过程中必不可少的环节，不仅关系到旅游产品简单再生产和扩大再生产过程能否顺利进行，而且也直接影响到旅游经济活动中各利益主体的利益能否公平、公正地实现问题，进而影响到旅游目的地国或地区旅游产业的发展质量和发展速度，因而是旅游经济运行中十分重要的问题。

一般来说，旅游收入分配与国民收入分配一样，是通过初次分配和再分配两个过程实现的。旅游收入分配的对象也是旅游收入中扣除补偿价值部分后的余额，即旅游从业人员所创造的新价值。旅游收入初次分配是在直接经营旅游业务的旅游企业之间和旅游企业内部进行的，经过初次分配得到的收入，也称原始收入。初次分配主要由市场机制形成，政府通过税收杠杆和法律法规进行调节和规范，一般不直接干预初次分配。旅游收入再分配是在全社会范围内进行的。再分配主要由政府调控机制起作用，政府进行必要的宏观管理和收入调节，是保障社会稳定、维护社会公正的基本机制。通过旅游收入初次分配和再分配环节，实现了既定收入下的经济主体间的利益协调过程，促使旅游经济循环过程得以继续。

三、旅游收入的初次分配

（一）初次分配概述

旅游部门和企业在取得旅游收入以后，首先应该在直接参与经营旅游业务的部门和企业中进行分配。这些部门和企业为旅游经济活动的完成提供了直接的价值贡献，包括饭店、旅行社、交通部门、餐饮部门、旅游景点、旅游用品和纪念品商店等。在一定时期内，旅游部门和企业付出了物化劳动和活劳动，向旅游者提供满足他们需要的旅游产品，从而获得营业收入。

所谓旅游收入初次分配是指直接经营旅游服务的旅游企业（如旅行社、饭店、餐馆、交通运输公司、旅游景点及旅游购物品商店）将获得的营业收入首先在企业内按生产要素以货币形式进行的分配。在旅游收入初次分配中,旅游企业首先从旅游收入中扣除掉用于生产旅游产品所耗费的物质资料补偿价值,然后对余额部分进行初次分配,分配的结果划分为三部分:第一部分为职工工资,用于满足劳动力自身及其家庭对各类消费资料的需求,从而使劳动力得以延续;第二部分为向政府缴纳的各类税金,用于满足政府对各类财政支出的需求,从而使国家各类需要财政支持的事业得以延续;第三部分为企业留利,用于满足对投资者的分红需求和扩大再生产需求,从而使企业得以延续发展。

在旅游企业初次分配中,旅行社由于自身经营特点而在旅游收入初次分配中发挥着独特的作用。在包价旅游收入的分配中,组团社首先偿付构成其营业收入中很大一部分的营业成本,即根据旅行社与相关旅游企业签订的购买合同规定的支付时间、支付方式、双方约定的价格和购买数量等向他们分配其营业收入,这些旅游企业再将所获得的营业收入按前述方式进行分配。在旅行社营业收入分配中,又可分为组团社营业收入和接待社营业收入。如图6-1所示。

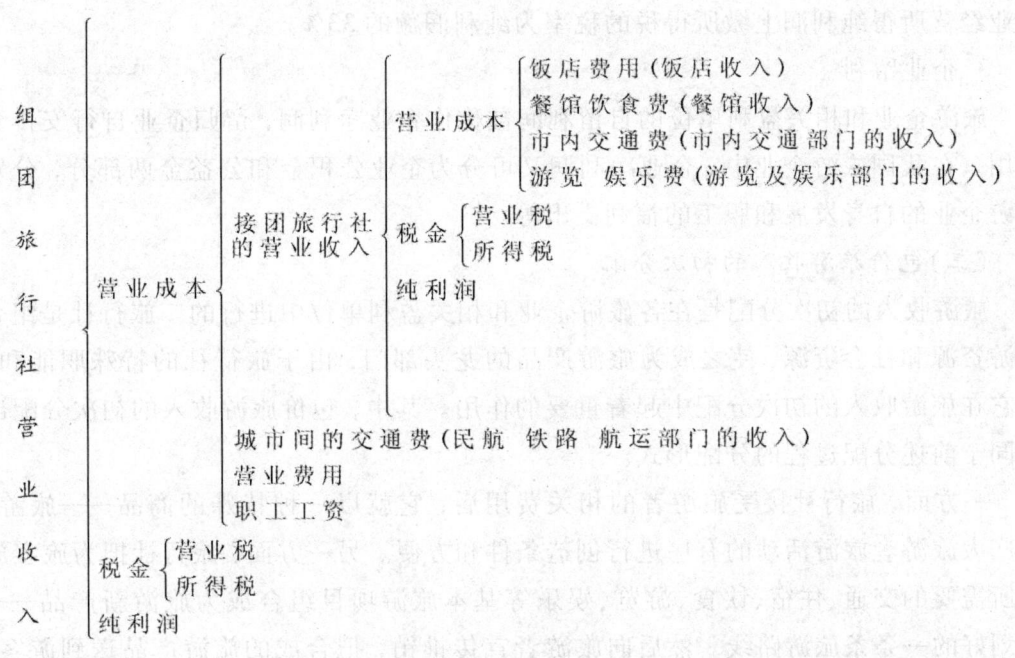

图6-1 旅游收入初次分配流向图

(二)旅游收入初次分配的流向

参与初次分配的是旅游营业收入中扣除了上述物化劳动消耗价值补偿之后的剩余部分,即旅游净收入。一般来说,旅游净收入的初次分配会分解为职工工资、政府税收和企业留利三大部分。

1. 职工工资

职工工资,是指旅游部门和企业根据合理的分配原则,按比例向旅游从业人员支付的工资,作为他们提供劳务的报酬,满足他们自己和家庭生活的需要。

2. 政府税收

税收是国家收入的主要来源,国家凭借政权,运用税收从国民收入中提取一部分社会纯收入,以保障国民经济的再生产。税收在筹集国家收入的同时,可以调节社会资源在不同经济成分,不同地区,不同单位和个人之间的分配,以实现社会发展的经济目标。另外,税收分配涉及生产、流通、分配各个领域,通过收入增减,税源变化灵敏地反映国民经济的发展变化趋势,并以各种有效措施促进社会生产的正常进行。

旅游企业和相关盈利机构,按照国家税收政策的规定必须向政府纳税。从1994年开始,我国实行了新税制,规定旅游经营中的劳务性收入上缴营业税的税率为营业收入的5%;旅游经营中的商品性收入上缴增值税,基本税率为营业收入的17%,低税率为营业收入的13%。在扣除了营业成本、营业费用、租金、利息、营业税之后,旅游部门和企业经营所得纯利润上缴所得税的税率为纯利润额的33%。

3. 企业留利

旅游企业和相关盈利单位的自留利润被称作企业净利润,留归企业自行安排分配和使用。在我国旅游企业中,企业净利润又可分为企业公积金和公益金两部分,分别用于旅游企业的自身发展和职工的福利支出等。

(三)包价旅游收入的初次分配

旅游收入的初次分配是在各旅游企业和相关盈利单位中进行的。旅行社是组合各种旅游资源和社会资源,使之成为旅游产品的龙头部门,由于旅行社的特殊职能和地位,使它在旅游收入的初次分配中起着重要的作用。其中,包价旅游收入的初次分配出现了不同于前述分配过程的分配形式。

一方面,旅行社接受旅游者的相关费用后,它就以一种特殊的商品——旅游服务,为广大旅游者旅游活动的有序进行创造条件和方便。另一方面,旅行社把为旅客旅游活动所需要的交通、住宿、饮食、游览、娱乐等基本旅游项目组合成为旅游新产品——预先计划好的一条条旅游路线。然后向旅游者宣传推销,把合成的旅游产品送到游客手中。可以说,旅行社把交通、饭店、娱乐、游览分散的不同的服务有机地联系起来,加强了这些部门间的协调和配合,使游客由和多个部门打交道变为和一个部门打交道,减少了许多麻烦,即使某一方面有不尽如人意之处,也不需游客直接出面,而由旅行社全权处理,保护游客的合法权益。所以说它是沟通旅游者和旅游相关部门的桥梁、纽带,是旅游活动必不可少的介体。旅行社因势利导地进行旅游活动的策划和组织,使游客的旅行需要成为可能,并走向规范化和正常化。

旅行社作为旅游业的"龙头"部门，是组织、规划旅游产品、开展宣传促销、招徕和接待旅游者的经济组织。旅行社根据市场的需求，首先向住宿、餐饮、交通、游览、娱乐的部门和企业预订单项旅游产品，经过加工、组合，形成不同的综合性旅游产品（即包价旅游），出售给旅游者，由此获得包价旅游收入。这种包价旅游收入首先表现为旅行社的营业总收入，在扣除了旅行社的经营费用和应得利润后，旅行社根据其他各旅游企业提供产品和服务的数量和质量，按照预定的收费标准、所签定的经济合同中列定的支付时间、支付方式和其他有关规定，分配给这些旅游部门和企业应得的旅游收入。这些部门和企业获得营业收入后，才按照前述的分配方式进行旅游收入的初次分配。如图6-2所示。

由上可见，旅游收入的初次分配又体现为旅行社的营业总收入转为各旅游企业和相关盈利单位的营业收入。由于包价旅游收入是旅游收入的重要组成部分，以及旅行社在旅游收入分配中所起的先导作用，旅游目的地国家或地区旅游总收入的很大部分首先是通过旅行社的经营所取得，又通过旅行社分配出去的。所以，旅行社的经营活动既是旅游营业收入的来源，又决定了旅游营业收入的分配，从而具有双重职能。旅游营业总收入数量的多少，旅游部门和企业营业收入的多少，在某种程度上往往取决于旅行社经营活动的强弱程度。因此，提高旅行社经营管理水平和市场竞争能力，对增加旅游营业收入是十分重要的。

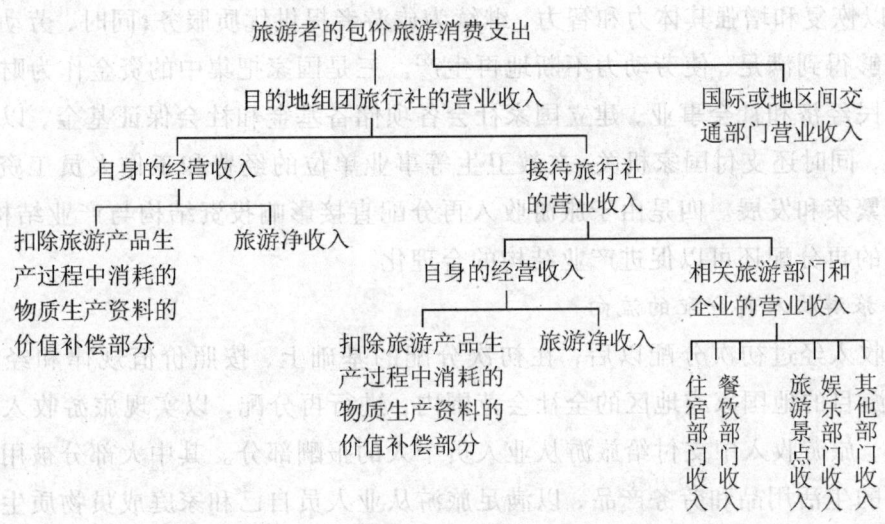

图6-2　包价旅游收入初次分配流程图

四、旅游收入的再分配

旅游收入再分配是指在初次分配的基础上，各收入主体之间通过各种渠道实现现金或实物转移的一种收入再分配过程。如前所述，旅游收入初次分配的结果为旅游企业职

第六章 旅游收入与分配

工工资、旅游企业留利和政府税收等，而旅游收入再分配过程就是上述利益主体将初次分配的结果再消费的过程，体现为：旅游企业职工将工资收入的一部分购买生活消费资料和其他劳务产品，从而将其收入的一部分转移到生活资料生产部门和其他劳务服务生产部门，这些部门再将获得的收入在企业职工、企业和政府之间进行分配。可见，员工工资收入的再分配主要是通过价格和劳务费以及银行信贷的方式进行的；旅游企业要维持再生产，就需要向有关部门和企业购买旅游产品生产中损耗的物质设备和原材料，从而使旅游收入的补偿价值部分转化为这些部门和企业的营业收入，这些部门和企业再将获得的收入进行相应的分配。可见，旅游企业的收入再分配主要是通过价格和劳务费的形式实现的；政府税收部门又将获得的税金通过各类财政支出转化为相应部门和企业的收入，并通过进一步分配持续这一过程。可见，政府税收收入的再分配过程主要是通过财政预算、政府购买、银行信贷的方式实现的。

（一）旅游收入再分配的主要原因

旅游收入的初次分配是在旅游企业内部进行的。旅游收入的再分配是在旅游企业外部，在全社会范围内进行的。国家可以根据旅游发展实际情况，通过对旅游收入再分配的制定，调整社会与企业间的利益关系。旅游收入进行再分配的主要原因在于：一是为了使旅游业能不断扩大再生产，满足其自我发展和自我完善所必需的物质条件的需要，使消耗掉的原材料和物质设备等能得到补偿。二是满足旅游业从业人员的物质文化生活需求，以恢复和增强其体力和智力，继续为旅游者提供优质服务；同时，劳动者的家庭需要也能够得到满足，使劳动力不断地再生产。三是国家把集中的资金作为财政预算用于发展国民经济和社会事业，建立国家社会各项储备基金和社会保证基金，以及国防建设费用等，同时还支付国家机关、文教卫生等事业单位的经费和工作人员工资，推动社会经济的繁荣和发展。四是由于旅游收入再分配直接影响投资结构与产业结构的变化，所以合理的再分配还可以促进产业结构的合理化。

（二）旅游收入再分配的流向

旅游收入经过初次分配以后，在初次分配的基础上，按照价值规律和经济利益原则，在旅游目的地国家或地区的全社会范围内，进行再分配，以实现旅游收入的最终用途。首先，旅游收入中支付给旅游从业人员个人的报酬部分。其中大部分被用于购买他们所需要的生活用品和劳务产品，以满足旅游从业人员自己和家庭成员物质生活和文化生活的需要，保证劳动力的再生产。这部分支出构成了社会经济中相关的提供生活资料和提供劳务的行业的营业收入。旅游从业人员个人收入消费之后所剩下的另一部分则存入银行、购买保险、购买国库券等，又形成了国家金融建设资金和保险部门的收入等。其次，旅游收入中的企业自留利润分为公积金和公益金两部分。公积金主要用于旅游部门和企业扩大再生产的追加投资，购买新的设备和设施，新产品的研制，技术更新改造，开辟新的市场，以及弥补企业亏损等方面。公益金主要用于旅游部门和企业职工与集体的福利，作为职工住房、医疗、教育、文体等活动的投资。公积金和公益金的支出构成了直接或间接为旅游部门、企业提供产品与服务的相关部门的营业收入。最后，旅游收入中还有一部分流向其他部门。如支付贷款利息而构成金融部门的投入，支付保险金而构成保险部门的收入，支付房租或购买住宅而形成房地产部门的收入，租赁设施设备而形成租赁单位的收入等。

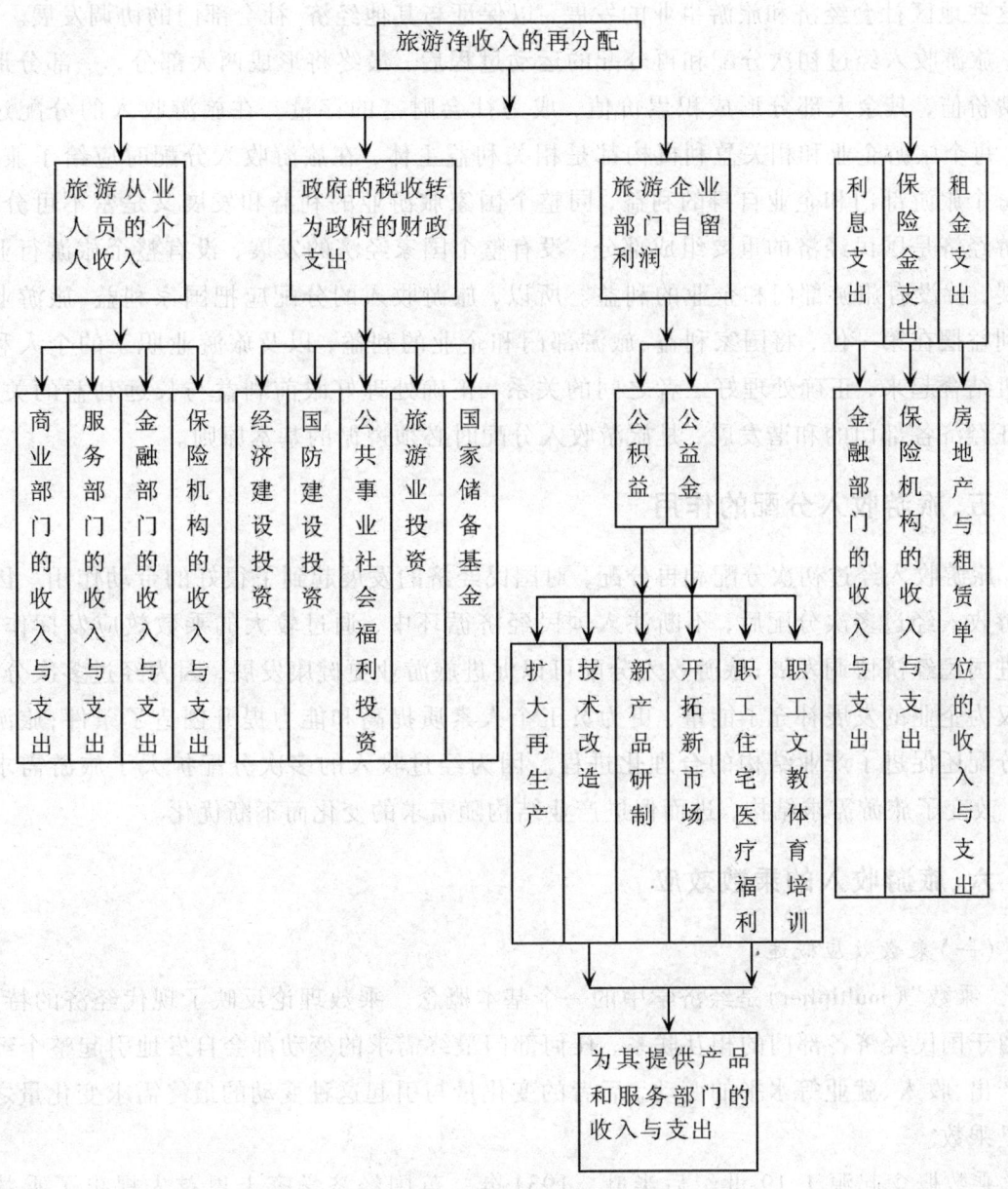

图 6-3　旅游收入再分配的流向

从图 6-3 旅游收入的再分配可以看出，旅游收入的再分配是旅游经济活动必不可

第六章 旅游收入与分配

少的环节。旅游经济活动与国民经济其他领域一样，也是一个不断重复和扩大的发展过程。在这个过程中，旅游产品再生产所消耗掉的劳动力与物质资料在价值上要不断得到补偿，在实物上要不断得到替换和充实。即一方面表现为旅游产品再生产的不间断进行，另一方面又表现为旅游收入的不断再分配。通过旅游收入的再分配，把旅游业收入的一部分通过税收等方式集中，再有计划地投放在国家重点项目和亟待开发的地区，加速这些地区社会经济和旅游事业的发展，以保证与其他经济、社会部门的协调发展。

旅游收入经过初次分配和再分配的运动过程后，最终将形成两大部分，一部分形成消费价值，其余大部分形成积累价值，成为社会财富的存量。在旅游收入的分配过程中，每个旅游企业和相关盈利机构都是相关利益主体，在旅游收入分配时应给予兼顾。但每个旅游部门和企业自身的利益，同整个国家旅游业的利益和发展又是密不可分的。旅游经济是国民经济的重要组成部分，没有整个国家经济的发展，没有整个旅游行业的发展，就没有旅游部门和企业的利益。所以，旅游收入的分配应把国家利益、旅游业整体利益摆在第一位，将国家利益、旅游部门和企业的利益，以及旅游业职工的个人利益有机结合起来，正确处理好三者之间的关系，正确处理好眼前利益与长远利益的关系，保证经济各部门的和谐发展，是旅游收入分配时必须遵循的基本原则。

五、旅游收入分配的作用

旅游收入经过初次分配和再分配，对国民经济的发展起到了很好的带动作用。因为旅游收入经过多次分配后，不断注入国民经济循环中，通过较大的乘数效应发挥作用，促进国民经济协调发展；旅游收入分配可以促进旅游业更健康发展，因为经过多次分配，不仅为企业的发展补充了能量，更为员工个人素质提高和能力提升创造了条件；旅游收入分配还促进了产业结构的合理化进程。因为经过收入的多次分配扩大了旅游需求数量，改变了旅游需求结构，进而促进产业结构随需求的变化而不断优化。

六、旅游收入的乘数效应

(一) 乘数效应概述

"乘数"(multiplier)是经济学中的一个基本概念。乘数理论反映了现代经济的特点，即由于国民经济各部门的相互联系，任何部门最终需求的变动都会自发地引起整个经济中产出、收入、就业等水平的变动，后者的变化量与引起这种变动的最终需求变化量之比即是乘数。

乘数概念起源于19世纪后半叶。1931年，英国经济学家卡恩首先提出了乘数理论。其后，凯恩斯又将这一理论进一步加以完善。乘数又译作倍数，主要指经济活动中某一变量与其引起的其他经济量以及经济总量变化的比率。

旅游乘数的完整定义可以表述为：旅游乘数是用以测定单位旅游消费对旅游接待地

区各种经济现象的影响程度的系数。这一定义间接说明了旅游乘数种类的非单一性及各种旅游乘数值之间的差异。

乘数理论说明,在经济活动中,一种经济量的变化可以引起其他经济量的变化,最终使经济总量的变化数倍于最初的经济变量,我们把这种现象称为乘数效应。在经济活动中,之所以会产生乘数效应,是因为国民经济的各个行业是相互关联、相互促动的。例如,在某部门注入一笔投资,不仅会增加该部门的收入,而且会在各相关部门引起连锁反应,最终产生数倍于投资额的国民收入。

根据凯恩斯的乘数原理,乘数的计算公式如下:

$$K = \frac{1}{1-MPC} \text{ 或 } K = \frac{1}{MPS+MPM}$$

式中:MPC——边际消费倾向;

MPS——边际储蓄倾向;

MPM——边际进口倾向。

从上式中可以看出,乘数与边际消费倾向成正比,与边际储蓄倾向和边际进口倾向成反比。例如,当一笔资金流入某地区的经济系统时,就会引起一系列企事业单位的经济运转,产生经济活动中的连锁反应,导致该地区社会经济效益的增加。如果把这笔资金储蓄起来或用来购买进口物资,使资金离开本地区的经济系统,则减少了本地区经济发展的力度,本地区的乘数效应就会降低。

(二)旅游收入的乘数效应

旅游收入的乘数效应是指旅游目的国或旅游目的地对旅游行业的投入引起各个经济部门的连锁反应,导致本地区经济总量的成倍增加。需要指出的是,旅游收入的乘数效应必须以一定的边际消费倾向为前提,而边际储蓄倾向和边际进口倾向则降低了旅游收入在本地区经济系统中的作用,使得该地区的乘数效应减少。

旅游收入通过初次分配和再分配,对经济发展产生以下三个阶段性的作用:

第一阶段,直接影响阶段。即旅游者在旅游目的地的各项消费,将资金直接注入了各个核心旅游企业和部门,饭店、旅行社、餐厅、商店、景区、交通及通信部门在旅游收入的初次分配中获得了一定量的收益。

第二阶段,间接影响阶段。即旅游核心部门和企业在再生产过程中向有关部门和企业购进生产和生活资料,各级政府把从旅游核心企业收缴的税金又投资于其他企事业项目,使有关部门和企业在旅游收入的再分配中获得了收益。

第三阶段,扩大影响阶段。即旅游相关部门和企业在再生产过程中购进大量的生产资料和生活资料,从而促进了更多部门和企业的发展。旅游收入正是通过多次的分配与再分配,对国民经济不断产生着连带作用和综合效益。

一个国家或地区的旅游收入如果增加,即会引起该国或该地区国民收入的增加,这

种关系可用 $y = kx$ 来表示，其中 y 为增长的国民收入总量，x 为旅游收入量，k 为两者之间的比例系数，即乘数。例如，某地区的边际消费倾向为80%，即80%的旅游收入在本地区的经济系统中运转，而20%的旅游收入则存储起来或用于进口物质，即有20%的旅游收入离开了本地区的经济系统，按照乘数的计算公式 $K = 1 \div (1 - 0.8)$ 或 $1 \div 0.2 = 5$，表明该地区的旅游收入经过初次分配和再分配，产生了5倍于此的经济效益。假若该地区的边际消费倾向为70%，边际储蓄倾向为10%，边际进口倾向为20%，则 $K = 1 \div (1 - 0.7)$ 或 $1 \div (0.1 + 0.2) \approx 3.3$，表明该地区的旅游收入经过初次分配和再分配，产生了约3.3倍的经济效益。

我们还可以用以下几类乘数模式来分析旅游收入对社会经济各个方面的影响：

1. 营业收入乘数。即旅游营业收入增加额与由此导致的其他营业收入增加额之间的比率关系。该乘数表明某地区旅游业的发展对该地区营业收入的影响。

2. 政府收入乘数。即旅游收入增加量与当地政府收入净增量之间的比例关系。政府收入的净增量是指政府从旅游业获得的税收及各项收益减去政府向旅游业投资后的余额，该乘数主要用来衡量旅游经济活动对国家和地区财政收入的影响程度。

3. 就业乘数。即旅游收入增加量与其所创造的直接和间接就业人数之间的比率关系。该乘数表明某一地区通过一定量的旅游收入，对本地区的就业机会所产生的影响，具体来说，一定时期内旅游从业人员的增加量与同期旅游收入的增加量之比，即为单位旅游收入可提供的就业机会。

4. 居民收入乘数。即旅游收入的增加额与由此导致的某地区居民收入的比例关系。该乘数反映了旅游业的发展对居民收入的影响程度。

5. 进口额乘数。即旅游收入增加量与由此导致的进口额增加量之间的比率关系。该乘数显示了相关部门和企业向国外进口物资、设备的增加量与旅游收入增加量之间的互动关系。

总之，根据旅游收入的乘数效应，可以全面衡量旅游业发展对国民经济的影响，更加科学地确定国民经济的发展目标和旅游业的发展战略。

七、旅游收入乘数的种类

旅游收入的乘数效应，使一个国家或地区增加一笔旅游投入相应会引起该地区经济的增长，使国民收入总量增加，并反映出国民收入的变化和经济影响。这种影响作用，主要通过以下几种常用的乘数模式，从不同侧面对国民经济产生相应的经济影响。

（一）营业收入乘数

营业收入乘数，是指增加单位旅游营业收入额与由此导致其他相关产品营业总收入增加额之间的比率关系，该乘数表明一地区旅游业的发展对整个地区营业总收入的作用和影响。

（二）就业乘数

就业乘数，是指增加单位旅游收入所创造的直接与间接就业人数之间的比率关系。该乘数表明某一地区通过一定量的旅游收入，对本地区就业产生的带动效应，并导致对最终就业岗位和就业机会所产生的作用和影响。一般来说，有两种情况：1.单位旅游消费所带来的全部就业人数；2.表示由单位旅游消费所带来的直接就业人数与继发就业人数之和同直接就业人数之比。

（三）居民收入乘数

居民收入乘数，即旅游收入的增加额与由此导致的某地区居民收入增加的比例关系。该乘数表明了这一地区旅游业的发展而给整个地区的居民收入增加带来的作用和影响。

（四）政府收入乘数

政府收入乘数，即旅游收入增加量与当地政府收入净增量的比例关系。政府收入的净增量是指政府从旅游业获得的税收及各项收益减去政府向旅游业投资后的余额。该乘数主要用来衡量旅游经济活动对国家和地区财政收入的影响程度。

（五）消费乘数

消费乘数，是指每增加一单位旅游收入所带来的对生产资料和生活资料消费的影响。该乘数用来测定旅游目的地国家和地区旅游收入增加对社会再生产过程的促进作用，即对社会消费扩大的作用和影响。

（六）进口额乘数

进口额乘数，即旅游收入的增加量与由此导致的某地区居民收入的比例关系。该乘数表明旅游目的地国家随着旅游经济活动的发展，旅游部门和企业以及向这些部门、企业提供产品和服务的其他相关单位，向国外进口设施、设备、生活消费品的增加量与旅游收入增量的关系。

八、旅游收入漏损

（一）旅游收入漏损的原因

旅游外汇漏损是指旅游目的国或旅游目的地的有关部门和企业，为了发展旅游业而进口商品、对外贷款、引进劳务等，因此导致了旅游外汇收入的减少。

从 $K = 1/(1 - MPC)$ 及 $K = 1/(MPS + MPM)$ 的公式中可以看出，旅游乘数效应与边际储蓄倾向和边际进口倾向均有关系，MPS 或 MPM 越大，旅游乘数效应就越小，反之，旅游乘数效应就越大。

在经济欠发达的国家或地区，旅游综合设施比较落后，为了发展国际旅游业务，需要从国外进口有关的物资设备，需要引进国外的先进技术和管理人才，这些都要花费大量的外汇，由此造成了旅游外汇的流失。具体来说，旅游外汇漏损主要源于以下六个方面：

1. 为建设旅游基础设施，进口必要的设备和原材料而花费的外汇。

2. 为新建旅游饭店，进口必要的设备和原材料而花费的外汇。

3. 支付旅游企业外方的管理费和外籍人员的工资，由此造成了大量外汇的流失。

4. 为发展旅游业，除国家投资、国内融资外，还需要对外贷款，逐年还本付息，由此造成了大量外汇的流失。

5. 为满足旅游者及部分旅游企业员工的需求而进口有关的消费品，此项花费也造成了大量外汇的流失。

6. 外汇管理不力，会使黑市交易猖獗，造成国家外汇实现量减少。或者由于企业间盲目削价竞争而导致旅游部门和企业外汇收入的减少，都会使国家旅游外汇收入隐性流失。

旅游外汇漏损的程度显示了一个国家的经济实力和科技水平。为了减少旅游外汇漏损，首先要大力发展本国经济，提高本国产品的品质和科技含量。其次要积极培养旅游业的现代化管理人才，逐步减少外方管理集团和管理人员的数量。再次要加强国际收支的宏观监管机制，完善外汇管理法规，防止外汇流失。

总之，旅游接待国的经济实力越强，科技水平越高，旅游收入的乘数效应越大，旅游外汇漏损就越少；反之，旅游收入的乘数效应越低，旅游外汇漏损就越多。因此，大力发展经济，增强国家的综合国力，是旅游业持续发展的根本保证，只有如此，旅游收入的乘数效应才能最大化，旅游外汇漏损才能被减少到最低限度。

（二）旅游收入漏损的控制

为保证一个国家旅游收入的稳定和增长，有必要对旅游外汇的流失进行严格控制。目前世界上许多国家，特别是把旅游业作为国民经济重要支柱产业的国家，都制定了一系列的政策，采取相应措施，对旅游外汇的流失问题进行控制和改善，以减少和避免旅游收入的漏损。主要的措施有以下几方面：

1. 不断提高本国产品的质量，对引进技术和先进设备，要组织人员攻关、研究，就地消化，在符合质量标准的前提下尽快投入生产。尽量使用本国产品和设备。

2. 加强对引进外资、外来项目的审批工作。对引进项目的收益、成本、风险及先进性、急需性、可行性要认真分析评估，避免盲目引进、肥水外流，使国家和旅游企业外债负担过重。

3. 积极培养旅游管理专门人才，学习现代管理方法，使用高效管理手段，树立现代市场经营观念，逐步减少外方管理人员数量，从而减少相应的外汇支出。

4. 采取合理的价格，引导本国居民多参与国内旅游，用国内旅游来代替国际旅游，适当控制出境旅游的数量。在外汇缺乏或外汇收支逆差的情况下，也可采取相应政策来限制本国居民出境旅游，以减少旅游外汇收支逆差。

5.要制定和完善经济法规和外汇管理方法，对违法经营、干扰市场环境的行为要给予必要的行政与法律制裁，以建立良好的市场秩序，对违反国家政策法规规定，扰乱金融秩序和市场环境的不法行为给予严厉的法律和经济制裁。

☆财产与产权

所谓财产是对具有金钱价值并受到法律保护的权利的总称。一般来说，财产有三种，即动产、不动产和知识财产（即知识产权）。财产具有以下特点：

1. 财产所有人依法对自己的财产享有占有、使用、收益和处分的权利；
2. 任何人未经财产所有人的许可不得使用该财产，否则就是非法侵犯权利；
3. 财产所有人可以是自然人，也可以是诸如公司这样的法人。

而产权又称为财产权，是指以财产利益为内容，直接体现财产利益的民事权利。财产权是可以以金钱计算价值的，一般具有可让与性，受到侵害时需以财产方式予以救济。财产权既包括物权、债权、继承权，也包括知识产权中的财产权利。

☆产权制度是所有制的具体化

所有制具体化为产权制度，从总体上说，并非人们的随意安排或选择，它是由特定所有制的产生、发展的内在逻辑和需要等因素构成的。因为生产资料必须在经营过程中才能实现增值，那么为了有效经营，不同主体（所有者、经营者）就必须有明确的权责利，做到各行其权，各负其责，各得其利。简言之，产权制度就是制度化的产权关系或对产权关系的制度化，是划分、确定、界定、保护和行使产权的一系列规则。

☆企业财产组织形式的类型

1. 独资的旅游企业财产组织形式
2. 合资的旅游企业财产组织形式
3. 股份制的企业资产组织形式

☆旅游收入对国民经济发展的重要意义

1. 增加资金积累和外汇收入
2. 为社会提供大量就业机会
3. 促进我国产业结构调整和优化
4. 提高人们的物质文化生活水平
5. 加快社会主义新农村建设步伐

第六章 旅游收入与分配

6. 改善投资环境，促进招商引资

☆旅游收入分配

是指按照旅游产品生产要素通过货币形式在各个经济行为主体之间进行的分配。旅游收入分配是旅游经济再生产过程中必不可少的环节，不仅关系到旅游产品简单再生产和扩大再生产过程能否顺利进行，而且也直接影响到旅游经济活动中各利益主体的利益能否公平、公正地实现问题，进而影响到旅游目的地国或地区旅游产业的发展质量和发展速度，因而是旅游经济运行中十分重要的问题。

所谓旅游收入初次分配是指直接经营旅游服务的旅游企业（如旅行社、饭店、餐馆、交通运输公司、旅游景点及旅游购物品商店）将获得的营业收入首先在企业内按生产要素以货币形式进行的分配。在旅游收入初次分配中，旅游企业首先从旅游收入中扣除掉用于生产旅游产品所耗费的物质资料补偿价值，然后对余额部分进行初次分配，分配的结果划分为三部分：第一部分为职工工资，用于满足劳动力自身及其家庭对各类消费资料的需求，从而使劳动力得以延续；第二部分为向政府缴纳的各类税金，用于满足政府对各类财政支出的需求，从而使国家各类需要财政支持的事业得以延续；第三部分为企业留利，用于满足对投资者的分红需求和扩大再生产需求，从而使企业得以延续发展。

旅游收入再分配是指在初次分配的基础上，各收入主体之间通过各种渠道实现现金或实物转移的一种收入再分配过程。如前所述，旅游收入初次分配的结果为旅游企业职工工资、旅游企业留利和政府税收等，而旅游收入再分配过程就是上述利益主体将初次分配的结果再消费的过程，体现为：旅游企业职工将工资收入的一部分购买生活消费资料和其他劳务产品，从而将其收入的一部分转移到生活资料生产部门和其他劳务服务生产部门，这些部门再将获得的收入在企业职工、企业和政府之间进行分配。

☆旅游收入的乘数效应

"乘数"(multiplier)是经济学中的一个基本概念。乘数理论反映了现代经济的特点，即由于国民经济各部门的相互联系，任何部门最终需求的变动都会自发地引起整个经济中产出、收入、就业等水平的变动，后者的变化量与引起这种变动的最终需求变化量之比即是乘数。

根据凯恩斯的乘数原理，乘数的计算公式如下：

$$K = \frac{1}{1-MPC} \text{ 或 } K = \frac{1}{MPS+MPM}$$

式中：MPC——边际消费倾向；

MPS——边际储蓄倾向；

MPM——边际进口倾向。

☆主要概念

旅游外汇收入　基本旅游收入　旅游换汇率　商品性旅游收入　劳务性旅游收入

旅游创汇率　旅游收入乘数　旅游收入漏出　人均旅游收入　旅游收入比率指标　旅游收入环比增长率　旅游收入乘数效应

 ☆复习题

1. 旅游收入有何特征？
2. 旅游收入的分类有哪些？
3. 影响旅游收入的因素有哪些？
4. 何谓旅游收入的初次分配？
5. 何谓旅游收入的再分配？
6. 旅游收入乘数有何重要意义？
7. 旅游收入的初次分配和再分配是如何展开的？
8. 旅游收入分配对国民经济有何作用？
9. 旅游收入漏损的形式有哪些？如何减少和避免旅游外汇收入的漏损？
10. 旅游乘数理论的局限性表现在哪些方面？
11. 试述国民收入的循环与分配过程。
12. 试述旅游收入漏出的原因及控制。
13. 若某地区旅游收入为 2 600 万元，边际储蓄倾向为 45%，则该地区旅游乘数为多少？

第七章 旅游消费者行为理论

◇ 学习目标：

一、了解旅游消费的概念、性质和特点；
二、掌握旅游消费结构的分类、影响旅游消费的因素；
三、熟悉旅游消费的合理化，以及提供旅游消费的途径；
四、了解旅游消费的作用、效果和旅游消费效果的评价。

第一节 旅游消费者行为理论概述

一、欲望和效用的概念

所谓欲望是指一个人想得到而没有得到某种东西的一种心理感觉。它具备不足之感和求足之愿两个条件。而效用则是指旅游消费者消费旅游商品或劳务时所获得的满足程度。

二、基数效用和序数效用

（一）基数效用

旅游者消费一定数量的商品或劳务获得的效用是所有这些商品效用的总和。旅游消费满足边际效用递减规律。

（二）序数效用论

旅游商品的效用是消费者对商品满足欲望的一种主观评价，很难加以准确度量，只需对其进行满足程度的大小排列即可。

三、边际效用分析法

（一）边际效用递减规律

1. 总效用是指在一定时间内消费者从消费商品或劳务中所获得的满足程度的总量，记为 TU。

2. 边际效用是指在一定时间内消费者从增加一单位旅游商品或劳务的消费中所得到的效用增加量。

3. 边际效用递减规律（戈森第一定律）

随着消费者消费某物品数量的增加，他从该物品连续增加的消费单位中所达到的边际效用是递减的，即边际效用随着消费数量的增加而逐渐递减。这种现象普遍存在于一切物品，被称为边际效用递减规律。

（二）边际效用递减的原因

1. 生理或心理上的原因。随着消费一种物品的数量的不断增多，消费者接受的重复刺激程度越来越弱。使人生理上的满足程度或心理反应程度减少，而导致满足程度下降。

2. 从物品本身用途的多样性来看，消费者总是先把物品用于最重要的用途，而后用于次要的用途。因为最重要用途的边际效用大，其后次要用途的边际效用小，以此顺序，随用途越来越不重要，其边际效用就递减。所以，总效用曲线是一条先升后降的曲线。

（三）总效用与边际效用的关系：

当 $MU>0$ 时，TU 上升；

当 $MU<0$ 时，TU 下降；

当 $MU=0$ 时，TU 达到最大。

四、预算线（又称消费可能线、消费约束线、等支出线）

1. 消费预算线的含义

它表示在消费者收入和商品价格假定的条件下，消费者全部收入所能购买到的两种商品数量最大组合的线。

其公式：

$$M = P_x Q_x + P_y Q_y$$

变形整理得一般线性式：

$$Q_y = \frac{M}{P_Y} - \frac{P_X}{P_X} \cdot Q_X$$

其中，$\frac{M}{P_Y}$ 代表的是消费预算线的截距，$-\frac{P_X}{P_X}$ 代表的是消费预算线的斜率。

它表明的是消费者消费行为的限制条件，即消费者购物所花费的货币支出不能大于他的收入，也就是在既定收入条件下无法实现，若小于他的收入，同样也不能实现效用最大化。

2. 预算约束线的变动

预算是以消费者的收入和商品价格既定为条件，所以如果消费者的收入和价格发生变化消费者的预算约束线也会随之变动。一般会有以下几种情况：

（1）如果价格不变，收入变化，则消费预算线平行向右上方移动，即预算水平增加；反之，情况相反。

（2）在收入不变的情况下，若一种商品价格发生就会改变预算线的斜率，使预算线发生偏转。

（3）如果所有商品的价格以同一方向同一比例发生变动，则消费者预算约束线位置不发生变动，如果商品价格及消费者收入发生相对变化，则预算线的斜率发生变动。同理，在收入不变的时候，两种商品的相对价格发生变动，也会导致斜率的变动，各种情况可类推。

第二节　旅游消费者均衡

一、旅游消费者均衡的假设条件

旅游消费者均衡所研究的目的是在消费者收入有限的情况下，如何实现效用最大化的问题。所以，假设条件主要有：

（一）旅游消费者嗜好不变；

（二）旅游消费者的收入是既定的；

（三）旅游商品的价格是既定的和已知的。

二、旅游消费者均衡

旅游消费者在既定的收入约束条件下，所购买的各种旅游商品所带来的边际效用，与为购买这些物品所支付的价格的比值相等，或是说每单位货币的边际效用都相等，就可以获得最大效用。被称为边际效用相等规律，又称戈森第二定律。

假设旅游消费者的收入为 M，所购买和消费两种物品的数量为 Q_X、Q_Y，其价格分别为 P_X、P_Y，所带来的边际效用分别为 MU_X、MU_Y，每单位货币的边际效用为 MU_m。因此，消费者均衡的一般数学模型表现为：

$$M = P_X \cdot Q_X + P_Y \cdot Q_Y \tag{1}$$

$$\frac{MU_X}{P_X} = \frac{MU_Y}{P_Y} = MU_m \tag{2}$$

$$TU = f(X, Y) \text{ 达到最大化。} \tag{3}$$

（1）式表明的是消费预算限制条件。如果消费者的支出超过收入，消费购买是不现实的；如果支出小于收入，就无法实现在既定收入条件下的效用最大化。

（2）式表明的是消费者均衡的实现条件。每单位货币无论是购买物品还是物品，所得到的边际效用都相等。

如果消费的是多种物品，则可把上述模型扩展为：

$$M = P_1 \cdot Q_1 + P_2 \cdot Q_2 + \cdots + P_X \cdot Q_X \tag{1}$$

$$\frac{MU_1}{P_1} = \frac{MU_2}{P_2} = \cdots = \frac{MU_X}{P_X} = \lambda \tag{2}$$

$$TU = f(X, Y) \text{ 达到最大化。} \tag{3}$$

λ 表示的是单位货币效用，即每一单位货币所得到的商品边际效用都相等。

旅游消费者之所以按照这一原则来购买商品并实现效用最大化，是因为在既定收入的条件下，多购买 X 物品就要减少 Y 物品的购买。随着 X 购买量的增加，X 物品的边际效用就会递减，随之而来的是，物品 Y 边际效用就会递增。为了使所购买的 X、Y 的组合能够带来最大的总效用，消费者就不得不调整这两种物品的组合数量，其结果是增加对 Y 物品的购买，减少对 X 物品的购买。如此来回调整这两种物品购买数量的组合，就最终会出现：当他所购买的最后一个单位 X 物品所带来的边际效用与其价格之比等于当他所购买的最后一个单位 Y 物品所带来的边际效用与其价格之比。也就是说，无论是购买哪种物品，每一单位货币所购买的物品其边际效用都是相等的，于是就实现了总效用最大化，即消费者均衡，两种物品的购买数量也就随之确定，不再加以调整。

三、无差异曲线及其特点

（一）无差异曲线（又称效用等高线、等效用线）

无差异曲线是用来表示两种商品的不同数量的组合给消费者所提供的效用是完全相同的一条曲线。或是说在这条曲线上，无论两种商品的数量怎样组合，所带来的总效用是相同的。

（二）无差异曲线的基本特征

1. 无差异曲线是一条向右下方倾斜的曲线，其斜率为负值。它表明在收入与价格既定的条件下，为了获得同样的满足程度，增加一种商品就必须放弃减少另一种商品，两种商品在消费者偏好不变的条件下，不能同时减少。

第七章 旅游消费者行为理论

2．在同一平面图上有无数条无差异曲线，不同的无差异曲线代表的效用满足程度各不相同。距离原点越远的曲线，表明所代表的效用越大，反之，结果相反。

3．在同一平面图上，任意两条无差异曲线不能相交，否则与第二点矛盾。

4．无差异曲线是一条凸向原点的线。这是由边际替代率递减规律所决定的。

本章小结

☆欲望是指一个人想得到而没有得到某种东西的一种心理感觉。(具备不足之感和求足之愿两个条件)

效用是指旅游消费者消费旅游商品或劳务时所获得的满足程度。

☆边际效用递减规律(戈森第一定律)

随着消费者消费某物品数量的增加，他从该物品连续增加的消费单位中所达到的边际效用是递减的，即边际效用随着消费数量的增加而逐渐递减。这种现象普遍存在于一切物品，被称为边际效用递减规律。

☆旅游消费者均衡

旅游消费者在既定的收入约束条件下，所购买的各种旅游商品所带来的边际效用，与为购买这些物品所支付的价格的比值相等，或是说每单位货币的边际效用都相等，就可以获得最大效用。被称为边际效用相等规律，又称戈森第二定律。如下式所示：

$$M = P_1 \cdot Q_1 + P_2 \cdot Q_2 + \cdots + P_X \cdot Q_X \quad (1)$$

$$\frac{MU_1}{P_1} = \frac{MU_2}{P_2} = \cdots = \frac{MU_X}{P_X} = \lambda \quad (2)$$

$$TU = f(X, Y) \text{达到最大化。} \quad (3)$$

λ 表示的是单位货币效用，即每一单位货币所得到的商品边际效用都相等。

☆主要概念

旅游消费者均衡　预算线　边际效用递减规律　序数效用论　效用　欲望　基数效用　无差异曲线　效用最大化

☆复习题

1. 旅游消费者均衡的含义及现实意义是什么？
2. 无差异曲线的经济学含义？
3. 讨论：经济腐败现象的经济学分析。
4. 举例说明边际效用递减规律。
5. 基数效用论与序数效用论的区别是什么？
6. 无差异曲线的基本特征有哪些？
7. 旅游消费者均衡的假设条件有哪些？
8. 旅游消费者在消费过程中的最终目标是什么？
9. 预算约束线的变动情况有哪些？
10. 消费者均衡对于旅游消费者有何意义？

第八章 旅游企业生产决策

◇ 学习目标：

一、生产函数；

二、边际收益递减规律；

三、机会成本；

四、旅游企业实现成本最小化的标准。

第一节 旅游企业的生产理论

一、生产函数

旅游产业中的生产活动丰富多彩，产品种类繁多，既包括餐饮、住宿、交通等行业产出，也包括游览、娱乐甚至医疗卫生等行业的产品。所有这些商品的生产过程都遵循着一定的规律：所有这些工厂、公司等组织都追求最有效率的生产模式，以尽可能低的投入产出尽可能多的产品和服务。它们总是试图使经济利润最大化。

众所周知，所有产品和服务的生产与提供都需要投入像土地、劳动、资金、技术、信息等生产要素。那么，如果你投入一定量的生产要素，你能够获得的最大产出是多少呢？我们说，在一定的技术水平下，投入要素的数量和产出产品、服务的数量之间的关系称为生产函数(production function)：在一定的技术水平下，给定投入之后能够获得的最大产出。

如果用Q代表总产出，用L表示劳动的投入量，K表示资本数量，N表示土地，E表

示企业家才能,则生产函数的公式可表示为:

$$Q = f(L, K, N, E, \cdots)$$

在其他投入不变的条件下,如果产出只受一种要素投入的影响,则我们得到一元生产函数,如果产出取决于两种要素投入,则产生二元生产函数;如果产出取决于三个或三个以上的要素投入,则得到多元生产函数。例如,一家酒店在确定了其投入的要素数量后,如员工(管理人员及一线服务员等)数量;客房及餐饮接待能力的数量甚至是停车位数量等指标,那么这家酒店的接待能力也就基本上随之确定,即确定了其生产能力。

一般来说,生产函数对于不同种类的产品和服务来说具有不同的形式——每一种商品或服务就对应着一种生产函数。并且,对同一种产品来说,生产函数也不是一成不变的,很可能在一定的时期内某种生产函数是适用的,但随着生产技术和生产要素的不断变化,生产函数也要随着调整,与时俱进。但不管怎么说,生产函数都是对企业生产能力的一种有效描述。

对于一般的生产函数来说有三个产量值得关注:总产量(total products)、平均产量(average products)、边际产量(marginal products)。

从生产函数来看,旅游企业生产的总产量表示在一定投入条件下,所能产出的最大接待量(如客房的间数,飞机或火车等交通工具上的座位数等)。一般来说,随着某种投入要素数量的增加,总产出量会随之增加。那么有一个重要的问题随之而来:投入要素的数量增加一个单位(如增加一组飞机的机组人员,同时保持其他生产要素不变)所增加的产出总量会改变多少?

这个问题就引出了另外一个重要的经济学概念:边际产量。

所谓边际产量是指在其他投入要素保持不变的条件下,由于新增1单位某一种要素的投入而产生的总产量改变的数量。这种边际产量对于理解如何确定要素收入(如工资水平)时非常重要。

第三个产量概念便是平均产量,等于总产量除以总投入的要素数量。如200个酒店员工一年完成了20万人次的接待量,那么每个人的平均产量就是1 000人次/年。

二、边际收益递减规律

边际收益递减规律(law of diminishing returns)表明在其他条件不变时,每增加一单位某要素的投入量,增加的产出数量有一个递减的趋势。换句话说,其他条件不变,随着某一要素投入量的增加,其边际产出量下降。

边际收益递减规律是经济理论中最为重要的概念之一。它表明了一个最基本的经济学常识:当某一种要素如劳动被越来越多地投入到固定的其他要素上(如固定规模的酒店)时,每单位劳动的利用效率就会越来越低。固定资产的使用率会增加,但这种增加

第八章　旅游企业生产决策

是有限的,从而虽然总的产量仍然会增加,但劳动的边际产量会下降。

我们也可以从表8-1中一个酒店的年接待量来更好地理解边际收益递减规律。当投入劳动为1个单位时,年最高接待人数可以达到200人次/年,增加一个单位劳动力则接待能力达到350人次/年,新增加的一个单位劳动的产出比第一个单位的产出要少50人次;劳动投入为3个单位时,总接待能力为480人次/年,但是第三个新增加的劳动力的边际产出只有130人次;当劳动增加4个单位时接待总量为600人次/年,第四个单位劳动的边际产出为600-480=120人次/年;第五个单位劳动力的边际产出只有680-600=80人次/年,总的来说随着劳动这种生产要素投入数量的越来越多,新增加的一单位劳动的产出越来越低,这就是边际产出递减规律。

表8-1　　　　　　　　总产出、边际产出和平均产出

劳动单位(L)	总产量(TP)(人/年)	边际产量(MP)(人/年)	平均产量(AP)(人/年)
1	200	200	200
2	350	150	175
3	480	130	160
4	600	120	150
5	680	80	136

三、规模报酬(rerturn to scale)

边际收益和边际产出考察的是其他条件不变时,改变多种投入要素中的一种,产出所作出的相应改变,得到了边际收益递减规律。但有时,我们也会考虑另外一个相关问题:当所有投入要素按比例同时增加,即劳动、土地、设备等都增加相同的比例,则总的产出会有什么变化?这个问题涉及经济理论中的另外一个重要的概念——规模报酬。

一般来说,规模报酬有以下几种类型:

(一)规模报酬不变(constant returns to scale)

当所有生产要素同时按比例增加将导致产出以同样的比例增加。例如,如果员工数量,酒店设备数量,酒店的客房、餐饮的营业场地同时增加一倍,那么酒店的整体接待能力就增加一倍,此时,就显示了规模报酬不变的特征。

(二)规模报酬递增(increasing returns to scale)

也叫规模经济(economies of scale)发生在所有投入的增加导致产出水平以更大的比例增加的时候。例如,正在设计一个小规模化工厂的工程师发现,劳动、资本和原料投入10%,会引起总产出的增长超过10%。工程研究发现许多制造流程都有适度的规模

报酬递增,包括那些当今最大规模的工厂。

(三)规模报酬递减(decreasing returns to scale)

发生在所有投入的均衡增加导致总产出以较小比例增加的时候。在许多流程中,规模的增大最终会达到一个极点,超过这一点就会导致低效率。这可能是由于管理成本或控制成本变得庞大而造成的。在电力工业中有这样的例子,当企业规模变得过大时,设备利用低效率的风险就会变得很大。许多涉及自然资源的生产活动,如种植供酿酒用的葡萄或给城市提供纯净饮用水等,都表现为规模报酬递减。

四、技术变革

对于一个正常运行的旅游市场来说,技术变革是其提高其效率的重要路径之一。所谓技术变革(technology change)是指生产旅游产品和服务的过程的改进,或新产品和服务的推出。在旅游市场发展过程中,较低劣的生产方式会被淘汰,先进技术由于提高了效率而被不断地引入旅游企业的经营当中,包括旅游交通方式的改变、通信方式的改变等。这些技术变革使得同样的投入可以得到更大的回报,使得总产出曲线向外移动。

第二节 旅游企业生产成本分析

旅游产业的生产活动几乎贯穿于旅游活动的每个环节,与旅游活动同时开始同时结束,所以旅游产业的成本问题也是一个较其他产业更为复杂的课题。旅游企业为了满足旅游消费者的需求必须投入一定量的要素进行生产,随之而来的便是成本控制问题。因为作为追求利润最大化的旅游企业来说,成本每减少一元钱,利润便增加了同样数额,所以,成本控制是所有旅游企业必须面对的首要问题。

一、旅游企业的成本分析

让我们来考察一个旅游企业。它使用劳动、资本、和易耗品等投入,得到一定的接待能力(用 q 表示)。但这些要素对企业来说必须从相应的经济要素市场进行购买,当 q 发生变化时,投入的要素便也会发生变化,也即是成本发生变化。我们用表 8-2 表示各种不同的产出水平所耗费的总成本(假定要素价格不变)。

表 8-2　　　　　　　　　　固定成本、可变成本和总成本

（1）产量(q)	（2）固定成本(FC)(万元)	（3）可变成本(VC)(元)	（4）总成本(TC)(元)
0	100	0	100
1	100	30	130
2	100	55	155
3	100	75	175
4	100	105	205
5	100	145	245
6	100	195	295

一般来说，旅游企业的成本由固定成本和可变成本组成，即 TC = FC + VC。

（一）固定成本

所谓固定成本(fixed cost)，也称为"固定支出"或"沉没成本"和"沉淀成本"。它由营业场所的租金，购买设备的支出、债务利息等构成。即使旅游企业的产能为零，例如酒店或旅行社一个游客也没有接待，它的这些支出也已经支付过了，无法收回了，成为一种"沉没"的费用。如果产量增加(接待人数增加)这些成本也不会在短期内发生变化，故而在表 8-2 中固定成本 FC 的数值保持不变。

（二）可变成本

表 8-2 中的第三栏表示的是可变成本(VC)。可变成本(variable cost)是随着产出水平的变化而变化的那一部分成本。它包括生产所需要的原材料(如接待客人所需的餐饮食品；宾馆客房的易耗品，水电能源等)。

根据可变成本的含义，当产量为零时，VC 的起始值为零。它是总成本中随着产量增加而增加的成本。实际上，在短期内，随着产出的增加，总成本的增加量就等于可变成本的增加量。因为固定成本在短期内是保持不变的。

我们可以将上述内容总结如下：

总成本(TC)：表示为每一产出水平 q 随需要的最低成本总额。随着 q 的变化而改变。

固定成本(FC)：表示即使产出水平为零也必须支出的成本总额。固定成本与产出变化没有直接关系。

可变成本(VC)：表示随着产出水平的变化而变化的开支，包括原材料、水电燃料等。

（三）边际成本(marginal cost)

在现代经济理论中，边际成本是最重要的概念之一。边际成本(MC)表示由于多生产额外

一单位的产出而增加的成本。例如,当酒店接待 100 个游客时的总成本是 50 万元,接待 101 个客人的总成本是 500100 元,那么第 101 个游客的边际接待成本就是 100 元。

在现实经济中,有时多生产一个单位的产出的边际成本可能非常低。如一架有空闲座位的客机,增加一个旅客的成本几乎为零,因为其不需要增加任何资本或劳动(飞行员或乘务人员)。但也有增加一单位产出而产生高额边际成本的例子,例如,当飞机已经客满时,要想增加一单位的产出,很可能要另外提供一架飞机和一套机组人员,从而产生高额的边际成本。

为了更好地理解边际成本的概念,我们根据表 8-2 的数据来计算边际成本。如表 8-3 所示。

表 8-3　　　　　　　　　　　边际成本计算

(1)	(2)	(3)
产出量 q	总成本 TC(元)	边际成本 MC(元)
0	100	0
1	130	30
2	155	25
3	175	20
4	205	30
5	245	40
6	295	50

由总成本我们很容易计算出边际成本。例如,为了得到第五单位的 MC,我们将前五单位的总成本减去前四单位产品的总成本,即 MC = 245 - 205 = 40 元。

正如我们从表 8-3 中所看到的一样,一般情况下,边际成本有一个先下降后增加的变化轨迹。

(四)平均成本(averagecost)

与边际成本一样,平均成本(AC)也是旅游企业广泛使用的概念。所谓平均成本(averagecost)是总成本除以产品的单位总数。用公式表示为:

平均成本 = 总成本/产量 = TC/q = AC

可以看出,各种成本概念都来自总成本的分解及其与产出量的关系。如图 8-4 所示。

表8-4　　　　　　　　　　　　成本类型表

（1）产出量 q	（2）固定成本（FC）（万元）	（3）可变成本（VC）（元）	（4）总成本 TC（元）	（5）边际成本 MC（元）	（6）平均成本 AC（元）	（7）平均固定成本 AFC（元）	（8）平均可变成本 AVC（元）
0	100	0	100	0	0	0	0
1	100	30	130	30	130	100	30
2	100	55	155	25	77.5	50	22.5
3	100	75	175	20	$58\frac{1}{3}$	$33\frac{1}{3}$	25
4	100	105	205	30	$51\frac{1}{4}$	25	$21\frac{1}{4}$
5	100	145	245	40	49	20	29
6	100	195	295	50	$49\frac{1}{6}$	$16\frac{2}{3}$	$32\frac{1}{2}$

一般来说，平均成本包括平均固定成本（average fixed cost）和平均可变成本（average variable cost）及平均总成本（average total cost）。正如我们可以将总成本分为固定成本和可变成本一样，当我们把总成本、固定成本、可变成本分别除以产出量，便得到上述三种平均成本。

值得注意的是：不能将平均成本与边际成本相混淆，实际上，边际成本与平均成本在一定条件下，差异是相当大的。如图8-1所示。

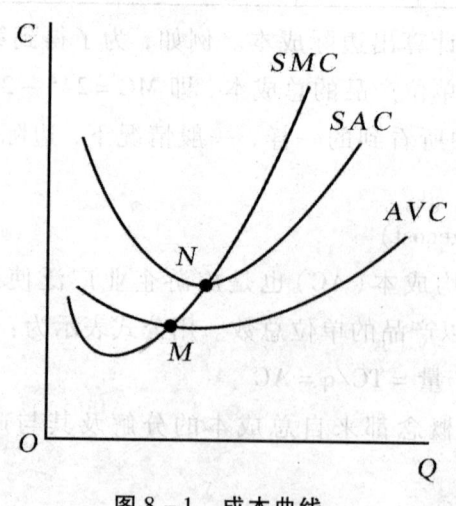

图8-1　成本曲线

图8-1表明，MC与AC有很高的关联度：当增加1单位产出的MC低于AC时，则AC下降。而当MC高于AC时，则AC上升。在MC与AC相等时，AC曲线是水平的。对

于典型的 U 形 AC 曲线，MC 与 AC 相等的点也是 AC 达到的最低值。

对于 MC 与 AC 的关系，需要注意以下几点：

当 MC 在 AC 之下，它将 AC 拉下，平均成本下降。

当 MC 在 AC 之上，它将 AC 拉上，平均成本上升。

当 MC 与 AC 相等，AC 保持不变并且位于最低点，故而可以知道：在 U 形图的最低点，MC = AC = AC 最小值。

这一规律对于旅游企业的经营决策至关重要，对一个以成本最小化为最终目标的企业来说，会将其产量定在平均成本与边际成本相等的水平上。因为当 MC 小于 AC，生产的最后一单位成本小于过去全部产出的平均成本，故而加上最后一单位后的 AC 会小于不包括最后一单位产出的平均成本，所以，最后一单位的产出导致了 AC 的下降。反之，如果 MC 大于 AC，则会导致 AC 上升。只有当 MC = AC 时，最后一单位的成本 MC 正好等于原来的 AC，不会对 AC 产生影响，AC 曲线在这一点保持水平。

二、旅游企业的投入选择——最小成本法则（Least-cost rule）

所有的企业在参与到经济竞争中时，都必须考虑其生产方式，投入多少，生产多少？那么企业将依据什么来解决这些问题呢？如前所述，所有企业都是追求利润最大化的，而利润最大化的一个间接目标是成本最小化，因此成本最小化将是决定企业行为的一个重要前提。并且这一行为标准不仅适用于完全竞争的市场结构，同样适用于非完全经济市场，如垄断、垄断竞争等。同时适用于医院、大学这些事业型单位来改善其运行效率。这一前提意味着企业应该尽可能地保持在最低成本上进行生产，从而达到利润最大化或其他目标。

例如，对于一家星级宾馆的生产决策来说，存在着劳动、客房和餐饮设备、电力燃料的耗费以及土地租金等的经济要素投入，那么如何才能得到最低的投入成本呢？为了以最小的成本得到最大的产出，这家酒店应该不断调整各种投入的支持直到花费在每一种要素投入上的单位货币的边际产出相等为止。当每一单位货币的边际产出对于每一种要素都相等时，我们说，这家酒店的运营总成本达到对了最低，我们将这一结论称为最小成本法则。

最小成本法则（Least-cost rule）：为了以最小成本生产出一定数量的产出，旅游企业应该在购买各种要素时，使花费在每一投入上的每 1 元钱的边际产量都相等，此时，企业的成本将实现最小化。即：

$$\frac{L \text{ 的边际产量}}{L \text{ 的价格}} = \frac{A \text{ 的边际产量}}{A \text{ 的价格}} = \frac{B \text{ 的边际产量}}{B \text{ 的价格}} = \cdots$$

实际上这一法则与我们在消费者理论中所表述的旅游消费者追求效用最大化时的法则完全一致。在分析旅游消费者行为时要使效用实现最大化，必须使花费在每一商品上的边际效用对于各种商品都相等。

如何理解这一法则呢？

根据上式，假设 A 要素的比值大于要素 B 的比值，那么此时企业完全可以增加 A 要素的使用量，进而导致 A 要素的边际产出下降，同时减少 B 的投入量，进而导致 B 的边际产出增加，故而可以在保证总成本不变的前提下，使等式得以成立，从而使总产出增加。

另外，这种均衡也不是一成不变的，当一种要素的价格发生变动时，企业的行为将依照替代法则进行调整：

替代法则（substitutio rule）：如果某一要素的价格下降时，而所有其他要素价格保持不变，则企业会使用更多的较为便宜的要素，同时会减少其他要素使用量，直到再次达到最小成本法则所描述的均衡状态。

三、旅游企业生产可能性边界

一个企业生产能力是有限的，因为其拥有的资源是有限的。旅游企业的生产可能性边界所描述的就是企业在一定的资源条件下可能生产的最大产量。如果产出的是两种或两种以上的产品，那么生产可能性边界表示的就是在一定的技术水平下所能达到的各种产品最大产量的组合。选择按生产可能性边界上的哪一点进行生产，也就是决定了生产什么，如何生产与为谁生产三个经济学基本问题。

例如，我们用现有的资源生产客房和餐饮两大类产品，所能获得的最大产量组合如表 8-5 所示。

表 8-5   生产可能性表

各种可能组合	餐饮接待量	客房数量
A	0	200
B	1000	180
C	2000	140
D	3000	80
E	4000	0

生产可能性边界（production possibility frontier，PPF）：在生产技术和资源既定的条件下，一个企业所能得到的最大产量。PPF 表明了企业所有最大产量的不同组合。

我们用图 8-2 所示的数据画出生产可能性曲线图。

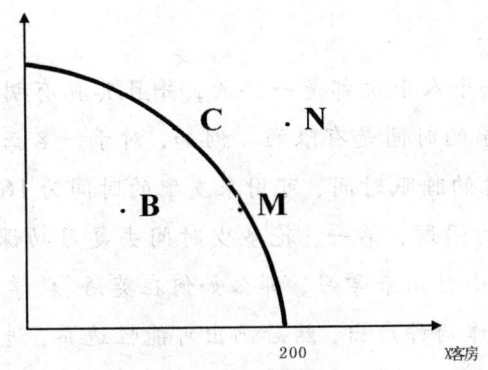

图 8-2 生产可能性边界

这一曲线表明了所有可能生产的产品组合，沿着这条曲线，企业可以将资源在餐饮与客房之间进行调配生产。可能性曲线可以看成由三个部分组成：曲线内部、曲线上部和曲线外部。表明了一个企业的产出潜能和产出透支的情况。在生产可能性内部的任何一点，如 B 点，说明企业的资源并未得到充分利用，还有增加产能的可能性。而生产可能性曲线外的任何一点，如 A 点，则是在当前的技术水平和资源条件下无法达到的产能，要想实现就必须借助外部资源的介入；只有在可能性曲线上的任何一点，如 C 点，才表示充分利用了现有技术和资源条件所实现的最大产能。

另外，当经济中资源状况或技术水平变动时，生产可能性边界会发生移动，一般来说，当技术水平升级，生产效率提高时，可能性曲线会向外扩展，因为同样的投入，会生产出更多的产品和服务，如图 8-3 所示。

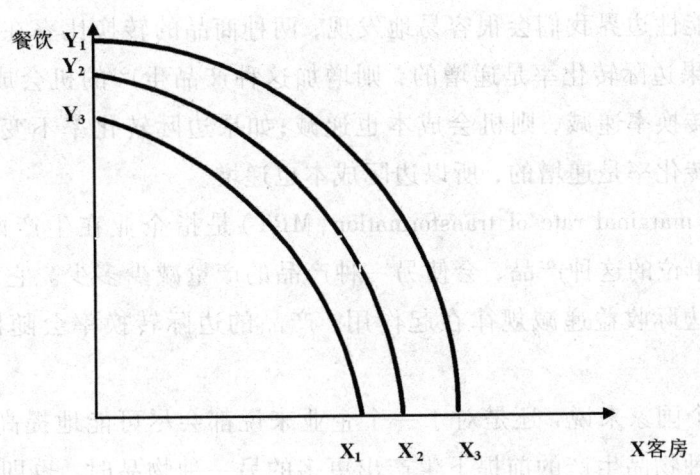

图 8-3 资源状况或技术水平变动时的生产可能性边界会发生移动

· 199 ·

第八章 旅游企业生产决策

☆补充阅读：

众所周知，时间对每个人来说都是一样的，并且其具有明显的经济学稀缺性——人们从事工作或学习和娱乐的时间是有限的。例如，对于一名正紧张参加复习的高三学生来说，每天除去8个小时的睡眠时间，可用来支配的时间为16个小时，他必须面临一个如何分配这些时间资源的问题，第一，花多少时间去复习功课？花多少时间在娱乐上？第二，假设其花费10个小时用来学习，那么如何在英语、数学之间分配？对于第一个问题，可以将学习、娱乐看作两种产出，然后画出可能性边界，进而确定时间分配以获得最大产出？同样，对第二个问题可以将英语和数学看作两种产出，画出生产可能性边界，确定最大产出！

四、机会成本

选择是一种力量，生活中充满了选择。由于经济生活中的各种资源都是稀缺的，因此，我们无时无刻不需要决定我们优先的资源和时间。当你决定是否学习经济学，是否花费大量的时间和金钱去接受高等教育，在每一种选择完成的同时，你都需要放弃很多你选择之外的机会。我们将被放弃的选择称为该项选择的机会成本。

事实上，生产可能性边界也反映了机会成本的含义。当增加一种商品的产出的同时必须放弃一定数量的另外一种产品生产，否则就超出了现有资源和技术条件达不到的可能性边界外部。

在我们这个充满稀缺性的地球上，选择一种东西意味着需要放弃其他一些东西。我们将所放弃的物品或劳务的价值称为机会成本。一般来说，机会成本也不是一成不变的，根据生产可能性边界我们会很容易地发现，两种商品的转换比率在边界上的不同点是不一样的。如果边际转化率是递增的，则增加这种产品生产的机会成本也是递增的；反之，如果边际转换率递减，则机会成本也递减；如果边际转化率不变，机会成本也不变。通常，边际转化率是递增的，所以边际成本也递增。

边际转换率(marginal rate of transformation, MRT)是指企业在生产两种产品的情况下，每增加一个单位的这种产品，会使另一种产品的产量减少多少。它就是产品转换曲线的斜率。由于边际收益递减规律在起作用，产品的边际转换率会随该产品的增加而递增。

无论对于一个国家来说，还是对于一个企业来说都会尽可能地提高运转的效率。当无法在不减少一种物品生产的前提下生产出更多的另一种物品时，也即，当产出点处在可能性边界之上的时候，我们称该企业或国家的运行是有效率的。在图8-2生产可能性曲线上，我们假设企业起初处在C点的生产组合上，企业此时需增加一定数量的客房，如果我们不考虑 PPF 对生产的限制，我们自然希望在不减少餐饮产出的情况下，去生产更多的客房。比如图中的 N 点，即 C 点水平右方。但该点处在当前条件下的不可能区域。因此，C 点是有效率的点。所以，我们可以得出在企业资源已经充分就业的情况下，替代是改变产量的唯一途径，也是一种生存法则。

然而，正如我们在现实经济生活中所看到的一样，很多企业也有可能处在无效率的经营状态下，也即是拥有未被利用或未被充分利用的资源。这些资源我们在经济学上称为失业，这里的失业不仅包括我们一般意义上的劳动力失业，也包括闲置的场地和设施设备，甚至包括闲置的货币资金，是广义的失业概念。

☆补充阅读：

边际转化率与边际替代率 MRS 区别

边际转换率——是指企业在生产两种产品的情况下，每增加一个单位的这种产品，会使另一种产品的产量减少多少。它就是产品转换曲线的斜率。由于边际收益递减规律在起作用，产品的边际转换率会随该产品的增加而递增。

边际替代率——是指在效用水平不变的条件下，消费者每收到额外一单位商品 X 之后要保持满足水平不变而必须放弃的商品 Y 的数量。

边际替代率是从消费论的角度，是无差异曲线的斜率。

边际转换率是从生产论的角度，是生产可能性边界的斜率。

本章小结

☆边际收益递减规律(law of diminishing returns)

表明在其他条件不变时，每增加一单位某要素的投入量，增加的产出数量有一个递减的趋势。换句话说，其他条件不变，随着某一要素投入量的增加，其边际产出量下降。

☆总成本(TC)：表示为每一产出水平 q 随需要的最低成本总额。随着 q 的变化而改变。

固定成本(FC)：表示即使产出水平为零也必须支出的成本总额。固定成本与产出变化没有直接关系。

可变成本(VC)：表示随着产出水平的变化而变化的开支，包括原材料、水电燃料等。

☆最小成本法则(Least-cost rule)：为了以最小成本生产出一定数量的产出，旅游企业应该在购买各种要素时，使花费在每一投入上的每 1 元钱的边际产量都相等，此时，企业的成本将实现最小化。即：

第八章　旅游企业生产决策

$$\frac{L\text{的边际产量}}{L\text{的价格}} = \frac{A\text{的边际产量}}{A\text{的价格}} = \frac{B\text{的边际产量}}{B\text{的价格}} = \cdots$$

☆生产可能性边界(production possibility frontier, PPF)：在生产技术和资源既定的条件下，一个企业所能得到的最大产量。PPF表明了企业所有最大产量的不同组合。另外，当经济中资源状况或技术水平变动时，生产可能性边界会发生移动，一般来说，当技术水平升级，生产效率提高时，可能性曲线会向外扩展，因为同样的投入，会生产出更多的产品和服务。

☆机会成本：(opportunity cost)在我们这个充满稀缺性的地球上，选择一种东西意味着需要放弃其他一些东西。我们将所放弃的物品或劳务的价值称为机会成本。一般来说，机会成本也不是一成不变的，根据生产可能性边界我们会很容易地发现，两种商品的转换比率在边界上的不同点是不一样的。如果边际转化率是递增的，则增加这种产品生产的机会成本也是递增的；反之，如果边际转换率递减，则机会成本也递减；如果边际转化率不变，机会成本也不变。

☆主要概念

利润最大化　生产函数　边际成本　机会成本　最小成本法则　成本　生产可能性曲线

☆复习题

1. 解释边际成本与平均成本之间的差异。
2. 为什么MC与AC和AVC相交于它们的最小值点(即U形成本曲线的最低点)？
3. 旅游企业实现利润最大化的判断标准是什么？
4. 生产函数对旅游企业来说具有什么价值？
5. 旅游企业员工工资水平的确定依据是什么？
6. 试阐述生产可能性曲线的含义。
7. 举例说明机会成本在旅游行业的应用。
8. 什么是最小成本法则，它对旅游企业有何意义？
9. 边际收益递减规律对旅游行业的发展有何指导意义？
10. 试阐述边际转换率的含义。

第九章 旅游投资及决策分析

◇ 学习目标：

一、旅游投资及其分析方法；
二、旅游投资分析；
三、旅游投资的风险评估。

第一节 旅游投资及其分析方法

一、旅游企业投资与旅游投资

（一）旅游企业投资与旅游投资

1. 旅游企业投资的概念

旅游企业投资的概念有广义与狭义之分。广义的旅游企业投资是指旅游企业对内、对外一切资金的投放与使用；狭义的投资是指旅游企业对外投出资金。

本章是以广义旅游企业投资概念为基础，对旅游企业所有的预期会带来报偿的资产购买活动加以分析与研究的。

2. 旅游企业投资的意义

（1）旅游企业投资是实现旅游投资方价值最大化的基本前提。

（2）旅游企业投资是自身发展壮大的必要手段。

（3）旅游企业投资是降低其经营风险的根本保证。

第九章　旅游投资与决策分析

旅游投资不同于旅游投资方投资,既包括企业行为的投资,也包括政府行为的投资。涵盖内容较广,难度较大。

旅游投资是有着很强的专业性,即不但需要专业的投资技术还要有相当的旅游项目方面的专业经验。成功的旅游投资要求从事旅游投资的投资者对项目有着很全面的认识,对旅游投资中的每个环节都有清晰的认识。

(二)旅游投资的主要类别

旅游企业为加强投资管理,提高投资效益,必须分清投资的性质,对投资进行科学的分类。旅游企业投资可以分为以下几类:

1. 直接投资和间接投资;
2. 长期投资和短期投资;
3. 对内投资和对外投资;
4. 独立投资、互斥投资和互补投资(互补投资是指可同时进行、相互配套的各项投资);
5. 初创投资和后续投资。

离开旅游投资方这一小方面,从更高的层面上看,旅游投资主要包括三大类别:

1. 自然资源开发项目;
2. 文化资源开发项目;
3. 人为项目。

人为项目没有自然和文化资源,是一个以市场为前提的人工化的人为项目。

(三)旅游投资的特点

旅游投资有如下几个特点:

1. 非生产性

旅游业投资所形成的旅游资源与服务能力并不能直接提高投资地区的生产力。但这种投资仍可以为其他行业提供一个庞大的市场。

2. 高回报性

第一,其经济效益普遍高于工业部门;第二,只要旅游开放规模不超过当地环境的承载能力,旅游管理得当,则这个产业也是绿色工业,是可以持续发展的产业,长远看,回报性较高。

3. 关联性

旅游业与各领域的关联性很强,任何产业领域的发展都会对其产生影响。任何一个产业的发展过快或者过慢都可能影响到旅游业的发展速度。同样地,旅游业的某一方面的投资,也会影响到相关产业的发展。

4. 风险性大

第一,由于上诉的关联性,决定了旅游业发展必须考虑综合因素。旅游地当地的任何一个因素的不平衡发展(如运输业、娱乐休闲业、酒店业、服务业、当地文化、人口素质等),都可能导致当地旅游业的发展或者滞后,使投资风险增大。第二,由于旅游活动的季节性时间性强,因此旺季常会出现超负荷运转而淡季又会出现各种资源闲置,从而导致成本增加,增加了投资风险。

二、旅游投资的分析方法

关于旅游投资,我们进行经济分析时,可以考虑一种比较常见的分析方法,即 SWOT 分析法。

SWOT 分析法又称为态势分析法,它是由旧金山大学的管理学教授于 20 世纪 80 年代初提出来的,是一种能够较客观而准确地分析和研究一个单位现实情况的方法。

SWOT 分别代表:strengths(优势)、weaknesses(劣势)、opportunities(机会)、threats(威胁)。

SWOT 分析通过对优势、劣势、机会和威胁的加以综合评估与分析得出结论,然后再调整资源及策略,来达成目标。

SWOT 分析已逐渐被运用到包括旅游企业管理、人力资源、产品研发等各个方面。当然,也非常适合用于旅游投资分析。

SWOT 分析方法从某种意义上来说属于内部分析方法,即根据旅游企业自身的既定内在条件进行分析。SWOT 分析有其形成的基础。按照旅游企业竞争战略的完整概念,战略应是一个旅游企业"能够做的"(即组织的强项和弱项)和"可能做的"(即环境的机会和威胁)之间的有机组合。

与其他的分析方法相比较,SWOT 分析从一开始就具有显著的结构化和系统性的特征。就结构化而言,首先在形式上,SWOT 分析法表现为构造 SWOT 结构矩阵,并对矩阵的不同区域赋予了不同分析意义;其次在内容上,SWOT 分析法的主要理论基础也强调从结构分析入手对企业的外部环境和内部资源进行分析。另外,早在 SWOT 诞生之前的 20 世纪 60 年代,就已经有人提出过 SWOT 分析中涉及的内部优势、弱点,外部机会、威胁这些变化因素,但只是孤立地对它们加以分析。SWOT 方法的重要贡献就在于用系统的思想将这些似乎独立的因素相互匹配起来进行综合分析,使得旅游企业战略计划的制订更加科学全面。

SWOT 方法自形成以来,广泛应用于战略研究与竞争分析,成为战略管理和竞争情报的重要分析工具。分析直观、使用简单是它的重要优点。即使没有精确的数据支持和更专业化的分析工具,也可以得出有说服力的结论。但是,正是这种直观和简单,使得 SWOT 不可避免地带有精度不够的缺陷。例如 SWOT 分析采用定性方法,通过罗列 SWOT 的各种表现,形成一种模糊的企业竞争地位描述。以此为依据作出的判断,不免带有一定程度的主观臆断。所以,在使用 SWOT 方法时要注意方法的局限性,在罗列作为判断依据的事实时,要尽量真实、客观、精确,并提供一定的定量数据弥补 SWOT 定性分析的不足,构造高层定性分析的基础。

第九章 旅游投资与决策分析

（一）基本规则

在用SWOT理论进行旅游投资时，有以下一些基本规则需要注意：

进行SWOT分析的时候必须对投资方与旅游投资的项目的优势与劣势有客观的认识；

进行SWOT分析的时候必须区分投资方的现状与前景；

进行SWOT分析的时候必须考虑全面；

进行SWOT分析的时候必须与竞争对手进行比较，比如优于或是劣于你的竞争对手；

保持SWOT分析法的简洁化，避免复杂化与过度分析。

（二）主要步骤

进行SWOT分析时，主要有以下几个方面的内容：

1. 分析环境因素

运用各种调查研究方法，分析出投资方所处的各种环境因素，即外部环境因素和内部能力因素。外部环境因素包括机会因素和威胁因素，它们是外部环境对投资方的发展直接有影响的有利和不利因素，属于客观因素，内部环境因素包括优势因素和弱点因素，它们是投资方在其发展中自身存在的积极和消极因素，属主动因素，在调查分析这些因素时，不仅要考虑到历史与现状，更要考虑未来发展问题。

2. 构造SWOT矩阵

将调查得出的各种因素根据轻重缓急或影响程度等排序方式，构造SWOT矩阵。在此过程中，将那些对投资方发展有直接的、重要的、大量的、迫切的、久远的影响因素优先排列出来，而将那些间接的、次要的、少许的、不急的、短暂的影响因素排列在后面。

3. 制订行动计划

在完成环境因素分析和SWOT矩阵的构造后，便可以制订出相应的行动计划。制订计划的基本思路是：发挥优势因素，克服弱点因素，利用机会因素，化解威胁因素；考虑过去，立足当前，着眼未来。运用系统分析的综合分析方法，将排列与考虑的各种环境因素相互匹配起来加以组合，得出一系列投资方未来发展的可选择对策。

（三）分析要点

1. 竞争优势

竞争优势（S）是指一个旅游投资方超越其竞争对手的能力，或者指投资方所特有的能提高投资方竞争力的东西。

例如，当两个旅游投资方处在同一市场或者临近市场或者说它们都有能力向同一顾客群体提供产品和服务时，如果其中一个旅游投资方有更高的赢利率或赢利潜力，那么，我们就认为这个旅游投资方比另外一个旅游投资方更具有竞争优势。

竞争优势可以是以下几个方面：

（1）技术技能优势：独特的技术，低成本的运作方法，雄厚的实力，完善的质量控制体系，丰富的营销经验，上乘的客户服务等。

(2)有形资产优势:拥有丰富的自然资源储存,现代化工具和设备,吸引人的不动产地点,充足的资金等。

(3)无形资产优势:优秀的品牌形象,良好的商业信用,积极进取的文化。

(4)人力资源优势:拥有专长的职员,积极上进的职员,很强的组织学习能力,丰富的经验。

(5)组织体系优势:高质量的控制体系,完善的信息管理系统,忠诚的客户群等。

(6)竞争能力优势:产品开发周期短,强大的经销商网络等。

2. 竞争劣势

竞争劣势(W)是指某种投资方缺少或做得不好的东西,或指某种会使投资方处于劣势的条件。

可能导致内部弱势的因素有:

(1)缺乏具有竞争意义的技能技术。

(2)缺乏有竞争力的有形资产、无形资产、人力资源、组织资产。

(3)关键领域里的竞争能力正在丧失。

3. 机会

投资方面临的潜在机会(O):

市场机会是影响投资方战略的重大因素。投资方管理者应当确认每一个机会,评价每一个机会的成长和利润前景,选取那些可与投资方财务和组织资源匹配、使投资方获得的竞争优势的潜力最大的最佳机会。

潜在的发展机会可能是:

(1)客户群的扩大趋势或产品细分市场。

(2)服务向新产品新业务转移,为更大客户群服务。

(3)前向或后向整合。

(4)市场进入壁垒降低。

(5)获得购并竞争对手的能力。

(6)市场需求增长强劲,可快速扩张。

(7)出现向其他地理区域扩张,扩大市场份额的机会。

4. 威胁

危及投资方的外部威胁(T):

在投资方的外部环境中,总是存在某些对投资方的盈利能力和市场地位构成威胁的因素。投资方管理者应当及时确认危及投资方未来利益的威胁,做出评价并采取相应的战略行动来抵消或减轻它们所产生的影响。

投资方的外部威胁可能是:

(1)出现将进入市场的强大的新竞争对手。

(2)替代品抢占投资方销售额。

(3)主要产品市场增长率下降。

(4)汇率和外贸政策的不利变动。

(5)人口特征,社会消费方式的不利变动。

(6)客户或合作方的谈判能力提高。

(7)市场需求减少。

(8)容易受到经济萧条和业务周期的冲击。

5.总结分析

由于旅游投资方的整体性和竞争优势来源的广泛性,在做优劣势分析时,必须从整个价值链的每个环节上,将旅游投资方与竞争对手做详细的对比。如旅游投资项目是否新颖,销售渠道是否畅通,服务是否独特,价格是否具有竞争性等。

如果一个旅游投资方在某一方面或几个方面的优势正是该行业旅游投资方应具备的关键成功因素,那么,该旅游投资方的综合竞争优势也许就强一些。需要指出的是,衡量一个旅游投资方及其产品是否具有竞争优势,只能站在现有潜在顾客角度上,而不是站在旅游投资方的角度上。

旅游投资方在维持竞争优势过程中,必须深刻认识自身的资源和能力,采取适当的措施。因为一个旅游投资方一旦在某一方面具有了竞争优势,势必会吸引到竞争对手的注意。一般来说,旅游投资方经过一段时期的努力,建立起某种竞争优势,然后就处于维持这种竞争优势的态势,竞争对手开始逐渐做出反应;而后,如果竞争对手直接进攻旅游投资方的优势所在,或采取其他更为有力的策略,就会使这种优势受到削弱。所以,旅游投资方应保证其资源的持久竞争优势。

资源的持久竞争优势受到两方面因素的影响:旅游投资方资源的竞争性价值和竞争优势的持续时间。

评价旅游投资方资源的竞争性价值必须进行四项测试:

(1)这项资源是否容易被复制?一项资源的模仿成本和难度越大,它的潜在竞争价值就越大。例如:旅游项目的环境、地貌优势、服务特点等。

(2)这项资源能够持续多久?资源持续的时间越长,其价值越大。一般来说,自然环境特色在良好的维护和管理下,持续时间长且难以被复制。

(3)这项资源是否能够真正在竞争中保持上乘价值?在竞争中,一项资源应该能为投资方创造竞争优势。

(4)这项资源是否会被竞争对手的其他资源或能力所抵消?

影响旅游投资方竞争优势持续时间的主要因素有三点:

(1)建立这种优势要多长时间?

(2)能够获得的优势有多大?

(3)竞争对手做出有力反应需要多长时间?

如果旅游投资方分析清楚了这三个因素,就可以明确自己在建立和维持竞争优势中的地位。

当然,SWOT分析法不是仅仅列出四项清单,最重要的是通过评价投资方的强势、弱势、机会、威胁,最终得出以下结论:

(1)在投资方现有的内外部环境下,如何最优地运用自己的资源;

(2)如何建立投资方的未来资源。

6.常见错误

(1)在整体目标尚未明确和获得共识前,就进行SWOT分析。整体的旅游投资方或计划案目标都尚未被确认时,可能SWOT团队成员都各想各的,导致SWOT分析也七零八落,最后分析出的结果也无法落实,因为最主要的目标可能有三个或五个,甚至不停地改变,如此将造成多驾马车的状况。会造成这种现象,并是整体目标未被提出的状况;有时可能目标已经提出了,但每个人理解的状况仅在他们脑中,没有经过分享与确认,而造成误解,将SWOT分析当作可行的策略。

(2)SWOT分析仅是现况,客观的陈述。也许多数人在优势、劣势与威胁方面都能做到客观的陈述,但在机会这一象限,许多人会将策略写进去,而非现象。可以试着将机会想成"理想情况的描述",这会有助于推出下一步的策略。

三、中国旅游投资问题的症结

旅游作为一个产业,是中国市场经济发展的必然结果。旅游市场的需求与实实在在的高速增长的消费,已经不断冲破着旅游文化相关各界已有的行政藩篱,以市场为中心形成一个产业的构型。但是,作为市场化的产业来看,旅游仍然是一个非常不成熟、缺乏最基本法律基础的产业。

中国旅游投资及其在促进中国旅游业发展方面取得的成就巨大,同时,在现实中投资饥饿症又表现得很突出,如全国特别是广大中西部地区在发展旅游时反映最多的是缺投资,很多资源品位高、市场潜力大的旅游项目因缺少投资而没有得到及时开发,招商引资工作的难度和压力也很大。

中国旅游投资问题的症结何在?认真分析起来,中国旅游投资问题的症结在于:

首先,不在于投资供给不足。第一,从总体上看,自改革开放以来,我国国民经济持续快速发展,全社会的积累和投资能力不断增强,投资瓶颈基本消除,经济发展的投资制约基本消失。第二,自改革开放以来,我国城乡居民的收入水平持续提高。第三,证券、房地产、家庭汽车等投资和居民大宗消费品市场的火爆,也在一定程度上反映了社会和市场资金供给比较充裕。第四,随着我国加入世界贸易组织和改革开放的不断深入,我国吸引外资的条件、能力和实际成效显著提高。

第九章　旅游投资与决策分析

其次，中国旅游投资问题的症结不在于项目的资源品位和市场潜力不足及由此产生的投资商兴趣、动力不足。第一，中国旅游资源极其丰富是举世公认的，以至于世界旅游组织等国际权威机构和绝大部分国家都被中国旅游的光明前景而深深鼓舞、吸引。第二，从国内来看，每个地区在通过资源普查或调查后编制出的旅游规划，有关资源的内容都非常突出。第三，从旅游投资开发实践看，很多成功的旅游项目所依托的资源条件并不是最好的，但其不仅吸引到了所需要的资金，而且实现了投资目的，取得了很好效果。第四，旅游成为我国持续快速发展的行业和重要投资热点本身，就说明了我国旅游投资资源基础优越，环境条件良好，市场前景光明，对投资商的吸引力很强。因此，从实践看，旅游资源及其对投资商的吸引力也不存在问题。

再次，中国旅游投资问题的症结主要也不在于其他有关各方的积极性不足。除了资源项目单位作为旅游投资需求方和各类投资商作为投资供给方以外，对旅游投资具有重要影响作用的还包括政府、资源占用和管理机构、社区居民、社会舆论等。

同时，我们可以看到国家和国民对旅游产业的支持。

第一，各级党政机关高度重视发展旅游。

第二，各级党政机关高度重视招商引资工作，旅游项目是招商的重点。

第三，资源占用和管理机构都非常重视开发旅游。

第四，社区居民非常欢迎和积极拥护旅游开发，原因在于社区居民基本都是旅游开发、发展的最大、最直接受益者。

第五，社会舆论是反映社会实际和人民呼声的，对政府和人民都积极支持的旅游业，我国所有的新闻媒体都非常关注，积极开展舆论宣传，为旅游业持续快速健康发展摇旗呐喊。

但是，我国的旅游发展还是有有待改善的方面。这才是旅游投资的症结所在：

1. 法律基石不牢、政策不配套——旅游资源资本化的障碍

市场化旅游产业发展的第一个障碍，就是旅游资源资本化的障碍。这也是我们旅游投资方在境外上市的障碍，是旅游投资方与民营资金合作的障碍。

民营资金将成为我们旅游开发的主流。国家不可能投资去开发旅游产品，那么在这种形式下，资源又被认为是国家保护的资源，在国家体制与法律基础上存在着的这个重大缺陷，已经成为这个产业发展的第一个障碍。这个问题这么多年一直没有得到解决，但随着WTO和国内政企之间的改革发展，这个问题已被提到了有关部门前台，最近正在修改风景名胜区的管理条例，准备出一个关于特许经营权的相关办法，但是仍存在许多问题。

旅游资源，首先属于土地资源，没有土地也就没有生命，也就不可能有旅游资源（当然文化资源可以作为另一类资源），风景旅游资源是附着于土地之上的一种资源形态，它应该属于国土资源部统一进行管理，才符合资源管理的一个基本规范，现在关于国有资

源中形成了土地的租赁、土地使用权,其他的矿藏有开采权,那么旅游资源除了它本身的土地价格之外,当土地不能进行建设性开发的时候,其上的旅游资源以什么方式出现,那么以旅游经营权或者旅游特许经营权的方式出现完全是完全有可能的,一旦标准化,形成法律法规,比如50年特许经营权这种概念,就像采矿权一样,旅游资源的价值也可能变成这样一个模式,这个问题解决了,那么就解决了一个很重要的问题。

我们可以说旅游资源是无价之宝,但无价之宝也是有价值的,有价资源的价值评估而并非旅游资源的生态评估,是对其经济价值的评估、投资价值的评估,只有对旅游资源的经济价值有了评估并有了准确的价格结构,那么进一步延伸的才是资本化,资源有价才可以进入资本,资本化以后,它才可以成为一个投资方的投资、可以成为股权、它也可以和其他的现金投资结合形成资本结构上的安排,那么现在这个问题未解决之前,特别是对于国家保护性的资源而言,已经成为旅游开发中的重要障碍,我们应仔细地去研究如何去解决它。

现在存在的问题就是旅游资源的价格无法评估,不允许评估,没有法律前提。

2. 畸形投资行为与投资心态

任何一个地方政府与投资商签订的联合开发协议,特别是国家级风景名胜区和国家级自然保护区,都存在一个没有法律依据,合同违法的问题。

按风景名胜区现有的规定,资源是不允许出让的,所以任何投资商签订了这个合同以后,都面临着随时有可能被撵出局的危险,因为毕竟没有现实的法律依据。投资商在这样一个法律前提下,它投资的行为作为一个非国有的行为,特别是只要是非本地政府的投资的行为,就都会面临无法克服的障碍。

旅游投资的一个很大的特点是投资非常大、收益期比较长,收回投资的速度比较慢,前期投资成本很高,如果又在一个缺少法律依托的环境下进行投资,投资商的投资风险性就会很大,因此所有的投资商都希望先投入少一点,然后尽量用银行的钱来投,同时争取在投资中间用各种方法把自己的投资在几年之内收回,这是目前普遍的投资商心态。这就导致投资的具体策划不会按照旅游投资基本发展规律(长期的发展)来进行。这是一种畸形的投资行为和投资心态。

第九章　旅游投资与决策分析

第二节　旅游投资分析

一、投资分析

投资分析是金融学专业的核心课程,也是微观金融的重要组成部分。广义来说,投资分析,就是对要投资的项目的可行性和不可行性进行充分的论述,最后通过短期效益和长期效益指标情况,来对投资项目进行最终的决策。

旅游投资分析是指对即将投资的旅游项目进行可行性和不可行性分析,包括对其项目目标、市场需求、投资方案、资金来源、财务评价等一系列问题给予可行性和不可行性报告,以此作为是否进行旅游投资的依据。

旅游投资的可行性研究,是在旅游投资实施之前,由旅游投资者(政府、开发商、投资人、经营者等)委托项目可行性研究单位或者人员,对旅游投资项目是否可行进行一系列的分析研究。其内容包括政策上是否可行、技术实施上是否可行、环境是否可行、经济上是否可行等。

二、投资的原则

基本原则之一:明确投资资本的来源、各项资本来源的稳定性和比重。
基本原则之二:明确投资资本的流动性程度。
基本原则之三:明确投资的成本、投资风险性和投资回报率。

三、旅游投资可行性分析的内容

进行旅游投资前,首先要明确旅游产业发展依托的资源有哪些,旅游经济分析的研究对象有什么等内容。

旅游产业发展,主要依托一些稀缺资源。例如,人力(包括劳动力、企业家精神、公共信誉等)、资本(包括私人供给、公共供给、公共供给的可达性和基础设施等)、土地(包括土地特征、当地风景、海滩滑雪场地等活动区域、水文地貌等)。这些稀缺资源的现实情况、开发潜力、开发可行性是决定旅游投资成败的关键因素。在进行投资分析前,必须进行详细调查。

在以上基础上,开展旅游投资分析,主要研究对象包括三项:旅游产品、旅游者和旅游地。

旅游产品的分析,主要包括产品特色、类似产品空间分布、产品需求预测、该产品推广方法与可行性、社会经济背景、成本—效益分析、投入产出分析、旅游乘数效应等。

旅游者分析,主要包括目标顾客市场细分、劳动休息制度、收入水平与收入分配、客源地居民对旅游的态度、消费层次等。

旅游地分析,主要包括旅游资源、工程选址可行性分析、消费品价格比较、旅游供给的主要特征、相关产业部门、区域旅游市场结构与竞争情况、汇率和出入境政策协调、社会经济文化异质性等。

综上所述,旅游投资可行性研究主要包括六个内容:

(一)旅游市场供需调查和预测;

(二)旅游工程选址(包括地理位置、地形、地质、水文、交通、公共设施、周边经济等);

(三)投资项目工程方案研究(包括工程、内容、速度、标准、动力、原材料、设备等);

(四)劳动力供需(包括劳动力来源、补给渠道、培训补充计划、各层人员比例等);

(五)投资(包括投资总额、资金筹措、资本结构、固定资产、流动资金、资金成本、投资风险、投资回报率等);

(六)综合效益评价(包括经济效益、社会效益、环境效益)。

四、旅游投资分析的方法

旅游投资分析的常用方法有两类,即基本分析法和技术分析法。

(一)基本分析法的方法与内容

基本分析,是指投资分析人员根据经济学、金融学、财务管理学及投资学的基本原理,通过对决定旅游投资价值及价格的基本要素如宏观经济指标、经济政策走势、行业发展状况、产品市场状况、投资方销售和财务状况等的分析,评估旅游项目的投资价值,判断其合理价位,从而提出相应的投资建议的一种分析方法。

1. 理论基础

投资基本分析的理论基础主要来自四个方面:

(1)经济学

包括宏观经济学和微观经济学两个方面。经济学所揭示的各经济主体、各经济变量之间的关系原理,为探索经济变量与证券价格之间的关系提供了理论基础。

(2)财政金融学

财政金融学所揭示的财政政策指标、货币政策指标之间的关系原理,为探索财政政策和货币政策与证券价格之间的关系提供了理论基础。

(3)财务管理学

财务管理学所揭示的旅游投资方财务指标之间的关系原理为探索旅游投资方财务指标与证券价格之间的关系提供了理论基础。

(4)投资学

投资学所揭示的投资价值、投资风险、投资回报率等的关系原理为探索这些因素对旅游项目价格的作用提供了理论基础。

2. 内容

基本分析主要包括三个方面的内容:

(1)经济分析。经济分析主要探讨各经济指标和经济政策对证券价格的影响。

(2)行业分析。行业分析通常包括产业分析与区域分析两个方面,是介于经济分析与投资方分析之间的中观层次的分析。

(3)投资方分析。投资方分析是基本分析的重点,无论什么样的分析报告,最终都要落脚在某个投资方证券价格的走势上。投资方分析主要包括以下三个方面的内容:① 投资方财务报表分析。②投资方产品与市场分析。③投资方证券投资价值及投资风险分析。

3. 优缺点

基本分析的优点主要有两个:

(1)能够比较全面地把握价格的基本走势;

(2)应用起来相对简单。

基本分析的缺点主要有两个:

(1)预测的时间跨度相对较长,对短期投资者的指导作用比较弱;

(2)预测的精确度相对较低。

(二)技术分析法与内容

简单地说技术分析是从市场行为来分析和预测将来的行为,不考虑别的因素。

所谓市场行为包括三方面的内容。第一是市场的价格;第二是成交量;第三是达到这些价格和成交量所用的时间。

1. 理论基础与主要内容

技术分析的理论基础是建立在以下的三个假设之上的。这三个假设是:

第一,市场的行为包含一切信息。

第二,价格沿趋势移动。

第三,历史会重复。

2. 优缺点与适用范围

(1)技术分析的优点是同市场接近,考虑问题比较直接。

(2)技术分析的缺点是眼光太短,考虑问题的范围相对较窄,对市场长远的趋势不能进行有益的判断,因为有很多东西是技术分析所无能为力的。

所以技术分析适用于短期的行情预测,要进行周期较长的分析必须依靠别的因素,这是应用技术分析最应该注意的问题。

五、旅游投资可行性分析的程序

(一)影响分析结果正确性的因素

投资分析作为旅游投资过程的一个重要环节,对投资的成败起着十分重要的作用。分析结论的正确程度实际上取决于三个方面:

(1)分析人员占有信息量的大小以及分析时所使用的信息资料的真实程度;

(2)所采用的分析方法和分析手段的合理性和科学性;

(3)分析过程的合理性与科学性。

(二)投资分析的步骤

一般来说,比较合理的分析应该由以下四个步骤构成:

1. 资料的收集与整理

资料收集与整理阶段的主要工作包括:

(1)投资分析信息资料的收集。

(2)信息资料的分类。

(3)信息资料的保存和使用管理。

2. 案头研究

(1)根据自己的研究主题和分析方向,确定所需的信息资料。

(2)利用投资分析的专门方法和手段,对占有的资料进行仔细的分析。

(3)作出分析结论,也就是得出有关指标与价格之间相关关系的正式结论。

3. 实地考察

实地考察是指分析人员就自己的研究分析主题到旅游投资地进行实地的考察调查。投资分析过程中的实地考察主要出于两个目的:一是就信息资料的真实性进行核实;二是就某些阶段性分析结论的公正性和客观性进行调查核实。

4. 形成分析报告

也就是将分析人员的分析结论通过书面的形式反映出来。

分析报告一般都应该包括以下几个方面的内容:

(1)研究分析的主题;

(2)所使用的数据来源和数据种类;

(3)采用的分析方法和分析手段;

(4)形成分析结论的理由;

(5)所得出的分析结论及建议;

(6)分析结论和建议的适用期限;

(7)报告提供者或撰写者;

(8)分析报告形成日期。

第三节　旅游投资的风险评估

一、旅游投资风险

投资风险是为获得不确定的预期效益,而承担的风险。它也是一种经营风险,通常指旅游投资方投资的预期收益率的不确定性。只有在风险和效益相统一的条件下,投资行为才能得到有效的调节。同时,投资风险可以理解为投资过程中可能出现的收益落空或本金损失。主要来自投资、技术、财务、利息、政治、汇率等诸多因素。

投资风险可以分为系统和非系统两大范畴。

旅游行业和普通行业一样,在投资过程存在多种风险。例如,游客购买力风险、旅游投资方财务风险、市场风险等。

二、投资风险的分类

旅游行业投资过程中会遇到各种风险,主要可以分为以下几类:购买力风险(purchasing power risk);财务风险(financial risk);利率风险(interest rate risk);市场风险(market risk);变现风险(liquidity risk);事件风险(event risk)。

（一）购买力风险

购买力风险,又称通货膨胀风险,是指由于通货膨胀引起的投资者实际收益率的不确定,当货币资金供应量增长过猛,出现通货膨胀时,证券的价格也会随之发生变动。

通货膨胀对证券价格有两种截然不同的影响。在通胀之初,投资者的房地产、机器设备等固定资产账面价值因通货膨胀而水涨船高,物价上涨不但使投资者的资产能高价售出,而且可以使投资者从以往低价购入的原材料上获利,名义资产增值与名义盈利增加,自然会使投资者股票的市场价格上涨。同时,预感到通胀可能加剧的人们,为保值也会抢购股票,刺激股价短暂上扬。然而,当通货膨胀持续上升一段时期以后,它便会使股票价格走势逆转,并给投资者带来负效益,公司、企业资产虚假增值显露出来,新的生产成本因原材料等价格上升而提高,企业利润相应减少,投资者开始抛出股票,转而寻找其他金融资产保值的方式,所有这些都将使股票市场需求萎缩,供大于求,股票价格自然也会显著下降。严重的通货膨胀还会使投资者持有的股票贬值,抛售股票得到的货币收入的实际购买力下降。旅游投资者投入的资本(有可能是货币、股票、债券、基金等)的购买力,对投资效益有直接影响。

(二)财务风险

财务风险是指经营者资金结构不合理、融资不当使之可能丧失偿债能力而导致投资者预期收益下降的风险。财务风险是企业在财务管理过程中必须面对的一个现实问题,财务风险是客观存在的,管理者对财务风险只有采取有效措施来降低风险,而不可能完全消除风险。

财务风险主要包括筹资风险、投资风险、经营风险、流动性风险、存货管理风险。

(三)利率风险

这里所说的利率是指银行信用活动中的存贷款利率。由于利率是经济运行过程中的一个重要经济杠杆,它会经常发生变动,从而会给股票市场带来明显的影响。

一般来说,银行利率上升,股票价格则下跌,反之亦然。

其主要原因有两方面:第一,人们持有金融资产的基本目的,是获取收益,在收益率相同时,他们则乐于选择安全性高的金融工具,在通常情况下,银行储蓄存款的安全性要远远高于股票投资,所以,一旦银行存款利率上升,资金就会从证券市场流出,从而使证券投资需求下降,股票价格下跌,投资收益率因此减少;第二,银行贷款利率上升后,信贷市场银根紧缩,企业资金流动不畅,利息成本提高,生产发展与盈利能力都会随之削弱,企业财务状况恶化,造成股票市场价格下跌。

旅游投资方投入的资本,不可避免地要受利率风险的影响。

(四)市场风险

市场价格常常会出现波动。每天都有不同的市价。市价的波动受经济因素、心理因素、政治因素影响,甚至受以上三种风险共同影响。投资者最难应付的风险应该就是市场风险。

(五)变现风险

变现风险是指投资者无法在资本市场上以正常的价格将投资对象平仓出货的可能性。投资者需要能够随时收回和转让现有投资,如果在短期内找不到愿意出合理价格的买主,投资者就会丧失其他新的投资机会或面临降价出售的损失。

变现风险取决于资本商品项目在市场上的表现,不能在资本市场上交易的项目具有更大的变现风险;长期项目的变现风险高于短期项目;交易越频繁的项目特别是有价证券,其变现能力越强。在投资者的期望投资报酬率中,包含变现力附加率以补偿变现风险。

旅游投资项目,一旦进行投资后,变现风险极大。为了回避这种风险,只能在投资前更谨慎地进行投资分析。

第九章 旅游投资与决策分析

（六）事件风险

事件风险与财政及大市场完全无关的，但事件发生后，对投资方或者投资项目有沉重打击。这种事件风险通常都是突然其来的。

三、旅游投资方项目投资风险的成因分析

旅游投资方项目投资决策出现错误有多种原因。导致各种严重后果，主要有以下方面：

（一）投资决策机制不健全，责任不明。责任不明，容易出现受"长官意志"的影响，或者领导人一时头脑发热而盲目拍板，造成投资决策的随意性、主观性、盲目性和独断性。

（二）为了争上项目，故意把可行性研究报告做成"可批性报告"，有些项目审批部门从地方利益出发，没有从严把关，从而造成重复建设、盲目建设，使项目建成投产后没有市场，旅游投资方处于亏损状态。

（三）缺乏风险意识，盲目追求"热门"。在某些旅游类别处于最"热门"的时候才决定进入，结果投资后行业转向低迷，旅游投资方深陷其中，进退两难。

（四）对项目仅侧重于技术可行性的研究，对经济可行性的论证不够重视，对投资成本及项目建成后的成本费用和效益测算不准确，从而根据过于乐观的经济估算做出错误的决策。

四、旅游投资方项目投资风险的防范与对策

在投资项目的实际运作过程中，风险的处理应采取以下几种对策：

（一）风险回避

是指在完成项目风险分析与评价后，如果发现项目风险发生的概率很高，而且可能的损失也很大，又没有其他有效的对策来降低风险时，应采取放弃项目、放弃原有计划或改变目标等方法，使其不发生或不再发展，从而避免可能产生的潜在损失。

当投资项目风险潜在威胁发生的可能性很大，不利后果也比较严重，而且又无其他策略可采用时，主动放弃项目、改变项目目标与行动方案来规避风险。

风险回避具有简单易行，全面彻底的优点，能将风险的概率降低到零，在回避风险的同时也放弃了获得收益的机会。

但是简单的风险回避是一种最消极的风险处理办法，因为投资者在放弃风险行为的同时，往往也放弃了潜在的目标收益。所以一般只有在以下情况下才会采用这种方法：

1. 投资主体对风险极端厌恶。

2. 存在可实现同样目标的其他方案，其风险更低。

3. 投资主体无能力消除或转移风险。

4. 投资主体无能力承担该风险,或承担风险得不到足够的补偿。

(二)风险控制

风险控制是指管理者采取各种措施和方法,消灭或减少风险事件发生的各种可能性,或者减少风险事件发生时所造成的损失。

损失控制不是放弃风险,而是制定计划和采取措施降低损失的可能性或者是减少实际损失。控制的阶段包括事前、事中和事后三个阶段。事前控制的目的主要是降低损失的概率,事中和事后的控制主要是为了减少实际发生的损失。

在实施风险控制策略时,最好将项目每一具体风险都控制在可以接受的水平上,单个风险减轻了,整体风险就会相应降低,成功的概率就会增加。

(三)风险转移

风险转移,是指通过契约,将让渡人的风险转移给受让人承担的行为。其目的是通过若干技术手段和经济手段将风险部分或全部转移给其他人承担。通过风险转移过程有时可大大降低经济主体的风险程度。

风险转移的主要形式是合同和保险。

1. 合同转移。通过签订合同,可以将部分或全部风险转移给一个或多个其他参与者。

2. 保险转移。保险是使用最为广泛的风险转移方式。

(四)风险自留

风险保留,即风险承担。也就是说,对一些无法避免和转移的风险,采取现实的态度,在不影响投资者根本或局部利益的前提下,将风险自愿承担下来。如果损失发生,经济主体将以当时可利用的任何资金进行支付。

风险保留包括无计划自留、有计划自我保险。

1. 无计划自留。指风险损失发生后从收入中支付,即不是在损失前做出资金安排。当经济主体没有意识到风险并认为损失不会发生时,或将意识到的与风险有关的最大可能损失显著低估时,就会采用无计划保留方式承担风险。一般来说,无资金保留应当谨慎使用,因为如果实际总损失远远大于预计损失,将引起资金周转困难。

2. 有计划自我保险。指可能的损失发生前,通过做出各种资金安排以确保损失出现后能及时获得资金以补偿损失。有计划自我保险主要通过建立风险预留基金的方式来实现。

第九章　旅游投资与决策分析

☆旅游企业投资的概念

旅游企业投资的概念有广义与狭义之分。广义的旅游企业投资是指旅游企业对内、对外一切资金的投放与使用；狭义的投资是指旅游企业对外投出资金。

☆旅游投资的特点

1. 非生产性；
2. 高回报性；
3. 关联性；
4. 风险性大。

☆SWOT分析法

又称为态势分析法，它是由旧金山大学的管理学教授于20世纪80年代初提出来的，是一种能够较客观而准确地分析和研究一个单位现实情况的方法。

SWOT分别代表：strengths（优势）、weaknesses（劣势）、opportunities（机会）、threats（威胁）。

☆旅游投资方项目投资风险的防范与对策

（一）风险回避：指在完成项目风险分析与评价后，如果发现项目风险发生的概率很高，而且可能的损失也很大，又没有其他有效的对策来降低风险时，应采取放弃项目、放弃原有计划或改变目标等方法，使其不发生或不再发展，从而避免可能产生的潜在损失。

（二）风险控制：风险控制是指管理者采取各种措施和方法，消灭或减少风险事件发生的各种可能性，或者减少风险事件发生时所造成的损失。

（三）风险转移：风险转移，是指通过契约，将让渡人的风险转移给受让人承担的行为。其目的是通过若干技术手段和经济手段将风险部分或全部转移给其他人承担。通过风险转移过程有时可大大降低经济主体的风险程度。

（四）风险自留：风险保留，即风险承担。也就是说，对一些无法避免和转移的风险，采取现实的态度，在不影响投资者根本或局部利益的前提下，将风险自愿承担下来。如果损失发生，经济主体将以当时可利用的任何资金进行支付。

☆主要概念

旅游企业投资　SWOT分析法　旅游投资分析　旅游投资的可行性研究　旅游投资风险　风险回避　风险控制　风险转移　风险自留

 ☆复习题

1. 旅游企业投资的意义是什么？
2. 旅游投资的主要类别有哪些？
3. 旅游投资的特点是什么？
4. 简述旅游投资的SWOT分析方法。
5. 如何进行旅游投资分析？
6. 如何进行旅游投资的可行性研究？
7. 旅游投资可行性研究主要包括哪些内容？
8. 旅游投资分析的方法有哪些？
9. 投资分析的步骤有哪些？
10. 投资风险的分类有哪些？
11. 对风险的处理应采取哪几种对策？

第十章 旅游产业发展战略与规划

◇ 学习目标：

一、旅游产业概述；

二、旅游经济增长方式；

三、旅游经济的发展战略与发展模式；

四、中国旅游开发的四种战略；

五、旅游产业发展规划的概念。

第一节 旅游产业概述

一、旅游产业的概念

旅游业，国际上称为旅游产业，是凭借旅游资源和设施，专门或者主要从事招徕、接待游客，为其提供交通、游览、住宿、餐饮、购物、文娱等六个环节的综合性行业。

（一）定义旅游业的意义

1. 定义旅游业的实际需要

对旅游业进行定义有研究和实践两个方面的需要：

研究的需要：一个学科的研究首先要求对这一个学科的研究内容有一个标准的定义，在定义的限制下建立研究对象和研究内容。

实践的需要：度量旅游经济活动对地方、国家和全球的社会、经济和环境影响要求有统一的口径。因此建立地区之间统计数据的一致性和可比性是必不可少的前提条件,而得到这些数据必须要有统一的标准。

2. 定义旅游业的重要性和基本要求

对旅游统计量度的准确性是十分重要的,准确性直接关系到评估旅游业和旅游活动直接、间接和诱发性的经济影响,关系到旅游设施和资源的规划与开发,关系到如何确定旅游者结构并制订营销和促销策略,以及识别游客的流向、方式和偏好等。

联合国十分关心对国际旅游相关资料的统计工作,在1971召开了的"贸易与发展会议",制定了旅游统计的准则。指出,国家旅游统计的综合系统在功能上应满足以下要求:

(1)在需求方面,能够度量在该国的国外(和国内)旅游(和出国旅游)的数量和方式;

(2)能够提供有关旅游者使用的住宿和其他设施供给方面的信息;

(3)有助于评估旅游对国际收支和总体经济状况的影响。

(二)旅游业定义上的困难

1. 旅游业范围的模糊性

与其他产业不同,旅游产业不是一个单一产业,而是一个产业群,由多种产业组成,具有多样性和分散性,旅游业包括景点经营、旅行社和旅馆服务业、餐饮服务业、交通业、娱乐业和其他许许多多的经营行业。这些行业同时也为当地居民提供服务,因此旅游业的概念和范围存在模糊性和不确定性。

2. 统计上的困难性

旅游业的模糊性和不确定性为旅游分析和决策带来一定的困难。在所有国家中,建立可靠的产业信息库,评估旅游业对地方、全国和世界经济的贡献都十分困难。由于定义的模糊性导致统计测量的困难,因此至今仍然没有给出旅游业对世界经济的贡献和经济影响程度的准确数据。同时旅游统计也成为旅游研究的一个重要组成,并且日益受到关注。

(三)旅游业定义的来源

1. tourism 一词的来源

旅游(tour)这个词来源于拉丁语的"tornare"和希腊语的"tornos",其含义是"车床或圆圈;围绕一个中心点或轴的运动"。这个含义在现代英语中演变为"顺序"。后缀 - ism 被定义为"一个行动或过程;以及特定行为或特性",而后缀 - ist 则意指"从事特定活动的人"。词根 tour 与后缀 - ism 和 - ist 连在一起,指按照圆形轨迹的移动,所以旅游指一种往复的行程,即指离开后再回到起点的活动;完成这个行程的人也就被称为旅游者(tourist)。

2. 现代社会对旅游业的定义

政府部门和学术机构:为了使旅游与其他学科,包括经济学、社会学、文化人类学和

第十章 旅游产业发展战略与规划

地理学等学科相对应,也对旅游做各种各样的限定和提炼。

经济学家:主要关心旅游对国民经济和目的地经济发展的贡献,重视供求关系、外汇收入和国际收支平衡、就业和其他货币性因素。

社会学家和文化人类学家:主要研究个人和团体的旅行行为,更关注宾主双方的风俗习惯、传统文化以及生活方式。

地理学家:关心旅游的空间因素,研究旅行流向和地点、开发的范围、土地利用以及实体环境的变化。

3. 旅游定义的类型

总体概括对"旅游"有两种不同角度的定义:

概念定义:旨在提供一个理论框架,用以确定旅游的基本特点以及将它与其他类似的、有时是相关的,但是又不相同的活动区别开来。

技术定义:用它来为统计和立法提供旅游信息。各种旅游技术定义所提供的含义或限定在国内和国际范畴上都得到了广泛的应用。后一种方法,即技术定义的采用有助于实现可比性国际旅游数据收集工作的标准化。

里玻认为定义旅游有三种途径:经济法、技术法和整体法。

经济定义:把旅游既看作是经营活动,又是一种产业。

技术定义:是为收集数据提供一个统一的基础对旅游者进行限定。

整体定义:则试图涵盖这个命题的所有精华。

(四)现代旅游业定义

1. 定义旅游的三要素

尽管上文中所提及的技术定义应当适用于国际旅游和国内旅游这两个领域,但是在涉及国内旅游时,这些定义并没有为所有的国家所采用。不过,大多数国家都采用了国际通用的定义中的三个方面的要素:

(1)出游的目的;

(2)旅行的距离;

(3)逗留的时间。

2. 对出游的目的定义

以该尺度为基础的定义旨在涵盖现代旅游的主要内容。

(1)一般消遣性旅游,非强制性的或自主决定的旅游活动。他们只把消遣旅游者视为旅游者,并且有意把商务旅游单列出去。

(2)商务和会议旅游,往往是和一定量的消遣旅游结合在一起的。参加会议公务旅游也被视为旅游。

(3)宗教旅游,以宗教活动为目的的出行活动。

(4)体育旅游,与重大体育活动联系在一起的旅游。

3. 对旅行距离的定义

异地旅游(Non-10cal Travel)：许多国家、区域和机构采用居住地和目的地之间的往返距离作为重要的统计尺度。

旅行距离：确定的标准差别很大(从 0 到 160 公里不等)。低于所规定的最短行程的旅游在官方旅游估算中不包括在内，标准具有人为和任意性。

4. 对逗留时间的定义

过夜游客：为了符合限定"旅游者"的文字标准，大多数有关旅游者和游客的定义中，都包含在目的地必须至少逗留一夜的规定。

"过夜"的规定就把许多消遣型的"一日游"排除在外了，而事实上，"一日游"往往是旅游景点、餐馆和其他旅游设施收入的重要来源。

5. 其他方面

旅游者的居住：在进行市场定位和制定相关市场战略时，了解旅游者的居住地要比确定其他的人口统计方面的因素，如民族和国籍等更为重要。

交通方式：主要是为了更好地进行规划，一些目的地通过收集游客交通方式(航空、火车、轮船、长途汽车、轿车或其他工具)的信息来获得有关游客旅行模式的信息。

(五)关于定义的采纳

世界旅游组织和联合国对旅游的定义产生如下效果：

1. 创造了一个收集标准化旅游数据的统一基础。

2. 大多数国家采用了这些定义，但是并不是所有的国家都遵守关于它们的限定。

旅游业是以旅游资源为凭借、以旅游设施为条件，向旅游者提供旅行游览服务的行业，又称无形贸易。旅游资源、旅游设施、旅游服务是旅游业赖以生存和发展的三大要素。

旅游资源，包括自然风光、历史古迹、革命遗址、建设成就、民族习俗等，是经营旅游业的吸引能力。

旅游设施，包括旅游交通设施、旅游住宿设施、旅游餐饮设施、旅游无烟工业游游乐设施等。

旅游服务，是包括各种劳务和管理行为相结合的经营旅游业的接待能力。

狭义的旅游业，在中国主要指旅行社、旅游饭店、旅游车船公司以及专门从事旅游商品买卖的旅游商业等行业。

广义的旅游业，除专门从事旅游业务的部门以外，还包括与旅游相关的各行各业。旅行游览活动作为一种新型的高级的社会消费形式，往往是把物质生活消费和文化生活消费有机地结合起来的。

旅游业从业务种类划分看，主要有三种类型：

(1)组织国内旅客在本国进行旅行游览活动。

(2)组织国内旅客到国外进行旅行游览活动。

（3）接待或招徕外国人到自己国家进行旅行游览活动。

后两种类型的旅游业务活动，都是涉外性质的业务。由于旅游业主要通过劳动服务的劳务形式，向社会提供无形的效用，即特殊的使用价值，以满足旅游者进行旅行游览的消费需要。其行业的基本特征是非生产性的，所以又称无烟工业。旅游业从整体上看，它不是实现商品流通的经济部门，而是凭借旅游资源，利用旅游设施，提供食、住、行、游、娱、购的劳务活动，去满足旅游者旅行游览消费的需要。所以也称为无形贸易。

（六）旅游业的特点

1. 旅游业的依赖性；
2. 旅游业的综合性；
3. 旅游业的脆弱性；
4. 旅游业的波动性；
5. 旅游业的季节性；
6. 旅游业的带动性；
7. 旅游业的涉外性；
8. 旅游业是资金密集型和劳动密集型产业。

二、旅游经济的产业化标志及我国旅游业发展历程

（一）旅游经济的产业化标志

根据对现代产业部门形成机制和特点分析，其形成过程和标志都具有以下基本特征，即经济活动的集中性、产品生产的专业化、经济运行的规范化等。

1. 旅游消费需求的集中化；
2. 旅游生产供给的专业化；
3. 旅游经济活动的规范化。

（二）我国旅游业发展历程

我国旅游业发展虽起步较晚，但发展速度举世瞩目。改革开放前，旅游业以外事接待为主，只具备产业雏形，不完全属于产业范畴。从国家政策引导上可以看出近三十年来中国旅游业的发展状况：

1978年转换机制，旅游业开始从"事业型"向"产业型"转变。

1984年，中央提出国家、地方、部门、集体、个人一齐上、自力更生与利用外资一齐上的旅游建设方针，拉开了全方位发展旅游产业的序幕。

1986年国务院决定将旅游业纳入国民经济与社会发展计划，正式确立其国民经济地位。

1992年中央明确提出旅游业是第三产业中的重点产业，之后，中共中央提出的《关于制定经济和社会发展"九五"计划和2010年远景目标纲要的建议》，旅游业被列为第三产

业积极发展新兴产业序列的第一位。

1998年中央经济工作会议提出旅游业作为国民经济新的增长点。此后,国家计委把旅游项目列入国债项目,铁路部门及时开行了数百列旅游专列。中央和国务院的支持为旅游业发展打下了坚实的基础。

从发展阶段来看,1980年以前,旅游产业总体规模较小;"六五"计划时期,入境旅游有较大提高,国内旅游开始起步;"七五"计划时期,入境旅游继续发展,国内旅游有较大发展;"八五"计划时期,入境旅游有较大发展,国内旅游迅猛崛起,这一时期是发展速度最快的时期。"九五"计划时期,产业基础夯实,稳步发展;2001年受世界旅游业整体负增长的形势影响下,中国的旅游业在困难中继续前进,但增长速度有所下降;2002年中国旅游业整体回升,四项旅游经济指标增速均超过10%。中国现已成为世界上旅游业发展速度最快的国家之一。1978年中国国际旅游接待人数(180万人)仅为世界的0.7%,居世界第41位;2002年接待海外旅游者达到9791万人次,跃居世界第五大旅游吸引国、亚洲首位旅游大国。1978年中国国际旅游创汇(2.6亿美元)仅占全球的0.038%,居世界第47位;2002年增至204亿美元,占全球的4.4%,成为世界第五大旅游创汇国。2002年,中国公民出国(境)人数达1660.23万人次,比上年增长36.84%,成为亚洲地区令人瞩目的新兴客源输出大国。2002年中国国内旅游人数达到8.78亿人次,成为世界上数量最大、增速最快、潜力最强的国内旅游市场。中国的旅游产业规模也不断扩大。据不完全统计,截至2001年底,中国旅游涉外饭店11000家,其中,已评定星级饭店8018家;各类旅行社超过10000家,其中,国际旅行社1300多家;中国旅游业固定资产值达7000亿元,共有各类旅游企事业26万个;旅游业直接从业人员598万人,间接从业人员约为2980万人;共有开办旅游教育的院校1152所,在校生34万人。

总之,我国旅游业借改革开放之力,20多年持续快速发展,从无到有,从小到大,产业形象日益鲜明,产业规模不断壮大,成为国民经济中发展速度最快的行业之一。

三、我国旅游业发展的机遇与前景分析

(一)发展机遇

第一,是国民经济持续快速健康发展推动旅游业再上新台阶。21世纪前10年,我国国民经济年均增长速度仍将保持7%以上,综合国力将进一步提高。经济体制改革的深化,对外开放的发展,经济社会的全面进步,产业结构的调整,都将推动旅游业发展。

第二,是全面建设小康社会所带来的机遇。全面建设小康社会,意味着我国十几亿人民将向更高水平的小康社会迈进,旅游需求必然会随之不断增长,旅游消费成为小康的标志和特征之一。我国"现在达到的小康还是低水平的、不全面的、发展很不平衡的小康",但就是在这种小康水平下,已经形成了全世界规模最大的国内旅游市场和发展最快的出国旅游客源市场。

第三,西部大开发战略的实施,将使西部不少世界级的旅游资源得到开发,从资源优

势转化为经济优势,从而不断提高我国旅游业的国际竞争力和发展后劲,形成我国旅游业新的增长极。

第四,加入 WTO 以后,旅游业及其相关产业都将加快与国际接轨的步伐,发展环境将进一步优化,同时也将促进国际商务旅游的增长。

第五,中国是世界上最安全的旅游目的地国。美国"9·11"事件和美伊战争爆发导致全世界旅游下滑,但因为中国政治稳定、经济持续快速发展以及中国政府所实施的一系列重大举措,反而强化了中国作为最安全的旅游目的地形象。

第六,中国加入世贸组织、2008 年北京奥运会成功举办,长达半年的 2010 上海世博会的圆满召开,表明中国在国际上的地位和影响力日益增强,对推动中国旅游业的发展起到积极的作用。

(二)发展前景

随着全面建设小康社会,在供需双向互动作用下,中国旅游业前景辉煌。

1. 旅游市场潜力巨大

随着人民富裕程度的提高,闲暇时间和可支配收入的增多,将推动国内旅游需求以较高的速度增长。我国是世界上第一位人口大国,有着世界上其他任何国家无与伦比的最大的国内旅游客源市场。2002 年,相当于 13 个中国人里面就有 8 人进行了一次旅游。我国从 1995 年 5 月 1 日起实施每周 40 小时工作双休制,1999 年开始实施"五一""十一"、春节的七天假期,目前中国公民每年所能享受的法定休息日的总量是 114 天,居民闲暇时间越来越充足。同时,消费结构正从温饱型转向小康型,消费由生存型消费向享受型和发展型的方向发展,恩格尔系数逐年下降,城乡居民消费的恩格尔系数分别由 1995 年的 49.9% 和 58.6% 降至 2002 年的 37.7% 和 46.2% 的水平。住房、购车、通信等消费将逐渐得到满足,而作为精神和物质结合的旅游需求,则会反复产生。根据国际经验,当人均 GDP 达到 800~1 000 美元时,旅游消费将呈现大众化、普遍化的态势,成为生活要素之一。到 2020 年,我国将全面建成小康社会,如按每人每年出游两次计算,届时的国内旅游人数可高达 30 亿人次左右。

2. 旅游资源得天独厚

中国国土广袤、山川秀美、历史悠久、文化璀璨、民族众多,漫长的历史和辽阔的国土形成了无比丰厚的旅游资源。据研究表明,我国自然类和人文类的旅游资源类型居世界第一位的数目超过美国、西班牙、法国等旅游强国。目前,全国已拥有 15 000 多处旅游景区(点),涵盖了自然景观、历史文化、改革成就和社会生活等各方面,其中被列入《世界遗产名录》的有 28 处,国家重点风景名胜区 151 处,国家地质公园 44 个,国家自然保护区 197 个,国家森林公园 439 个,国家历史文化名城 99 个,国家 4A 级旅游区(点)360 个,中国优秀旅游城市 137 个,还有 1 269 处国家级重点文物保护单位,各类博物馆 2 000 余座。各具特色的风土人情、多姿多彩的城市风光,雄伟壮观的建设工程等,为旅游业的发展提供了得天独厚的条件和基础。

3. 从旅游大国到世界旅游强国

按国家旅游局制定的旅游业发展"十五"规划基本思路,到2020年,中国海外旅游人数将超过21 000万人次,旅游外汇收入580亿美元以上。国内旅游将达到29亿人次以上,旅游收入将达20 400亿元人民币以上。旅游业总产出将达到2.5万亿元人民币以上,相当于国内生产总值的比重将提高到8%左右。国内外学者一致看好中国旅游业的发展前景,中国将成为世界旅游强国。包括世界旅游组织(UNWTO)在内的权威性组织均认定2020年中国将成为全球旅游首位旅游目的地国。世界旅游理事会则预测,到2020年,中国旅游业总产出将占国内生产总值的8.64%,旅游消费将占总消费的6.79%,旅游投资将占投资总额的8.61%,接近世界平均水平。

四、国际旅游产业的经济效益分析

据法国旅游业协会主席菲利普·邦贝尔热分析:"43%的旅馆、咖啡店和饭店的收益,同旅游直接有关;航空运输收益的42%同旅游有关,铁路运输收益的23%、汽车的12%、农业的8%、建筑业的6%同旅游业有关。"

旅游业是一个综合性很强的产业,吃、住、行、游、购、娱是旅游的六大要素。要有吃、有住、进得来,出得去,有物可购,有处去乐。因此,旅游的发展,必然不断带动与这要素直接相关的饮食、建筑、交通、邮电通信、园林、商业、轻纺、保险等行业的发展。

据澳大利亚官方统计,旅游业涉及29个经济部门中的108个行业。仅以建筑业为例,十多年前,住店难在我国许多城市是普遍现象,那时人们在外有个地方住就算不错,有的甚至在车站过夜。但短短十几年,到1998年底我国已有各类旅店21万家,涉外饭店约4 000家,星级饭店2 000多家,其中五星级45家,四星级117家,三星级1 000多家,二星级和一星级1 000多家。游客住的地方数量多,档次全,再已不是原来的情景了。其间建筑业获得的发展可以想象。

美国夏威夷的瓦胡岛,开发前是一片荒凉的海滩,50年代开发为旅游区后,建成的旅游、商业街,密布小岛。目前,该岛已成为年接待世界旅游者约400万人次的世界著名旅游区。建筑业的发展,又带动与之相配套的水、电、煤气、暖气、通信等行业,饭店内的装饰、家具、餐饮、卫生用品等,工业及所需的农产品的生产自然也相应地发展起来,其连锁效应是巨大的。

游客每到一地总要买些纪念品、土特产等带回去。即旅游要素中的"购",旅游对商品的需求带动了工艺品、纪念品及有民族特色的产品的生产与开发。据测算一位旅客在异国旅行购物所花费用一般约占全部旅费的1/2。旅游业的发展对相关产业的带动作用可用一句话来概括,即"一业兴百业旺"。

除了能直接创造经济效益外,旅游业还可以增加社会就业机会。由于旅游业促进了

第十章 旅游产业发展战略与规划

许多行业的发展,使整个社会就业机会增多。旅游业是一种综合性的行业,它不但能直接向社会提供就业机会,而且能间接地为社会提供就业机会。按国际的习惯测算,旅游业直接就业与间接就业的人员比例大约为1:5。每增加旅游业的一间客房,可以直接提供0.75个就业机会,并间接地为2.5人在有关部门(饭店、商业、交通业)提供就业机会。目前,我市直接从事旅游业工作的人数已达3万之多,间接的达20万,占全市总人口的1/5。

旅游经济还具有扶贫功能,旅游业是见效快、永久性的扶贫开发项目。从国际国内旅游业的发展过程可以看出,旅游业发展的速度,远远快于各种产业发展的速度。旅游是第二次世界大战以后才成为一个产业的,在不到半个世纪的时间里,就迅速发展成世界第一大产业。这种发展速度,是任何一个产业都难以比拟的。邻近我们国家的新加坡和泰国,经过不到20年的苦心经营,就发展成为亚洲的旅游强国,成为世界著名的旅游胜地。我国少数民族地区的许多旅游点,也是在很短的时间内热起来的。如云南的西双版纳和德宏、四川的九寨沟、湖南的张家界、贵州的龙宫,从开发、宣传到变成热点,都只有几年的时间。广西的北海更快,仅两三年就热起来了,1992年游客已达150万人。较小的旅游点如龙胜的一个温泉,一片梯田;融水的一段贝江,开发一两年就分别引来了10余万游客。由于人们旅游欲望的强烈,信息传递的现代化和交通工具的发达,所开发的旅游区只要有独特的景观和丰富的内容,能满足人们要求,并把宣传工作做到五洲四海,千家万户,就可以在较短的时间内大见成效,并且变成永久性的财源。因此,旅游业是短、平、快,永久性的扶贫开发项目。

旅游业对环境无害,还能创造社会和经济效益,因此被世界各国誉为"无烟产业"。近些年的发展有目共睹,但是问题也依然存在,除了需要提高服务质量外,还应该加大宣传力度,塑造品牌形象,打造自己特色。

五、我国旅游产业与国际旅游市场的差距

尽管中国旅游产业取得了辉煌的成绩,但是与国际旅游市场仍然存在着不小的差距。差距主要表现在软件上,不仅是服务人员的服务水平、服务质量有差距,还有营销体系、政策体系不完善,法律法规不健全。

举个例子,目前全球已经有49家知名饭店进入中国大陆,但是我们还没有一个品牌到境外管理或建设一个像样的星级酒店,这就是差距!在通往世界旅游强国的道路上中国依然有一段路要走。现时期的中国旅游业应该着手改进服务水平,提高服务质量,优化营销体系,改善环境,建立健全合理的政策体系,这都需要政府、组织以及公民的共同努力,另外还要加强专业人才的培养,包括高级、中级、初级管理人员以及普通服务人员。

六、现阶段我国旅游的特征

随着我国全面建设小康社会不断推进,中国旅游业面临重大发展机遇:中国经济持

续快速增长,必将对旅游需求增长发挥基础性的支撑作用;城乡居民收入将稳定增长,到2020年人均GDP将达3 500美元左右甚至更多,这将进入世界旅游界公认的旅游业爆发性增长阶段;国家扩大内需的经济发展方略和加快推动服务业的发展,将为旅游业进一步发展创造新的机遇;中国对外开放的进一步扩大,将为我国旅游业在国际市场和世界舞台更好地发挥作用,创造更为有利的条件;中国政通人和,社会安定,将成为世界上最安全的旅游目的地之一;随着对现行休假制度的完善和带薪休假制度的落实,将形成巨大的国内旅游消费市场。基于以上分析,中国旅游业将进入一个新的发展阶段,并呈现一系列鲜明的特征。

(一)旅游市场持续增长

在保持国际旅游竞争力的同时,国内旅游、出境旅游将步入快速发展时期。中国旅游市场将从以入境旅游为主导、国内旅游为基础,发展到国内、入境、出境三大旅游市场共同发展。到2015年,我国入境过夜旅游者将达到1亿人次,国内旅游将达到28亿人次,人均出游2次,出境旅游将达到1亿人次,三大市场游客总量达30亿人次,中国将成为世界上第一大旅游接待国、第四大旅游客源国和世界上最大的国内旅游市场。

(二)旅游消费多元化发展

随着我国经济的持续快速增长和人民生活水平的不断提高,在传统的观光旅游持续增长的同时,休闲度假旅游将快速发展。与现代生活方式紧密相关的旅游新业态将大量涌现。城乡居民出游的选择将更趋多样,旅游产品的供应将更加丰富和充裕。

(三)旅游促进更大需求

旅游发展对基础设施和相关设施的需求将明显增长,对相关行业的依托和促进作用也更为明显。初步预测,到2015年,我国乘坐飞机的乘客将达到4.5亿人次左右,需要新增飞机约1 800架、新增航班约630万架次;乘坐铁路的游客将达25亿人次左右,需新增客运车辆约5万辆;全国将新增私家车约4 000万辆;将新增客运船舶约1万艘;将新增各类住宿设施约20万家。

(四)旅游业对外开放加快

随着加入WTO过渡期的结束,旅游业将启动新一轮的对外开放,国内外旅游市场一体化进程将加快,与国际市场、国际规则、国际水平将进一步接轨。中国入境旅游、出境旅游的规模不断扩大,旅游业将进一步发挥提升国家软实力的作用,我国旅游业在世界旅游界的话语权将继续增强,国际地位和影响力不断提升,参与国际规则、标准的制定与应用的空间进一步扩大。

(五)旅游功能进一步发挥

今后一段时期,旅游发展对全面建设小康社会的贡献将更为明显。到2015年,全国

第十章 旅游产业发展战略与规划

旅游业增加值可达 2 万亿元左右,约占 GDP 的 4.8%,约占服务业增加值的 11%,旅游业对 GDP 增长的贡献率可达 1 个百分点,对服务业增长的贡献率可达 2 个百分点,旅游业可以为经济发展发挥积极作用;到 2015 年,旅游就业总量将达 1 亿人左右,旅游业对社会就业增长的贡献率可达 2 个百分点,旅游业可以为社会就业发挥积极作用;到 2015 年,我国中西部地区的旅游收入将占全国旅游总收入的 50% 左右,农村地区的旅游收入将占全国旅游总收入的 1/3,旅游业可以为新农村建设和区域发展发挥积极作用;到 2015 年,中外旅游交流人数将达到 2 亿多人次,海峡两岸及香港、澳门旅游交流人数将超过 1 亿人次,旅游业可以为国家总体外交和对台港澳工作发挥积极作用;到 2015 年,中国公民出境旅游将达 1 亿人次,境外旅游花费可达 1 000 亿美元以上,相当于减少我国国际贸易顺差 1 000 亿美元,旅游业将发挥平衡国际贸易、缓解贸易磨擦的润滑剂作用。

(六)旅游效益不断显现

提高生活质量是全面建设小康社会的必然要求,也是世界经济和社会发展的必然结果。旅游集中体现了人们对生活质量各个方面的要求,旅游消费成为持续性的需求,这就使旅游业具有比较强的持续发展能力和抵抗风险的能力。旅游发展不是简单的适应需求,而是满足现实需求、引发潜在需求和创造新的需求的综合体现。这是管理和服务水平不断提高的过程,也是综合效益不断显现的过程。随着工业化、城市化、信息化、国际化加快推进,旅游业发展的潜力巨大、前景广阔,仍将保持持续较快发展。

(七)旅游产业加快升级

在新的发展阶段,我国旅游业处于发展的关键期,既有重要的发展机遇,又有严峻的挑战。我国旅游业已处在"市场转型期、矛盾凸显期、管理提升期",面临着优化产业结构、转变增长方式、提升发展质量和水平的艰巨任务,迫切需要由粗放型经营向集约化经营转变,由数量扩张向素质提升转变,由满足人们旅游的基本需求向提供高质量的旅游服务转变。为此,我国旅游业在今后一段时期要完成促进旅游产业体系建设,全面提升旅游产业素质,综合发挥旅游产业功能三大任务,达到建设世界旅游强国,培育新型重要产业的战略目标。

第二节 旅游经济的增长与波动规律

一、旅游经济增长方式

经济增长方式通常指决定经济增长的各种要素的组合方式以及各种要素组合起来推动经济增长的方式。按照马克思的观点,经济增长方式可归结为扩大再生产的两种类型,即内涵扩大再生产和外延扩大再生产。外延扩大再生产就是主要通过增加生产要素的投入,来实现生产规模的扩大和经济的增长。而内涵扩大再生产,主要通过技术进步和科学管理来提高生产要素的质量和使用效益来实现生产规模的扩大和生产水平的提高。

现代经济学从不同的角度将经济增长的方式分成两类,即粗放型经济和集约型经济。

(一)集约型经济增长方式

集约型经济增长方式则是主要依靠科技进步和提高劳动者的素质来增加产品的数量和提高产品的质量,推动经济增长的方式。

依靠生产要素的优化组合,通过提高生产要素的质量和使用效率,通过技术进步、提高劳动者素质、提高资金、设备、原材料的利用率而实现的增长。这种经济增长方式的实质是以提高经济增长质量和经济效益为核心。粗放型和集约型的增长的区分依据是从经营的角度划分的。如果从生产规模扩大的实现方式看,可以分为外延的扩大再生产和内涵的扩大再生产。

(二)粗放型经济增长方式

粗放型经济增长方式是指主要依靠增加资金、资源的投入来增加产品的数量,推动经济增长的方式。

主要依靠增加生产要素的投入,即增加投资、扩大厂房、增加劳动投入,来增加产量,这种经济增长方式又称外延型增长方式。其基本特征是依靠增加生产要素量的投入来扩大生产规模,实现经济增长。以这种方式实现经济增长,消耗较高,成本较高,产品质量难以提高,经济效益较低。

在国际竞争中,粗放型增长的国家依托廉价的劳动力和自然资源,吸引国际投资流入本国,生产服务于世界市场而非本国市场的产品,从而弥补本国资本投资的不足,促进出口贸易,推动有效需求增加,从而拉动经济增长。这种增长方式单位产品消耗资源大,收益小,价格低,结构工艺落后,污染严重,对一国自然环境可持续发展造成严重威胁,在国际贸易交换中处于不利地位。中国曾经有过用两亿条牛仔裤换一架波音飞机的经历,发人深省。

二、集约型增长方式的特点

旅游经济集约型增长方式,主要体现在数量、质量和效益结合方面,其特点如下:

(一)旅游产业规模的适度扩大

旅游产业的规模不是一下就可以做大的,必须遵循以下几个原则:

1. 在变迁中定位——旅游产业属性;
2. 在开放中成长——旅游市场发展;
3. 从单一到综合——产业体系培育。

(二)兼顾规模扩张和旅游效益

规模扩张和质量效益是既矛盾又统一的,如何平衡这两点的关系,重点在于做好以下几点:

1. 强化管理,由粗放型服务向精细型服务转变。
2. 培育精品,由观光型产品向休闲度假型产品转变。
3. 展示形象,由普通客源市场向高端客源市场转变。
4. 提高效益,努力推进由单一"门票经济"向"产业经济"转变。

(三)注重旅游经济的发展素质

注重旅游经济的发展素质要重点抓好以下七个方面的工作:

1. 提升旅游发展理念;
2. 提升旅游品牌水平;
3. 提升旅游目的地建设水平;
4. 提升旅游市场化运作水平;
5. 提升旅游经济主体竞争水平;
6. 提升旅游管理水平;
7. 提升旅游服务水平。

做好以上七个方面工作的核心是:重视公民素质教育,重视干部素质的全面提升。

三、旅游经济增长方式成功转变的要素

(一)旅游经济增长观念转变;
(二)旅游经济结构调整与优化;
(三)旅游管理体制健全而有效;
(四)旅游技术成为革命性力量。

第三节 旅游经济发展战略及模式

一、旅游经济发展战略

旅游经济发展战略就是国家规定的旅游经济在一定历史时期的全局性的发展方针和任务。

制定旅游经济发展战略的过程，实际上是旅游经济战略决策的过程。制定旅游经济发展战略，应该从全局和宏观上进行考虑，综合考虑整体利益，解决旅游业的发展方向问题。如战略目标、发展速度、发展规模、客源市场、人才培养、基础设施建设、重点旅游资源的开发、旅游资源和环境保护、旅游服务、旅游管理等。这种战略可以统筹全局、指导行动。

（一）三种类型的旅游发展观

旅游经济战略的制定方向，直接受旅游发展观的影响。常见的旅游发展观有如下三种：

1. 从经济和产业角度出发的经济动力型发展观

经济动力型发展观是指从经济的角度出发，国家、地区和企业将旅游发展的经济功能置于首位的发展观念。

在经济动力型发展观的指导下，旅游业发展的主要特征有：

第一，旅游业的发展以发展入境国际旅游为主；

第二，政府主导下的超常规发展；

第三，外延型的数量扩张。

2. 从经济和社会角度出发的经济与社会双重动力型发展观

双重动力型发展观是指从社会和经济相结合的角度出发，既考虑旅游业发展的社会功能又考虑其经济功能的发展观念。

在这种发展观指导下，其旅游业发展一般具有如下主要特征：

第一，旅游业的发展主要是由本国居民的旅游消费需求推动的；

第二，旅游业的发展主要由市场机制调节；

第三，旅游业发展的规模较大，速度相对较低，但旅游服务质量高，效益好。

3. 从经济、社会、文化和环境等方面综合考虑的经济、社会、文化、环境等多种目标型发展观或可持续发展观

可持续发展观是指旅游业发展要从经济、社会、文化和环境等方面利益相协调的角度出发，确保旅游业发展可资利用的资源能用来"满足当代人的需要而不危及满足今后

第十章 旅游产业发展战略与规划

各代人需要的能力"的发展观念。

在可持续发展观的指导下,旅游业发展应具有的特征是:

第一,政府主导下的循序渐进发展;

第二,资源得以永续利用的发展;

第三,经济效益、社会效益和环境效益相统一的发展。

(二)旅游经济发展战略的内容

旅游经济发展战略是指一个国家或地区,对其旅游业在一个较长时期的发展所作的谋划和指导原则。

它是在全面分析旅游业发展的各种因素和条件的基础上,从关系旅游业发展全局的高度所制定的在较长时期内旅游业发展所要达到的目标、所要解决的重点以及实现这些要求所采取的对策的总称。

因此,对于旅游业的发展来说,带有根本性、全局性和纲领性,不仅关系到旅游业的发展方向,而且提出了旅游业发展的总体要求。

1. 旅游经济发展战略的主要内容有:

第一,旅游业发展的战略目标;

第二,旅游业发展的战略重点、战略布局和战略步骤等;

第三,为实现上述要求所采取的对策、途径和手段,如旅游产品的发展、旅游资源的开发、旅游设施的建设、旅游市场的开拓、旅游产业结构的调整、旅游人才的培养以及发展资金的筹措等采取的主要措施。

2. 旅游经济发展战略可分为三个层次:

第一层次:全国旅游经济发展战略;

第二层次:地方旅游经济发展战略;

第三层次:旅游企业经济发展战略。

(三)制定旅游经济发展战略的原则和依据

1. 制定旅游经济发展战略需要注意以下几个基本原则:

(1)与国民经济发展想适应;

(2)整体利益与局部利益相协调;

(3)适应市场发展与竞争。

2. 制定旅游经济发展战略的原则和依据:

(1)社会经济发展水平;

(2)旅游资源的丰富程度与开发潜力;

(3)旅游业发展所处的不同阶段;

(4)国家产业政策、旅游市场需求与格局、国内外政治、经济环境等。

二、旅游经济发展模式

(一)旅游经济发展模式概念

旅游经济发展模式是指一个国家或地区在某一特定时期旅游业发展的总体方式。它是对某一类型的旅游经济系统所作的理论概括和理论抽象。

决定和影响旅游经济发展模式的主要因素：

1. 社会经济发展水平；
2. 社会经济制度和经济发展模式；
3. 旅游业形成时期和发展阶段。

(二)旅游经济发展模式类型

旅游经济发展模式的分类，根据分析角度的不同，分类也不同。例如：从旅游业的形成、发展同国民经济关系出发，旅游经济发展模式可以分为：超前型发展模式与滞后型发展模式；从旅游发展的调解机制出发，旅游经济发展模式可分为：市场型发展模式和政府主导发展模式；从旅游类别发展的先后顺序出发，旅游经济发展模式可分为：延伸型发展模式和推进型发展模式。

根据国家经济的发展水平分类，旅游经济发展模式主要有以下两种：

1. 旅游发展的经济增长驱动型模式——发展中国家模式

这种发展模式有以下几个特点：

其一，这种旅游发展模式主要发生在经济发展相对落后的国家或地区，它们的经济发展长期受控于政府，或者政府对经济干预较多。

其二，这些国家或地区往往因为经济发展的相对落后，因而，存在着希望实现发达国家发展水平的"追赶情结"。

其三，由于本国居民的生活水平相对低下，国内旅游没有起步，旅游收益的主导消费群体为国际旅游者。

其四，旅游发展的主要收益并不主要回馈于旅游业发展自身，而是更多地用于国家急需的其他方面的发展。

其五，这种旅游发展模式由于给旅游目的地国家或地区带来巨大的经济利益，外来游客与当地居民的关系比较融洽，甚至使当地人产生一种"旅游盲目崇拜"心理情结。

这种旅游发展模式的优点在于，能够为国家的经济增长与社会发展提供巨大的资金收入，同时，在借助国外资金和服务来提升本国的旅游业管理水平时，能够引进国外旅游业管理的先进经验，并加速本国向世界的开放过程，因而，从旅游业自身发展的角度来看，更容易受到国家的重视和尽快成为国家经济增长的主要产业和发展的突破口。

其缺点是，这种发展模式往往忽视旅游业发展的自身规律，在快速增长目标和利益的驱动下，容易造成对旅游资源（自然和人文）的破坏，甚至出现不可逆的损害结果，进而

第十章 旅游产业发展战略与规划

损害了这些国家或地区的可持续旅游的发展。

2. 旅游发展的市场调节驱动型模式——发达国家模式

这种发展模式有以下几个特点：

其一，这种模式主要发生在经济比较发达的国家或地区。由于这些国家的发展是市场机制调节的结果，它们的市场运行和调节机制都比较健全，它们对市场机制的配置效率有深刻的理解。

其二，这种旅游发展模式的发展目标并不追求经济的快速增长，它主要的目标在于满足本国居民(及国外旅游者)的休闲与享受的消费需求。

其三，这些国家和地区的旅游发展过程基本上是由社会发展内在需求的演变而发生进化的。

其四，这种旅游发展模式虽然也给当地居民带来利益上的好处，但是，当地居民有时会因为自己的平静生活和原有生存环境被大量外来游客所打扰，因而，当地居民会与外来游客产生抵触，并引发对发展旅游认识的矛盾心理。

(三) 我国旅游经济发展模式

1. 确定我国旅游经济发展模式的依据

(1) 我国具备发展旅游产业的条件

我国发展旅游产业的条件十分优越。这是因为：①我国具有丰富的旅游资源；②我国具有广阔的旅游市场；③我国已形成了比较完整的国民经济体系，为发展旅游业创造了良好的条件；④国家对旅游业的重视程度日益增强。

(2) 我国发展旅游产业面临的问题

我国在发展旅游产业上面临着不少困难。主要有：①生产力发展水平低；②区域经济发展差距拉大，旅游资源分布和旅游业发展的地区不平衡；③资源开发利用水平较低；④旅游市场供需失衡矛盾突出；⑤传统的重生产、轻消费的观念在很大程度上约束了旅游产业的发展。

(3) 我国旅游经济发展模式的选择

中国旅游经济发展模式应选择在政府主导下的适度超前的、推进型发展模式。

①我国旅游经济发展模式应实施政府主导型发展模式。由于我国属于发展中国家，虽然建立了社会主义市场经济体制，但市场机制还不健全。因此，政府宏观调控的程度比较高，以此来弥补市场缺陷。从而加速市场的发育和成熟。由此我国要实施政府主导型旅游经济发展模式。

②我国旅游经济发展模式应采取适度超前型发展模式。第一，适度超前型旅游经济发展模式的基本含义。适度超前型旅游经济发展模式的基本含义包括两个方面：首先是发展速度、发展水平和人才培养超前。其次是适度，在发展速度上要略快于国民经济及工农业的发展，但必须是与旅游业密切相关的产业，如民航、铁路等产业的发展相协调不

能盲目超前。第二,我国采取适度超前型旅游经济发展模式的主要原因有以下两条:一是国家建设和经济发展的需要;二是我国旅游业发展的需要。

③我国旅游经济发展模式应采用推进型发展模式。中国社会经济情况和人们消费水平决定了我国旅游业发展只能采取推进型旅游经济发展模式,即由国际旅游向国内旅游推进的发展模式。

④我国旅游业发展的实践也证明了选择在政府主导下的适度超前的、推进型发展模式的正确性。首先,旅游经济发展模式的选择必须建立在现有经济状况的基础上,即从现时的经济实际情况出发。其次,旅游经济的发展也必须以旅游需求的增长为前提。

总之,我国旅游经济发展模式属于在政府主导下的超前的、推进型发展模式,这是由我国的社会经济制度、国内外环境等因素共同决定的,具有客观的必然性。

2.我国政府主导型旅游发展模式的实施

(1)模式的提出

1995年,国家旅游局下达了创建中国优秀旅游城市的通知,在此基础上,逐步明确了政府主导型的发展战略。从1997年开始,正式明确提出了政府主导型的旅游发展模式。

(2)政府主导型的发展战略实施阶段

①中央重视阶段(1978—1986年);

②地方重视阶段(80年代下半期90年代上半期);

③共同重视阶段(现阶段)。

3.政府主导型旅游发展模式的表现

(1)政策的制定;

(2)周期调控;

(3)设施建设;

(4)投资引导;

(5)市场推广;

(6)环境营造。

4.我国旅游经济发展模式的主要特征

(1)从旅游发展的空间结构看。我国旅游产业的发展是以经济基础条件较好的中心城市和东南沿海地区的旅游业发展为先导,然后向中心城市以外地区和中西部地区逐渐推进的。

(2)从资源的开发与产品生产组合看。旅游产品由以观光旅游为主向多种旅游产品推进。

(3)从旅游组织和旅游的运作方式看。旅游形式由以团队旅游为主向散客旅游居优势、团队旅游与散客旅游相结合的方向演进。

(4)从旅游设施的建设看。由于旅游发展的市场对象是国际旅游者,为了符合目标市场需求,在中国的旅游发展进程中,首先是以高等级设施为主,而后由高档设施向中、低档设施推进,最终形成以中档旅游设施为主体,高、中、低档结合的旅游设施体系。

(5)从政府的管理看。旅游产业一直得到政府的大力扶持,政府的主导作用由主要进行微观的支持和管理向宏观的调控和管理演进。从总体来说,在我国旅游产业发展的初期阶段,由于受计划体制和部门管理的制约和影响,政府对旅游业是微观的支持和管理占主要位置。

第四节 中国的旅游开发战略

我国旅游经济发展战略体系概括地讲就是"四位一体"。"四位"主要有政府主导型战略,经济新增长点战略,旅游强国战略,可持续发展战略;"一体"是指由上述四个战略集中为一体,要达到国家"十五"计划和2020年远景目标纲要中提出的"经济增长方式从粗放型向聚约型转变"。

一、政府主导型战略

政府主导型战略,就是按照旅游业自身的特点,在以市场为主配置资源的基础上,充分发挥政府的主导作用,争取旅游业更大的发展。

政府主导型战略的主体是政府,基础是市场,因此,在制定和实施这一战略的过程中涉及中央政府、地方政府、国家旅游局、地方旅游局以及与市场和企业的多重交叉组合的相互关系。

(一)主要内容

1. 观念主导;
2. 政策主导;
3. 管理主导;
4. 资金主导。

(二)主要措施

1. 建立和完善旅游法制体系;
2. 旅游管理部门行政地位升格;
3. 开征旅游税;
4. 增加旅游宣传促销的投入等。

二、经济新增长点战略

选择和确定新的经济增长点,必须把握五个基本原则:

（一）符合转变经济增长方式的要求，有利于经济增长的集约化；

（二）市场需求量大，有利于增加有效供给；

（三）产业关联度高，有利于带动相关产业的发展和结构升级；

（四）国际竞争力强，有利于扩大出口创汇；

（五）投资回收快，有利于形成经济的良性循环。

总而言之，这五个原则也是新的经济增长点的基本特征。

三、旅游强国战略

我国从旅游大国迈向旅游强国，核心是提高旅游服务的质量，目标是提高我国旅游市场的竞争力。

旅游强国战略的总体框架包括两个方面：进一步提高旅游发展质量；进一步提高旅游服务质量。

为了保证旅游发展质量和旅游服务质量，我们必须注意发展以下三种战略：

（一）价格战略；

（二）品牌战略；

（三）人才战略。

四、可持续发展战略

《我们共同的未来》的主持者于1987年提出的定义，即可持续发展是"既满足当代人的需求，又不对后代人满足其自身需求的能力构成危害的发展"。

可持续发展必须要做到以下三点：一是要满足当代人的需求，即无论富国、穷国，富人、穷人，都有生存权和发展权；二是要考虑后人的满足，即达到代际之间的公平；三是要考虑环境和资源的承受限度。就是要达到天人之间关系的长远协调，而不能"吃祖宗饭、造子孙孽"。

以上所述的政府主导战略、经济新增长点战略、旅游强国战略和可持续发展战略，就其实质和重点来说，在这个旅游经济发展战略体系中，政府主导型战略居主导地位，起着决定性的作用；经济新增长点战略的实质是产业规模的扩大与作用的增强，因为任何功能的变化都必然有规模的因素在内；旅游强国战略的实质是质量的提高与竞争力的增强；可持续发展战略的实质是效益，但不是单纯的经济效益，而是经济效益、社会效益和环境效益的统一。

因此，简要概括，这四个战略又可称为主导战略、规模战略、质量战略和效益战略。就其内部关系来说，主导是手段，规模是基础，质量是过程，效益是目的。而这四个战略的融合和集中，就是一体化战略体系。

第五节 旅游产业发展规划

一、旅游产业发展规划的概念

（一）规划

规划，规者，有法度也；划者，戈也，分开之意。意即进行比较全面的长远的发展计划，是对未来整体性、长期性、基本性问题的思考、考量和设计未来整套行动方案。

综上所述，规划具有以下几个基本内涵：

1. 规划的对象是未来状态；
2. 规划应给出实现目标的路径或者方法；
3. 规划是一个过程。

规划与计划基本相似，不同之处在于：

规划具有长远性、全局性、战略性、方向性、概括性和鼓动性。

1. 规划的基本意义由"规（法则、章程、标准、谋划，即战略层面）"和"划（合算、刻画，即战术层面）"两部分组成，"规"是起，"划"是落；从时间尺度来说侧重于长远，从内容角度来说侧重于"规"（战略层面），重指导性或原则性。

2. 计划的基本意义为合算、刻画，一般指办事前所拟定的具体内容、步骤和方法；从时间尺度来说侧重于短期，从内容角度来说侧重于"划"（战术层面），重执行性和操作性。

3. 计划是规划的延伸与展开，规划与计划是一个子集的关系，即"规划"里面包含着若干个"计划"，它们的关系既不是交集的关系，也不是并集的关系，更不是补集的关系。

（二）旅游产业发展规划

旅游产业发展规划简称旅游规划，是国家或地区为发展旅游事业，对所属旅游资源和旅游地的开发、利用、保护进行全面规划和总体部署，确定旅游业的发展总方向，各种建设项目在一定地域范围内的布局，以保证旅游业各部门的协调发展。旅游规划是对某一区域内，未来旅游系统的发展目标和实现方式的整体部署的过程。旅游规划经政府相关部门审批后，是该区域进行旅游开发、建设的法律依据。

（三）旅游规划的类型

1. 根据空间范围分类

最常见的是以行政区作为分类标准。

（1）国际旅游规划（如加勒比海地区的旅游规划）；

（2）国家旅游规划（如我国的旅游发展"七五""八五""九五""十五""十一五"规划）；

（3）省际旅游规划；

（4）县（市）旅游规划。

2. 根据旅游规划的时间长短分类
(1) 远期规划(10年以上,战略规划);
(2) 中期规划(6~10年,战术规划);
(3) 近期规划(1~5年,细节规划)。
3. 根据旅游发展的阶段性分类
(1) 开发性旅游规划(目标旅游地还未开发);
(2) 发展性旅游规划(旅游地已经开发,将要继续开发);
(3) 调整型旅游规划(旅游地开发正在进行中,但是要局部调整)。

(四) 旅游规划的特点

旅游业是综合性产业,规划涉及国民经济的许多方面,故规划必须建立在详细的实地考察基础上,全面分析规划区的自然、经济及社会、文化特点对旅游业发展的作用,从当地自然条件和社会经济发展的实际出发,分析存在的问题和潜力,按照发展观点,近期和远景相结合,提出规划方案。所以,旅游规划必须具备以下几个特点:

1. 科学性;
2. 地域性;
3. 系统性;
4. 层次性;
5. 预见性;
6. 政策性;
7. 公益性。

二、旅游发展规划的编制与管理

(一) 旅游发展规划编制的基本要求

1. 旅游发展规划的编制应当以国民经济和社会发展计划为依据,与经济增长和相关产业的发展相适应;

2. 旅游发展规划的编制应当与国土规划、土地利用总体规划、城市总体规划等有关区域规划相协调,应当遵守国家基本建设计划的有关规定;

3. 旅游发展规划的编制应当与风景名胜区、自然保护区、文化宗教场所、文物保护单位等专业规划相协调。

(二) 我国各级旅游规划制定的管理

国家旅游局负责组织编制全国旅游发展规划、跨省级区域旅游发展规划和国家确定的重点旅游线路、旅游区的发展规划。

地方旅游局负责编制本行政区域的旅游发展规划。

国家旅游局对编制旅游发展规划的单位进行资质认定,并予以公告。

编制旅游发展规划应当对国民经济与社会发展、市场前景、资源条件、环境因素进行

第十章 旅游产业发展战略与规划

深入调查,取得准确的基础资料,从市场需求出发,注意生态环境和文化历史遗产的保护和延续,积极采用先进的规划方法与技术手段。

旅游发展规划编制的内容、方法和程序,应当遵守国家关于旅游规划技术标准的要求。

(三)旅游发展规划的基本内容

1. 综合评价旅游业发展的资源条件与基础条件;
2. 全面分析市场需求,科学测定市场规模,合理确定旅游业发展目标;
3. 确定旅游业发展战略,明确旅游区域与旅游产品重点开发的时间序列与空间布局;
4. 综合平衡旅游产业要素结构的功能组合,统筹安排资源开发与设施建设的关系;
5. 确定环境保护的原则,提出科学保护利用人文景观、自然景观的措施;
6. 根据旅游业的投入产出关系和市场开发力度,确定旅游业的发展规模和速度;
7. 提出实施规划的政策和措施。

注意:旅游发展规划成果应包括规划文本、规划图表和附件、规划说明和基础资料收入附件。

(四)旅游发展规划的审批和实施

1. 旅游发展规划实行分级制定和审批

(1)全国旅游发展规划,由国家旅游局制定。

(2)跨省级区域旅游发展规划,由国家旅游局组织有关地方旅游局编制,征求有关地方人民政府意见后,由国家旅游局审批。

(3)地方旅游发展规划由地方各级旅游局编制,在征求上一级旅游局意见后,报同级人民政府批复实施。

2. 审批流程

国家确定的重点旅游城市的旅游发展规划,在征求国家旅游局和本省(自治区、直辖市)旅游局意见后,由当地人民政府批复实施。国家确定的重点旅游线路、旅游区发展规划由国家旅游局征求地方旅游局意见后批复实施。旅游发展规划上报审批前应进行经济、社会、环境可行性论证,由各级旅游局组织专家评审,并征求有关部门意见。

地方各级旅游局可以根据市场需求的变化对旅游规划进行调整,报同级人民政府和上一级旅游局备案,但涉及旅游产业地位、发展方向、发展目标和产品格局的重大变更,须报原批复单位审批。

旅游发展规划经批复后,由各级旅游局负责协调有关部门纳入国土规划、土地利用总体规划和城市总体规划等相关规划。旅游发展规划所确定的旅游开发建设项目,应当按照国家基本建设程序的规定纳入国民经济和社会发展计划。

旅游规划的培训教材、宣传材料等必须符合国家旅游局制定的旅游规划技术规范的要求。

 本章小结

☆旅游产业的概念

旅游业,国际上称为旅游产业,是凭借旅游资源和设施,专门或者主要从事招徕、接待游客,为其提供交通、游览、住宿、餐饮、购物、文娱等六个环节的综合性行业。

☆旅游业的特点

1.旅游业的依赖性;2.旅游业的综合性;3.旅游业的脆弱性;4.旅游业的波动性;5.旅游业的季节性;6.旅游业的带动性;7.旅游业的涉外性;8.旅游业是资金密集型和劳动密集型产业。

☆旅游经济发展战略

旅游经济发展战略就是国家规定的旅游经济在一定历史时期的全局性的发展方针和任务。

☆旅游产业发展规划

旅游产业发展规划简称旅游规划,是国家或地区为发展旅游事业,对所属旅游资源和旅游地的开发、利用、保护进行全面规划和总体部署,确定旅游业的发展总方向,各种建设项目在一定地域范围内的布局,以保证旅游业各部门的协调发展。旅游规划是对某一区域内,未来旅游系统的发展目标和实现方式的整体部署的过程。旅游规划经政府相关部门审批后,是该区域进行旅游开发、建设的法律依据。

☆主要概念

旅游产业　旅游业　旅游经济发展战略　旅游产业发展规划　旅游经济发展模式　旅游产业发展规划

 ☆复习题

1. 什么是旅游产业?
2. 旅游业定义有哪些困难?
3. 狭义的旅游业的含义。
4. 广义的旅游业的含义。
5. 旅游业从业务种类划分有哪些类型?
6. 旅游业的特点有哪些?
7. 旅游经济的产业化标志有哪三点?
8. 简述我国旅游业发展的机遇与发展前景。

第十章　旅游产业发展战略与规划

9. 现阶段我国旅游的特征有哪些？
10. 简述旅游经济增长方式的种类。
11. 简述旅游经济集约型增长方式的特点。
12. 简述旅游经济增长方式成功转变的要素。
13. 什么是旅游经济发展战略？
14. 旅游经济发展战略的主要内容有哪些？
15. 旅游经济发展战略可分为哪几个层次？
16. 简述制定旅游经济发展战略的原则和依据。
17. 简述旅游经济发展模式的概念。
18. 根据国家经济的发展水平分类，旅游经济发展模式主要有哪些？
19. 确定我国旅游经济发展模式的依据是什么？
20. 政府主导型旅游发展模式的表现有哪些？
21. 我国旅游开发有哪些战略？
22. 什么是旅游产业发展规划？
23. 简述旅游产业规划的分类。
24. 旅游规划的特点有哪些？
25. 简述旅游发展规划编制的基本要求。
26. 简述旅游发展规划的基本内容。

参考文献

[1] 申葆嘉,刘柱.旅游学原理[M].上海:上海学林出版社,1999.

[2] 邹绍烯.企业战略分析[M].北京:北京经济管理出版社,2001.

[3] 张俐俐.近代中国旅游发展的经济透视[M].天津:天津大学出版社,1998.

[4] 蔡树党.企业战略管理[M].北京:石油工业出版社,2001.

[5] 王宇等.降价行为的经济学分析[M].北京:旅游教育出版社,1999.

[6] 李敏.论我国旅行社行业的低价竞争.现代企业教育,2008,12.

[7] 宋子千.旅行社产品同质化及其成因分析.旅游学刊,2005,6.

[8] 王宇等.降价行为的经济学分析商业研究,1999.3.

[9] 马克思.《资本论》,2版,第1—2卷.北京:人民出版社,1976.

[10] 邓小平.《邓小平文选》.第3卷.济南:山东人民出版社,1973.

[11] [美]斯蒂格里茨.经济学(第四版).姚开建、刘凤良、吴汉洪等译,北京:中国人民大学出版社,1998.

[12] [美]曼昆.经济学原理.梁小民译,北京:北京大学出版社,1999.

[13] 梁小民.宏观经济学[M].北京:生活·读书·新知 三联书店,2001.

[14] 高鸿业.西方经济学,2版,北京:中国人民大学出版社,2001.

[15] 厉以宁.西方经济学.北京:高等教育出版社,2000.

[16] 宋承先.现代西方经济学.上海:复旦大学出版社.1994.

[17] 傅殷才,旅游学基础原理[M].北京:中国经济出版社,1995.

[18] [法]罗贝尔·朗加尔.旅游经济.北京:商务印书馆,1998.

[19] 陈东琪,李茂生.社会主义市场经济学[M].2版,长沙:湖南人民出版社,1997.

[20] 金镝.经济学[M].大连:大连理工大学出版社,1998.

[21] 徐二明.管理经济学[M].北京:中国人民大学出版社,1997.

[22] 张思铎,李国平,张文科.经济学教程,西安:西安交通大学出版社,1997.

[23] 李金轩.市场运行原理.北京:中国人民大学出版社,1997.

[24] 宋涛.政治经济学教程,4版,北京:中国人民大学出版社,1998.

[25] 洪正元.社会主义市场经济概论[M].北京:经济科学出版社,1996.

[26] 宋志刚.资产权益、制度分析[M].北京:经济科学出版社,1996.
[27] 万成林,邓向荣.市场理论及其应用[M].天津:南开大学出版社,1996.
[28] 唐留雄.现代旅游产业经济学[M].广州:广东旅游出版社,2001.
[29] 叶全良.旅游经济学[M].北京:旅游教育出版社,2002.
[30] 林南枝,陶汉军.旅游经济学(修订版).天津:南开大学出版社,2001.
[31] 李天元.旅游学概论.天津:南开大学出版社,2004.
[32] 魏杰.社会主义市场经济通论[M].4版.北京:中国人民大学出版社,1997.